| 光明社科文库 |

中国高等院校巡视整改有关问题研究

沈水根◎编著

光明日报出版社

图书在版编目（CIP）数据

中国高等院校巡视整改有关问题研究 / 沈水根编著 .
-- 北京：光明日服出版社，2019. 4
（光明社科文库）
ISBN 978 - 7 - 5194 - 5286 - 5

Ⅰ. ①中… Ⅱ. ①沈… Ⅲ. ①中国共产党—高等学校
—纪律检查—研究 Ⅳ. ①D262. 6

中国版本图书馆 CIP 数据核字（2019）第 081623 号

中国高等院校巡视整改有关问题研究

ZHONGGUO GAODENG YUANXIAO XUNSHI ZHENGGAI YOUGUAN WENTI YANJIU

编　　著：沈水根

责任编辑：陆希宇　　特约编辑：万　胜
责任校对：赵鸣鸣　　封面设计：中联学林
责任印制：曹　净

出版发行：光明日报出版社
地　　址：北京市西城区永安路 106 号，100050
电　　话：010 - 67014267（咨询），63131930（邮购）
传　　真：010 - 67078227，67078255
网　　址：http：//book. gmw. cn
E - mail：luxiyu@ gmw. cn
法律顾问：北京德恒律师事务所龚柳方律师

印　　刷：三河市华东印刷有限公司
装　　订：三河市华东印刷有限公司
本书如有破损、缺页、装订错误，请与本社联系调换，电话：010 - 67019571

开　　本：170mm × 240mm
字　　数：237 千字　　印　　张：15
版　　次：2019 年 9 月第 1 版　　印　　次：2019 年 9 月第 1 次印刷
书　　号：ISBN 978 - 7 - 5194 - 5286 - 5

定　　价：85. 00 元

序言

党的十九大报告指出，健全党和国家监督体系，要进一步深化政治巡视，坚持发现问题、形成震慑不动摇，建立巡视巡察上下联动的监督网。监督网意味着巡视巡察全覆盖，全覆盖是全面从严治党的必然要求，表明党内监督没有例外、不留空白。高等院校也不例外。国家教育部从2006年开始对直属高校实施第一轮巡视，到2017年中央巡视组对全国中管高校开展专项巡视，经历了十二轮，发现不少问题，也处理了一些高校党员领导干部，在一定程度上促进了高校健康稳定发展，但高校巡视整改中的一些问题需引起高度重视并值得研究思考。

当前，全国高校正处于巡视整改的关键时期，但由于整改工作政治性、政策性强，在实践中难免会遇到一些困难和问题，为服务高校发展，加强政策指导，推进整改工作，巩固整改成果，特编写了《中国高等院校巡视整改有关问题研究》一书，该书能为高校巡视或巡察整改工作有很好的借鉴与参考作用。该书对问题研究进行了聚焦，聚焦在高等院校这一特定主体。该书对研究视角进行“拉长”与“垫高”：“拉长”体现在高校巡视、整改的全过程，抓住点、覆盖面，视角新颖；“垫高”体现在一般问题上升到政策问题，实践活动升华为认知行为，理论新颖。在写作过程中，笔者结合曾参加省委巡视组的工作实践和参与省纪委干部问题线索的处置经验，对高校巡视中发现的问题以及巡视整改中遇到的困难，做出实事求是、客观公正的评判。如在高校干部处置问题上，提出注重涉嫌违纪的主观因素外，还要侧重当时的政策背景和法治环境，不能简单地套“条规”；针对中央八项规定精神认识上的误区，提出了一些新概念，摈弃管得过死、没有活力的教条思想；针对风险防控经常失控的问题，提出整改的“两单”思路，即问题清单和责任清单。这些见解有助于理清高校管理思路，实现政策与业务有机对接，难点问题有突破，借鉴性强。

本书由十一个章节组成。第一章绪论，阐述了研究巡视整改问题的背景、意义，并对国内巡视工作研究进行回顾总结，提出研究的原则及方法；第二章巡视的理论概述，阐述巡视三大要素的内在关系，重新界定巡视的职能，回顾巡视发展过程；第三章坚持问题导向，紧紧围绕“六项纪律”，提出高校巡视中存在的主要问题；第四章为落实高校巡视整改任务，立足整改环节，提出巡视整改要“改”“立”并举；第五章是干部问题线索，阐述干部问题线索的处置方式和要求，强化问题线索分析；第六章是把握政策边界，强调整改问题以政策为导向，讲究政策策略，做到“稳、准、实”；第七章是实践“四种形态”，监督执纪“四种形态”是严格依据党规党纪进行划分的，覆盖所有可能发生的违纪情节或苗头，且各个形态之间呈现明显的违纪轻重和处置层次之分；第八章处理好“树木与森林”关系，这个关系是个体与整体的关系，是特殊性与普遍性的关系；第九章是防控关键风险点，结合“七个关口”建立健全内控制度和运作机制；第十章是探索高校巡察工作，高校巡察工作有两个层面的巡察，提出高校巡察工作模式；第十一章是结论，总结巡视整改问题，提出九条观点，以及今后开展高校巡视工作的总体思路。

需要说明的是，鉴于全国各高校在办学体制、办学规模、区域政策等方面存在一定差异，书中所述内容很难面面俱到。由于一些问题政策性强，笔者精力有限，学术水平尚浅，加之对全国高校落实巡视整改具体工作情况了解甚少，文章的错误和不足在所难免，还请专家学者批评指正。

编者

2017 年 10 月

目　录
CONTENTS

第一章

绪　论

第一节　问题的提出

一、问题研究的背景

中国共产党作为马克思主义政党，一直高度重视党内监督。改革开放以来，党内监督工作不断深入，制度体系不断完善，监督实践不断取得历史性进展和突破。巡视作为党内监督的战略性制度安排，在全面从严治党方面发挥了不可替代的作用。高校作为教育科研的重要领域，其体制、机制和职能具有相对特殊性，考察高校巡视监督以及巡视整改工作应放在其特殊背景下分析、认识和把握。由于高等教育与经济社会改革发展的特殊关联性以及高校自身发展的规律性，研究高校巡视整改工作基于3个方面因素的考虑。

一是高校巡视发现的问题多，且多数问题为以往高校审计、财政检查、纪律检查等发现的问题，由于各监督部门缺乏有效的衔接和配合，影响了问题的整改落实。这方面主要体现在以往组织审计、财政检查等监督部门的职责划分不明确，信息沟通不顺畅，整改任务不检查。对比近年来一些高校各类检查的情况报告与巡视检查的反馈情况报告，发现一个明显特点：各类检查组与巡视组发现的问题具有共性、整改问题不具有统一性。在实际工作中，由于组织、审计、财政、监察等各个监督部门的关系比较模糊，缺乏有效的衔接和配合，存在各自为政的问题，使得本可以早先解决的问题变成历史遗留问题。按照

《中国共产党党内监督条例》和巡视高校的相关规定，巡视组由上级党委授权，具有相对独立性，高校党委可以借助巡视组的力量扫清历史遗留问题。

二是重巡视、轻整改的问题仍在一些高校不同程度地存在，使得每次巡视后老问题重复出现，影响了巡视成果运用。从2006年10月教育部首次对高校开展巡视开始，至2017年7月已经历了十二轮的高校巡视，每轮巡视后高校都有整改，但新一轮巡视高校老问题仍然存在，这在2013年前高校巡视发现的问题最为突出，带有普遍性、重复出现、难以解决的问题主要受高校同体监督体制的影响。巡视组的职责定位主要限于发现问题，问题整改主要由高校党委来负责落实，在整改中最难的是涉及高校党政“一把手”的问题，因为他们处于高校权力的顶端，在某种意义上就是绝对权力。从表面上看，高校的权力是分散的、各司其职的，但不同部门的权力最终控制在党政“一把手”手中。从人性的角度看，如果体制内没有提供充足的监督条件，高校教职员工可能不愿意冒失去自身利益的风险，监督领导去落实有关问题。作为高校的纪检监察部门，在同体监督中，视角容易受某些限制，监督的实施也容易受到某些干扰，使得高校一些问题整改往往以“体面”的形式或“讨价还价”的形式来完成落实，难免存在“死角”。

三是巡视的相关配套制度滞后，指导巡视整改工作力度不够，高校在实践中不能有效把握巡视整改的政策和办法，影响了巡视效果。新中国成立至今，开展对高校巡视工作的时间不长，国家对高校巡视工作的理论研究相对薄弱；有关巡视工作条例或政策法规过于原则，缺乏细节支撑，操作性不强；巡视组成员对高等教育发展方式转型、制度环境、办学体制、管理模式等情况不熟悉，往往以地方或机关的眼光来看高校存在的问题，摈弃了高校自主发展中的合理机制；国家层面的巡视工作有关规定与高等教育管理、现代大学制度有机衔接不够，一些问题整改落实有困难。从巡视的立法层面看，巡视制度是为了弥补现有监督制度的缺陷而设立的，并在实践中不断探索完善，需经历一个发展过程。从巡视的问责层面看，出现违纪问题就要问责处理，只有处理才能落实整改。但高校有些违纪现象是当时制度环境、体制机制不完善的产物，需要政策支撑才能解决，这种限期整改落实与高校政策法规缺陷的矛盾，使得一些高校在实践中深感困惑与纠结。如果一切从严，很容易“上纲上线”；如果适情从究，就可能“失职失责”。

因此，加强对高校巡视整改工作的研究与指导，必须把整改工作置于高等教育办学体制和管理体制的变革、高等教育发展方式的转变和高校产学研结构调整背景之下，寻求高校巡视整改工作的目标模式和有效办法，健全完善适合高校的党内监督体制，有效防控廉政风险，稳步解决高校历史遗留问题，为全面建成小康社会创造良好的育人环境，促进人类、社会与自然和谐发展、文明进步。

二、问题研究的重大意义

随着经济全球化的日益发展，知识经济时代的到来导致对知识型人才的关注，高等教育的发展顺应了知识经济的发展。当前，高等教育已走向内涵发展、注重质量的新阶段，正处在一个新的历史起点上。在这个阶段，一些高校管理不能适应发展的需要，面临许多困难和问题，也出现了消极腐败现象。在这种背景下，巡视工作就成为加强高校监督与管理的有力抓手，巡视整改就成为提高高校反腐败工作成效的重要途径。

1. 加强高校巡视整改问题研究有助于高校权力运行制约和监督体系的不断健全与完善。党的十九大报告提出，要加强对权力运行的制约和监督，让人民监督权力，让权力在阳光下运行。高校的权力结构和运行机制，理论上建立在广大教职员工民主政治的基础之上，但实际是建立在“一把手”体制内。在这种体制下，师生自发性的建议献策往往难以得到实质性的重视，使得不少高校师生有问题只能通过举报或上访形式实现，这种不得已的手段一度在高校呈现常态化，归因于一些高校民主政治生活不正常，同级监督无力。十八大以来，党中央对强化权力运行制约和监督体系提出了新的要求，为进一步加强和改进巡视工作、深化党风廉政建设指明了方向。巡视整改工作作为监督体系的重要组成部分，发挥着不可替代的监督作用。通过巡视整改和提醒干部，一些高校“一把手”学会慎用权、用好权，进一步规范权力运行，建立健全监督制约机制，不断提高科学决策、民主决策、依法决策水平。通过抓整改落实和“回头看”，高校进一步理顺和规范党代会、全委会和常委会之间的关系，更好发挥党代会和全委会对重大问题的决策权，党委常委会行使执行权和一般问题决定权，党的纪律检查委员会行使监督权。巡视监督作为高校体制外的监督方式，在一定程度上改变高校内部监督部门对领导班子监督“软”和上级党组织对高校领导班子监督“远”的状况，有助于高校“一把手”认真对待巡视整改工作，不断强化高校权力制约和监督体系。

2. 加强高校巡视整改问题研究有助于推进全面从严治党向基层延伸的重要举措。习近平总书记指出，基层是党的执政之基、力量之源。只有基层党组织坚强有力，党员发挥应有作用，党的根基才能牢固，党才能有战斗力。从高校巡视发现的问题看，高校普遍存在“两责任”落实不到位、基层组织建设薄弱、为官不为以及小官贪腐等现象。不下深水不知深浅，没有深度就会使得全面从严治党浮于表面。高校开展巡视以前，对问题的整改只看上层，上层没有声音就好，至于基层什么情况不重要，所以出现各类检查或检查整改“上面波涛汹涌，下面风平浪静”的现象。中央要求巡视向基层延伸，目的是实现巡视全覆盖，也表明党内监督没有例外、不留空白。这就要求巡视整改重在基层，落实于基层，基层干部的工作方法、工作作风往往都成为党的形象和威信在群众心中最直观的表现，同时群众往往是通过身边党员干部的言行来衡量和评判我们党，这种双向指标来评价巡视整改工作是否到位，对高校领导干部来说，不得不改变工作作风，实现从严治党对全校党员和党组织的全覆盖，使巡视整改工作经得起“回头看”和历史检验，从而保证全面从严治党向基层延伸，不留“死角”。

3. 加强高校巡视整改问题研究有助于构建良好的教育政治生态和巩固巡视成果。政治生态是一个地方政治生活现状以及政治发展环境的集中反映，建设教育强国离不开人与社会共生的良好政治生态。从近几年高校被查处的严重违纪违法案件看，一些高校的政治生态严重恶化，表现在权钱交易与权权交易同在，用人腐败和用权腐败共存，体制外和体制内挂钩，利益关系和“裙带关系”错综复杂。这些问题反映出高校管党治党、重构教育政治生态的任务迫在眉睫。巡视整改正是剑指这些问题，把减少腐败存量、遏制腐败增量的要求落实到巡视整改全过程，通过把方向，确保党的教育方针落到实处；立规矩，把权力关进制度的笼子；正风气，构筑教育政治生态的绿水青山；压责任，解决好管党治党宽松软的问题。中央的这种问题整改趋势，促进高校党组织既着力解决导致腐败现象的老问题，又注重研究和解决引发腐败现象的新问题；既着力完善内部治理结构，又注重研究和建设现代大学制度，不断净化校园政治生态，巩固巡视成果。实践证明，只重视巡视发现的问题，不重视巡视问题的整改，政治生态和巡视成果难以立足。

第二节 国内研究文献综述

纵观国内文献，反映巡视工作的内容很少，直到20世纪30年代，国家层面和国内学者才涉及巡视工作问题。一方面国家从立法的高度，不断建立和完善巡视工作制度；另一方面国内学者从理论研究分析巡视工作。中国巡视工作制度与其他社会制度一样，都是社会发展到一定阶段的产物，早期反映巡视工作的文献几乎没有，直到20世纪20年代后，才出现巡视制度的雏形，国家层面有了巡视方面的相关规定。到21世纪初，国内学者才真正开始了对巡视工作的研究，但此时的文献主要以党内监督及党风廉政建设为主，专题研究巡视工作或巡视整改工作几乎没有，虽然文献中反映了不同的观点和理论认识，却有助于中国巡视工作理论研究的深化，推动了中国巡视理论研究的发展。由于社会背景不同，执政理念不同，反映巡视工作思路及观点也不尽相同，这在很大程度上增加了政府制定政策的难度和影响政策的实施效果。笔者从以下两个层面做些评述，探索我国巡视工作的理论框架和实践基础。

一、国家层面的巡视工作

巡视工作作为党内监督的一种手段，在中国共产党的历史上由来已久。早在1925年9月，中国共产党就提出了建立“中央特派员制度”的要求，1931年5月中央又制定《中央巡视条例》，详细规定了巡视员的条件、基本任务、工作方法、职权、纪律等。进入20世纪90年代，中央根据新的形势和任务要求，针对党内监督中出现的新情况、新问题，开始重申和提出建立巡视制度。1990年3月，十三届六中全会决定，中央和省区市党委可根据需要派出巡视工作小组。1996年中央纪委制定了《关于建立巡视制度的试行办法》，并开始了第一次巡视。1997年中央纪委出台《重申和建立党内监督五项制度的实施办法》，巡视工作制度被作为五项制度的第一项被提出。2002年11月，党的十六大报告明确指出："我们党的最大政治优势是密切联系群众，党执政后的最大危险是脱离群众"，并做出了"改革和完善党的纪律检查体制，建立和完善巡视制度"的重大决策。为了规范巡视工作，2004年中纪委、中组部又先后出台《关于巡视工作的暂行规定》等。2007年10月，党的十七大提出："健全纪检监察派驻机构统一管理，完善巡视制度。"十七大通过了党章修正案，在第十三条增写"党的中央和省、自治区、直辖市委员会实行巡视制度"，把巡视工作以党内根本大法的形式确定下来，正式纳入党的组织制度体系。2009年中央颁布《中国共产党巡视工作条例（试行）》，成立中央巡视工作领导小组，并将中央纪委、中央组织部巡视组更名为中央巡视组，这是贯彻落实党章关于党的中央和省、自治区、直辖市委员会实行巡视制度的重要规定，是完善党内监督制度的重要党内法规。十八大要求更好发挥巡视制度监督作用，十八届三中全会决定，改进中央和省区市巡视制度，做到对地方、部门、企事业单位全覆盖。2015年8月，中央印发了《中国共产党巡视工作条例（试行）》，2017年7月中央修订并印发了《中国共产党巡视工作条例》。巡视工作从探索试点到党的十六大做出"建立和完善巡视制度"的重大决策，到党的十七大将巡视工作制度写入党章，再到党的十八大、十九大研究部署巡视工作，这是巡视工作制度化水平不断提高的过程。

二、专家学者层面的巡视研究

国家层面的巡视举措在国内专家学者的文献中都有所反映，国家政策与个人思想动态的研究有着密切联系。从理论界的研究文献看，主要反映在四个方面：一是从时间上看，研究巡视工作的时间主要集中在2000年以后。二是从内容上看，主要围绕党内监督、执政能力建设、党风廉政建设和反腐败工作等方面展开研究，有涉及巡视工作的也是基于廉政建设与党内监督视角来研究的。三是从立场上看，专家学者都认为开展巡视监督具有重大战略意义，如北京科技大学的宋伟教授认为，巡视工作作为监督体系的重要组成部分，发挥着不可替代的监督作用，高校巡视工作将是强化高校权力制约和监督体系的重要举措①。聊城大学徐传光教授认为，加强巡视监督在改变高校“一把手”、被动型、滞后性、自主性等监督状况中具有不可替代性②。四是从总量上看，笔者阅读巡视有关的理论文献，发现专题研究巡视工作的理论文献很少，专题研究巡视整改工作的几乎没有，专题研究高校巡视整改工作的根本没有。这种状况可能限于当时中国巡视工作框架、理论基础、政策法规尚不明晰，文献中许多观点没有跳出党内监督理论框架，没有对巡视整改工作提出指导性意见。但随着国家巡视工作的不断深化，特别是巡视定位越来越明确、巡视制度越来越规范和巡视成果越来越被重视，研究巡视整改工作将是中国巡视制度的发展取向，是巡视制度应对巡视成果的必然选择。

第三节　问题研究的原则方法

巡视整改工作是一项复杂、细致、严谨的政治管理工作，应严格按照党内制度规定，积极稳步有序推进。巡视整改工作贯穿于巡视工作以及党内监督活动的全过程，巡视整改的好坏，起着极为重要的作用。虽然研究政治问题没有明文规定学者的行为方式与原则要求，但研究对象的政治性及影响性决定了它内在的原则要求。

一、一般原则及要求

1. 纪法分开原则。研究巡视整改问题要纪法分开主要有两方面含义：一方面是在开展巡视整改活动的时候要依法依纪；另一方面，在处理巡视整改问题的时候要纪法分开。坚持纪法分开原则开展巡视整改研究工作，必须正确处理好问题中的党纪与政纪、党内法规与国家法律的关系。在实践中常有两种情况：

---

① 宋伟．建设廉洁高校：基于巡视监督的视角［J］．广州大学学报（社会科学版），2015（3）：14.

② 徐传光，于学强．高校党风廉政建设的问题与对策［J］广州大学学报（社会科学版）2013（2）：13.

一种是党内许多政治生活、政治行为虽然并不触犯国家法律，却违反党的纪律，对于造成不良影响的一般要受到党纪的追究，但不受法律的制裁；另一种是党员违反了国家法律，必然也违反了党的纪律，因而对违法党员除进行法律惩治外，还必须受到纪律处分。所以，党纪和政纪、党内法规和国家法律对党员干部具有多重制约作用，在巡视整改中不能以党纪代替政纪、国法，也不能以政纪、国法代替党纪。

2. 惩处与保护原则。在巡视监督中，无论是监督者还是被监督者，同时既要受到监督制约又要受到保护支持。一方面，要正确处理监督制约与保护支持相结合的关系，巡视监督应当在制度框架内进行，要按照程序开展监督。监督者与被监督者的权力是平衡的，不能有一方强加另一方的巡视整改行为；另一方面，要把握好监督制约与保护支持相结合原则的具体要求，无论监督者还是被监督者，都不仅要充分考虑到自身权益，还要充分考虑到对方的权益。在实践中，有些巡视组要求整改问题必须处理到什么程度、处分到什么人，使得被巡视单位无法整改到位；有些被巡视单位对整改问题把握不准，经常请示巡视组，整改依据往往以巡视组的意见为主。巡视整改应要从客观实际出发，在惩处中体现保护干部、教育干部的功效，不需要处理的不能“上纲上线”。这样，在巡视整改问题中，才不会顾此失彼，不会出现考虑不全、顾及不周或处理不公平的问题。

3. 完善与规范原则。党的历史经验反复证明，加强党的建设必须有科学的制度来加以规范。巡视中发现的问题以及需要整改的问题，往往离不开相应的制度和机制完善与规范。在实践中发现，多数巡视整改问题的成因主要有两个方面：一方面，由于制度缺陷导致问题频发；另一方面，由于制度缺失出现失管失控。制度是具有根本性稳定性的特点，巡视整改要立足问题的制度防控，着眼于整改后的制度建设，通过建立和完善比较完整管用的制度和机制，促进被巡视单位各项工作朝着制度化、规范化和程序化的方向发展，这比只盯着处理几个人的问题上效用更大。

二、主要研究方法

本文坚持问题导向，以政策法规和纪律规矩为标尺，以问题分析与实证分析方法对中国高校巡视整改中有关问题进行理论与实践的比较研究，特别对巡视整改中争议比较大的问题，用发展的观点和历史的观点进行可行性分析论证，并重新定位高校巡视整改问题的目标思路。在第二章“巡视的理论概述”中，用历史的观点阐述巡视的起源和不同阶段的内涵，用归纳法界定巡视相关要素及巡视范围，用图表形式解释巡视机构、巡视人员、被巡视单位三者的相互关系，并对巡视职能、发展过程做了描述。在第三章“坚持问题导向”中，用列举、统计、归纳、引用等方法提出巡视中常见的违反政治、组织、廉洁、群众、工作等方面纪律问题的现状和特征，并用数据实证分析指出违反五大纪律的现实危害。在第四章“高校巡视落实任务”中，以政策为导向，从高校党委、纪委两个层面提出巡视整改任务要求及整改思路，并结合高校巡视反馈情况，归纳列举了巡视整改的重点问题。在第五章“干部问题线索”中，用归纳、引用法界定干部问题线索的内涵及特点，参照政策流程对干部问题线索来源、处置方式、处置要求进行归纳总结，用实证举例法对典型的干部问题线索进行分析，并提出政策依据。在第六章“把握政策边界”中，用归纳法对违反中央八项规定精神问题进行界定，用举证和演绎法对十二类违反中央八项规定精神问题进行实证分析，提出相应的行为边界。在第七章“实践四种形态”中，用引用、比较、归纳等方法，对“四种形态”的内涵、要求以及运用原则做了比较分析和理论提升，并提出实践中应注意的问题。在第八章“处理好树木与森林的关系”中，用比较、归纳、举例等方法，说明树木与森林的关系与特征，进而提出实践中运用的问题。第九章“防控关键风险点”中，用归纳、引用法界定风险涵义及类型，用图表、列举、比较、统计等方法对巡视整改中易发多发腐败问题的七个重点领域进行理论与政策比较分析，提出防控的具体办法。在第十章“探索高校巡察工作”中，用历史的观点阐述巡察的涵义、特点及现状，用理论与实践相结合方法对高校巡察工作进行职能定位，提出了实践中注意的问题，用数量比较、举例说明的方法，提出了高校巡察工作模式。在第十一章“结论”中，采用归纳、比较、演绎的方法，总结了本书的九条基本观点，并结合高校发展形势及国家教育政策改革，提出有待于进一步研究的意见建议。

第二章

巡视的基本概述

巡视是党章赋予的重要职责，是加强党的建设的重要举措，是从严治党、维护党纪的重要手段，是加强党内监督的重要形式①。

第一节　巡视的内涵

一、巡视的涵义

巡视是基于一定阶级或阶层强化管理的客观需要而产生、发展形成的，是国家社会经济发展到特定历史阶段的产物。巡视的出现已有着相当悠久的历史，在历朝历代的官府和政府工作中占有重要的地位。

对于巡视的概念，尤其现代巡视的概念，众说不一。巡视概念所以有不同的表述，有两个原因：一是由于历史时代不同、社会背景不同，认识上的差异造成概念反映社会的本质特征和特点就不同，正是由于对社会属性和与其阶级关系认识上的差异，从而对巡视概念的表述有不同的意思；二是由于巡视的内涵和外延是随着经济发展和政党监督条件的不断发展而发生变化。现代的巡视与以前的巡视相比，巡视的内容、目的、方式、作用等都有着巨大的变化，在当前建成中国特色社会主义小康社会中，巡视工作将会承担更大量、更艰巨的

---

① 习近平．在中央政治局常委会审议“关于中央巡视工作领导小组第一次会议研究部署巡视工作情况的报告”时的讲话［J］．人民日报（海外版），2017－02－20.

任务，这也是一个政党适应政治生态的需要。

巡视是什么？古往今来，人类历史资料都有着不同的记载，内涵都不尽相同，主要有三层涵义：其一，巡行视察，也是出行巡察的意思。如《后汉书·皇甫规传》中记载："规亲入庵庐，巡视将士，三军感悦。"明代张居正《请申旧章饬学政以振兴人才疏》中记载："该管地方，每年务要巡视考校一遍。"王闿运《常公神道碑》中记载："迁工科给事中，并巡视西城。"其二，一种官名，也是官职或机构。如明代设立的官职，同巡抚。《明史·职官志二》："嘉靖二十七年改巡抚为巡视。二十八年罢。三十一年复设。"其三是治理手段，也是监督职责或工作制度。如1925年中央《组织问题决议案》决定"增加中央特派巡行的指导员"，这是一种特派巡视的工作方式。1927年"八七会议"决定中央派出巡视员到各级党组织指导工作，这是党内巡视指导制度的开始。1931年六届四中全会建立完全的巡视制度。1996年中央纪委制定并下发了《中共中央纪委关于建立巡视制度的试行办法》，开始向地方和部门派出巡视组。党的十八大以来，习近平总书记多次强调，巡视是党章赋予的重要职责，是从严治党、维护党纪的重要手段，是加强党内监督的重要形式。

二、巡视的关系要素

为了更具体地说明巡视的活动过程，从巡视的关系要素来探讨。构成巡视活动必须包括3个关系体，即巡视机构、巡视人员、被巡视地区（单位），彼此之间形成三种关系，这三者的关系是：

1. 巡视机构与被巡视地区（单位）的责任关系。巡视机构代表国家政党的意志行使监督检查职责，被巡视地区（单位）是组织的管理者，在行使管理职能后，必须尽最大努力按责任制的要求，最有效地管理好组织好发挥好组织职能，并主动向上级报告。一方下达检查或考核任务，另一方落实或完成任务指标，二者间存在责任关系，其中巡视机构承担巡视工作的主体责任，被巡视地区（单位）党组织承担职责范围的领导责任。

2. 巡视人员与被巡视地区（单位）的监督关系。巡视人员是由巡视机构委派或授权检查被巡视地区（单位）应负责任的履职情况，并向巡视机构提出巡视报告，巡视人员在巡视关系中居最重要的地位，正是由于巡视人员与被巡视地区（单位）间存在这种巡视要素关系，巡视人员才有对被巡视地区（单位）实施巡视监督的权力。为了能提出客观、公正的巡视报告，巡视机构与被巡视地区（单位）和巡视人员之间必须没有任何经济利害关系或政治上人身依附关系，完全处于监督与被监督关系。

3. 巡视机构与巡视人员的授权关系。巡视人员接受巡视机构的指派或授权后，负责对被巡视地区（单位）的执行情况进行检查，并将检查结果报告巡视机构。巡视机构与巡视人员之间存在授权关系，巡视人员以独立的地位进行巡视，对被巡视地区（单位）的政治业绩认定、决策制定、问题整改等都会起到极为重要的影响。

巡视关系中三方面关系要素，按所处地位的不同，巡视人员作为巡视的主体，称为第一关系人；被巡视地区（单位）是巡视的客体，称为第二关系人；巡视机构是巡视报告接受者，称为第三关系人。巡视三方面关系体的关系，图示如下：

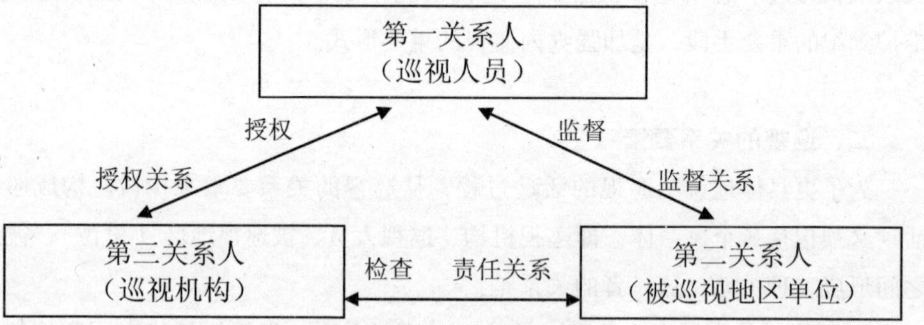

巡视三方面关系体的关系

此外，巡视是一项严肃的政治活动，通过巡视监督、检查发现被巡视地区（单位）不符合规定或者违纪行为，予以纠正，甚至纪律处分，促使其趋于正轨运行。因此，作为巡视活动必须具备三方面的要素：一是标准。标准是进行巡视活动的依据，也是审查和评价监督过程的有效准绳，并作为巡视人员提出巡视报告、建议的根据。成方圆要有规矩，进行巡视活动必须有标准，巡视标准必须具体，巡视工作才能得以开展。巡视标准包括党的政策法规、规章制度以及生产、经营、管理等方面的有关规定。二是行动。被巡视地区（单位）进行的各项活动，就是标准执行与否的体现。巡视人员要在一两个月甚至更短的时间里，用巡视标准这个衡量尺度来检查是非、判断对错。三是结果。结果是被巡视地区（单位）在各项活动执行标准的表现，实际执行情况与标准比较所发生的偏差，就是巡视所要审查的重点问题。

三、巡视的范围内容

结合地方巡视活动情况看，地方巡视范围主要有四层：一是设区市、县（市、区）党委和人大常委会、政府、政协党组领导班子及其成员，市中级人民法院、人民检察院和县（市、区）人民法院、人民检察院党组主要负责人，以及地方实验区、开发区党工委（管委会）领导班子及其成员；二是省委工作部门领导班子及其成员，省政府部门、人民团体党组（党委）领导班子及其成员；三是省管国有企业、事业单位党委（党组）领导班子及其成员；四是省委要求巡视的其他单位的党组织领导班子及其成员。巡视的重点是被巡视地区（单位）的党政领导班子成员特别是主要负责人和其他省管干部①。

根据中央有关规定，高校巡视参照地方巡视的内容，主要有五条：一是执行政治纪律和政治规矩的情况，看是否存在违背党的路线方针政策的言行，有令不行、有禁不止、阳奉阴违、拉帮结派等问题；二是遵守廉洁纪律的情况，看是否存在以权谋私、贪污贿赂、腐化堕落等问题；三是遵守组织纪律的情况，看是否存在违规用人、拉票贿选、买官卖官，以及独断专行、软弱涣散、严重不团结等问题；四是遵守群众纪律、工作纪律、生活纪律的情况，看是否存在搞形式主义、官僚主义、享乐主义和奢靡之风，违反八项规定精神等问题；五是省委要求了解的其他问题。

综上所述，当前的巡视定义可概括表述为：巡视是由专门机构和人员依法对被巡视地区（单位）党组织和党员领导干部执行党内法规，遵守党的纪律，落实党风廉政建设主体责任和监督责任等情况进行巡查，提出意见建议，促进

---

① 中共福建省委 2015 年 12 月 8 日印发《关于贯彻〈中国共产党巡视工作条例〉的实施办法》的通知。

社会和谐稳定发展的独立性政治监督活动。

第二节 巡视的职能

巡视职能是巡视活动中最密切的关系问题，巡视职能是巡视固有内在的功能，巡视作用发挥得好不好，巡视任务完成得好不好，都与巡视职能有着重要关系。可见，只有充分认识巡视的职能，才能保证巡视各项任务的顺利完成。

一、巡视的职能

巡视能做什么，巡视究竟有哪些职能及其能量到底有多大，目前众说不一。经过几年来的巡视活动和理论探讨，党建理论研究工作者已取得大致相近的看法，结合《中国共产党巡视工作条例》，巡视职能可概括为三个基本职能：

1. 纪律监督职能。纪律监督是巡视最主要的职能，是通过巡视发现被巡视地区或单位党组织和党员领导干部在执行党的纪律方面不按规定要求执行，促使被巡视对象严格按照党内法规予以纠正和改进。巡视监督必须有明确、客观的巡视标准，进行巡视监督，其中纪律就是一把标尺，可用来作为巡视问题判断的准绳。

2. 全面体检职能。体检职能是通过审查，确定被巡视对象工作情况是否符合实际，并就其合格程度提供体检报告。随着社会主义市场经济不断深化，以及党风廉政建设目标责任的确立，被巡视对象对政治体检更为迫切。

3. 干部评价职能。评价职能是通过巡视，对被巡视对象履职情况做出评价，提出建议，促使其改进工作。评价包括结论和建议两个方面，结论是对被巡视对象履职情况做出评定，建议是在评定的基础上提出。评定重在查找问题，建议是解决问题的处理办法。

二、巡视的职责

巡视的职责是由巡视机构和人员的职责共同组成。结合地方巡视工作，省委首先要成立巡视工作领导小组，接受中央巡视工作领导小组的领导，向省委负责并报告工作。巡视工作领导小组下设办公室，为日常办事机构。巡视工作领导小组组长为组织实施当地巡视工作的主要责任人①。

1. 巡视工作领导小组的职责：一是贯彻中央和地方省委有关决议、决定；二是研究提出巡视工作规划、年度计划和阶段任务安排；三是听取巡视工作汇报；四是研究巡视成果的运用，分类处置，提出相关意见和建议；五是向地方省委报告巡视工作情况；六是对地方省委巡视组进行管理和监督；七是研究处理巡视工作中的其他重要事项。

2. 巡视工作领导小组办公室的职责：一是向中央巡视工作领导小组办公室和巡视工作领导小组报告工作情况，传达贯彻中央、地方和巡视工作领导小组的决策和部署；二是统筹、协调、指导巡视组开展工作；三是承担政策研究、制度建设等工作；四是对地方省委、巡视工作领导小组决定的事项进行督办；五是配合地方省纪委、省委组织部等单位对巡视工作人员进行培训、考核、监督和管理；六是办理巡视工作领导小组交办的其他事项。

3. 巡视组成员的职责：一是听取被巡视地区、单位党委（党组）的工作汇报和有关部门的专题汇报；二是根据工作需要列席被巡视地区、单位的有关会议，列席被巡视党组织领导班子的民主生活会和述职述廉会；三是受理反映被巡视党组织领导班子及其成员问题的来信、来电、来访等；四是召开听取意见座谈会；五是与被巡视党组织领导班子成员和其他干部群众个别谈话；六是调阅、复制有关文件、档案、会议记录等资料；七是对被巡视党组织领导班子及其成员进行民主测评、问卷调查；八是以适当方式对被巡视地区、单位的下属单位或者部门进行走访调研；九是对专业性较强或者特别重要问题的了解，可以商请有关职能部门或者专业机构予以协助。

三、如何发挥巡视职能

如何发挥巡视的职能，除了巡视人员要掌握必备的专业知识和巡视技巧外，巡视机构还要通过各种渠道来宣传巡视的意义和作用，形成全方位巡视的社会

---

① 中共福建省委 2015 年 12 月 8 日印发《关于贯彻〈中国共产党巡视工作条例〉的实施办法》的通知。

效应，使巡视工作具有权威性、公正性。

1. 加强巡视相关法规制度建设。巡视是政治巡视，体现依纪依规巡视原则。现代巡视赋予巡视新的内容，巡视有关的制度规定不多，从法律形式上，巡视有关法规不多，影响巡视的权威性。因此，尽快建立健全巡视法规，科学地把巡视性质、对象、职权、作用、程序等规定下来，确保巡视工作法制化，为充分发挥巡视职能创造条件。

2. 健全完善适合国情的巡视体系。巡视体系就是巡视机构的设置及其组织管理体系，巡视体系必须保证巡视客观、独立的地位，来充分发挥巡视的职能和作用，如果巡视机构不能独立行使巡视监督权，巡视工作必然受到干扰，巡视的职能就大大弱化，巡视任务就无法完成。

3. 培养一批巡视专业人才。巡视是一项政策性强的专业工作，巡视人员就需要既要有较高的政治素质，又要善于监督、敢于担当、坚持原则，不具备这些品质，就不可能做到忠诚干净担当的职能。巡视人员还要有较高的业务素质，要具有法律、审计、会计、管理等方面的理论知识和丰富的实践经验，只有理论与实践兼收并蓄，才能从扑朔迷离的现象中揭出违纪违法的真面目。随着形势的发展，巡视工作越来越重要，对巡视的要求也越来越高，建立巡视人员数据库，尽快培养巡视专业人员，是当务之急！

第三节　巡视工作发展过程

一、巡视工作的指导思想及原则

1. 指导思想：巡视工作以马克思列宁主义、毛泽东思想、邓小平理论、“三个代表”重要思想、科学发展观为指导，深入贯彻习近平总书记系列重要讲话精神，坚持从严治党、依规治党，落实中央巡视工作方针，聚集党风廉政建设和反腐败斗争，发现问题，形成震慑，推动党的先进性和纯洁性建设。

2. 原则：巡视工作坚持中央统一领导、分级负责；坚持实事求是、依法依规；坚持群众路线、发扬民主①。

二、巡视工作的主要特点

中央对巡视工作的定位是政治巡视，而不是对被巡视单位的日常工作、业务工作进行巡视。政治巡视就是要从政治上看问题，聚焦党的领导、党的建设、全面从严治党、党风廉政建设、反腐败以及选人用人，看看被巡视党组织的领导核心作用发挥的够不够、领导班子凝聚力强不强，是不是坚定地与党中央保持高度一致，是不是在管党治党上体现“严”的要求。其工作主要有四个特点：

一是权威性。首先，巡视制度作为党章所确定的一项党内监督制度，任何党的组织和党员都要自觉接受巡视监督，具有最高的约束力。其次，巡视组按照《中国共产党巡视工作条例（试行）》等党内法规开展工作，所以具有很强的规范性。最后，巡视组只对派出它的党组织负责，具有相对的独立性。

二是针对性。就巡视监督的对象而言，重点是下级党委领导班子及其领导干部特别是主要负责人，目标非常明确；就巡视工作内容而言，主要是对巡视对象贯彻落实科学发展观、执行民主集中制、落实党风廉政建设、开展作风建设和选拔任用干部等方面的情况进行监督检查，抓住了关键。

三是灵活性。主要表现在：重点突出。巡视工作紧紧抓住权力运行的关键部位和重点环节，紧密联系被巡视地区和单位的实际，有针对性地确定巡视的重点内容。方法灵活。一方面，巡视工作采取“听、问、看、访、查”等多种工作方式，能够更加全面深入地了解和掌握真实情况；另一方面，可以把全面巡视与专项巡视结合起来，针对当前突出问题进行专项巡视，展开专项整治。

四是有效性。巡视工作坚持党的群众路线，深入基层，广泛地接触干部和群众，多渠道、多角度地了解情况，直接听取民声，能够了解人民群众反映强烈的问题。同时，巡视监督作为整个党内监督体系中的一个重要组成部分，既着眼于巡视监督与其他党内监督优势互补，形成监督合力，又着眼于维护改革发展稳定大局，紧紧依靠被巡视地区（单位）的党组织，以巡视工作促进被巡

---

① 中共福建省委 2015 年 12 月 8 日印发《关于贯彻中国共产党巡视工作条例的实施办法》的通知。

视地区（单位）的各项工作。

三、巡视工作的发展过程

巡视是党章赋予的重要职责，是党内监督的战略性制度安排。作为党内监督的一种形式或手段，巡视制度在我们党的历史上由来已久。早在1925年9月我们党就提出了建立“中央特派员制度”的要求。1931年5月中央又制定了《中央巡视条例》，详细规定了巡视员的条件、基本任务、工作方法、职权、纪律等。进入20世纪90年代，中央根据新的形势和任务要求，针对党内监督中出现的新情况、新问题，开始重申和提出建立巡视制度。1990年，十三届六中全会决定，中央和省区市党委可根据需要派出巡视工作小组。1996年，中央纪委第一次开展巡视。党的十六大提出建立和完善巡视制度，十七大把这项制度写入党章。2009年，中央颁布《中国共产党巡视工作条例（试行）》，成立中央巡视工作领导小组，并将中央纪委、中央组织部巡视组更名为中央巡视组。十八大要求更好发挥巡视制度监督作用。十八届三中全会决定，改进中央和省区市巡视制度，做到对地方、部门、企事业单位全覆盖。从形势的变化和实践的发展看，巡视工作制度经历了3个阶段①。

1. 巡视工作恢复和探索阶段：1978—1996年

强化党内监督是推进党的建设的基本要求，巡视工作的地位是随着党内监督的重要性显现而逐步得到体现的。1978年12月22日通过的《中国共产党第十一届中央委员会第三次全体会议公报》明确指出：“过去那种脱离党和群众的监督，设立专案机构审查干部的方式，弊病极大，必须永远废止。”1980年2月，党的十一届五中全会通过了《关于党内政治生活的若干准则》，重申了党内政治生活的准则，把“接受党和群众的监督，不准搞特权”作为党内政治生活中的一项准则，这是约束各级党组织和全体党员行为的党内重要法规。1981年6月，中共十一届六中全会一致通过的《关于建国以来党的若干历史问题的决议》，标志着党的指导思想上拨乱反正的胜利完成，这个决议把党内监督作为建国以来的十大经验教训之一加以强调。随着改革开放的深入，我们党提出要把

---

① 吴振钧．中国共产党巡视工作的回顾与思考［N］．中国纪检监察报，2013－09－21.

党内监督制度化。1986年9月，十二届六中全会通过《关于社会主义精神文明建设指导方针的决定》，要求："严格执行党的纪律，建立健全党内监督制度和人民监督制度，使各级领导干部得到有效的监督。"根据这一决定和中发〔1987〕3号文件关于建立"一套制度制约和监督党和国家的高级领导人、特别是职权最高的领导人都能严格遵守宪法、遵守党纪，不至于不受任何限制自由行动，使我们党和国家的治理基本上靠制度而不是靠个人"的精神，中央纪律检查委员会1987年7月29日下发《关于对党员干部加强党内纪律监督的若干规定（试行）》，这是中国共产党在新时期颁布最早的党内监督法规，标志着党内监督工作进入规范化阶段。党的十三届四中全会以后，围绕如何适应新形势的需要全面正确地加强党的建设这一中心问题，中央出台了一系列重要文件。1989年8月，中央下发了《关于加强党的建设的通知》，明确要求"及时总结反腐败斗争的经验，建立、健全党内监督、群众监督等多种监督法规"。建立党的巡视制度是1990年党的十三届六中全会提出的。1990年3月，党的十三届六中全会通过了《中共中央关于加强党同人民群众的联系的决定》，提出："中央和各省、自治区、直辖市党委，可根据需要向各级、各部门派出巡视小组，授以必要的权力，对有关问题进行监督检查，直接向中央和省、区、市党委报告情况。"由此，党内巡视工作制度的确立问题提上了日程。1996年，中纪委六次全会重申了这一制度，并将其作为加强党内监督的五项制度之一。为进一步健全党内监督机制，充分发挥中央纪委对省（部）级领导班子及其成员的监督职能，经中央批准，1996年，中央纪委制定了《关于建立巡视制度的试行办法》，并开始向地方和部门派出巡视组，对部分省（区）和部委进行巡视。

2. 巡视工作制度确立阶段：1997—2003年

中央纪委1997年出台《重申和建立党内监督五项制度的实施办法》，巡视工作制度作为五项制度的第一项被提出。2000年，党中央决定由中央纪委和中央组织部联合成立巡视办公室，派出巡视组对省级党政领导班子特别是主要负责人的工作情况进行监督检查。2001年9月召开了十五届六中全会，此次全会分析了进入21世纪以后党面临的新形势、新任务，做出了《关于加强和改进党的作风建设的决定》，明确提出："中央和各省、自治区、直辖市党委要逐步建立巡视制度，把下一级领导班子特别是主要负责人的廉政勤政情况作为重要内容，进行监督检查。”党中央基于科学的分析，指出党的建设可能会遇到的新情况、新问题，着重强调了党的作风建设，并指出巡视制度建设的适时性和必要性。党的十六大报告和中纪委二次、三次全会也提出要建立和完善巡视制度，加大巡视工作力度。2002 年 11 月，党的十六大报告又明确表述：“我们党的最大政治优势是密切联系群众，党执政后的最大危险是脱离群众”，并做出“改革和完善党的纪律检查体制，建立和完善巡视制度”的重大决策。中央政治局常委会把巡视工作列入 2003 年的工作要点。2003 年 8 月，党中央、国务院正式批准中纪委、中组部有关请示，巡视工作办公室和巡视组宣布成立。随后，中央建立的 5 个巡视组分赴贵州等七省进行巡视，加强了对省级领导班子及其成员的监督。在 2003 年 12 月，中共中央颁发《中国共产党党内监督条例（试行）》，以党内法规的形式把巡视制度确定为党内监督的十项制度之一。

3. 巡视工作制度健全和完善阶段：2004—2009 年

《党内监督条例（试行）》出台后，为了规范巡视工作，2004 年中纪委、中组部又先后出台《关于巡视工作的暂行规定》《关于派驻纪检组履行监督职责的意见》以及“训勉谈话”“述职述廉”等制度的配套规定。2004 年 7 月 16 日，党的十六届四中全会通过《中共中央关于加强党的执政能力建设的决定》，从加强党的执政能力建设的高度指出：“要建立和完善巡视制度，加强和改进对领导班子特别是主要领导干部的监督。”2005 年中央颁布了《建立健全教育、制度、监督并重的惩治和预防腐败体系实施纲要》，这是当前和今后一个时期深入开展党风廉政建设和反腐败工作的指导性文件。《实施纲要》对完善巡视制度、加强巡视工作进行了具体部署，规定要切实加强巡视工作，健全机构，增强力量，综合运用巡视成果。2005 年 8 月，中央巡视工作领导小组办公室单设，作为中央纪委内设的正局级机构，此后陆续设立 11 个巡视组，即 5 个地方巡视组、1 个金融巡视组、3 企业巡视组和 2 个国家机关巡视组，巡视工作的领域随着反腐倡廉建设的实际需要而不断扩大。为加强组织领导，中央纪委、中央组织部建立了巡视工作联席会议制度，负责研究、部署、组织、协调巡视工作。2007 年 10 月，党的十七大提出：“健全纪检监察派驻机构统一管理，完善巡视制度。”十七大通过了党章修正案，在第十三条增写“党的中央和省、自治区、直辖市委员会实行巡视制度”，把巡视工作以党内根本大法的形式确定下来，正式纳入党的组织制度体系。中共中央政治局于2009年5月22日召开会议，审议并通过了《中国共产党巡视工作条例（试行）》，这表明推动巡视制度改革成为我国反腐倡廉建设的当务之急。2009年7月，中共中央印发了《中国共产党巡视工作条例（试行）》，这是贯彻落实党章关于党的中央和省、自治区、直辖市委员会实行巡视制度的重要规定，是完善党内监督制度的重要党内法规。按照《条例》规定，党的省市县三级党委、政府、人大常委会、政协委员会党组领导班子及其成员等均属于巡视组巡视的对象，将面临来自上级党委的严格监督。巡视工作的方式方法也在《条例（试行）》中做了比较明确的规定。这一条例的颁布实施，意味着巡视工作制度得到深化和完善。

巡视工作从探索试点到党的十六大做出“建立和完善巡视制度”的重大决策，再到党的十七大将巡视工作制度写入党章，2017年7月，中共中央修订并印发《中国共产党巡视工作条例》，这是巡视工作制度化水平不断提高的过程。近年来中纪委查处的中管干部中，苏荣、朱明国、万庆良、金道铭、武长顺、秦玉海等40多人的问题线索都是在巡视过程中发现的，这充分证明了巡视工作制度的有效性。

四、巡视工作的重大意义

通过这些年的巡视工作实践，我们认识到，建立和完善巡视制度，是我们党坚持与时俱进、开拓创新的重要体现，是新形势下推进党的建设新的伟大工程，强化党内监督，改进党的作风的重大举措，具有重要的现实意义和深远影响。

一是从权力监督的角度看，巡视工作是加强对权力监督制约的重要措施。要切实加强对领导干部特别是主要领导干部的监督，建立起对权力制约和监督机制，保证把人民赋予的权力真正用来为人民服务。加强党内监督，就是依照党章和党内其他规章制度在组织内部开展的有序的监督检查活动，其实质是从人民的根本利益出发，按照从严治党的要求，进行自我约束和自我完善，这是我们党立于不败之地的重要保证。针对当前实际和党内外普遍关心的热点问题，对党员干部特别是领导干部的监督是党内监督的重中之重，这是关系党的建设和国家政权建设的一个重大问题，是改革开放和建立社会主义市场经济条件下一项重大而紧迫的任务。党中央非常重视加强党内监督特别是对领导干部的监督，在新形势下，建立巡视制度就是完善党内监督机制、加强党内监督的重大举措之一。派巡视组的做法，解决了管得着、看不见的问题。巡视工作做好了，能进一步发扬民主，广泛听取意见和建议，有利于从制度上强化党内监督，促进党员领导干部廉洁自律，依法执政。同时，可以将一些不正之风和腐败问题于萌芽状态，减少腐败现象的滋生温床。因此，建立和完善巡视制度，是加强对权力制约和监督的重要措施，也是构建惩治和预防腐败体系的重要内容。

二是从制度创新来讲，巡视工作是完善党内监督制度的重要创新。党的十六大报告明确提出："改革和完善党的纪律检查体制，建立和完善巡视制度。"可以说，新时期加强党内监督，发扬党内民主，已经成为一种共识。巡视制度是近年来党中央为了加强党内监督而做出的一项重要决策。通过几年的试点和摸索经验，2003 年，党中央决定由中央纪委、中央组织部成立专门机构，组建专职巡视队伍。这标志着巡视制度正式成为新时期加强党的建设、加强党内监督的一项重要制度。这对加强源头治理和完善惩治、预防腐败的科学体系，无疑具有重要的现实意义。另外，从近几年揭露的腐败案件来看，被查处的领导干部违纪违法金额越来越大，特别是一些省部级领导干部违纪违法案件，如陈良宇、成克杰、侯伍杰、李嘉廷、刘方仁等，在社会上产生了很大的影响。如何加大对领导干部的监督力度，强化监督措施，改进监督方法，党中央采取了一系列措施加以解决。建立和完善巡视制度，是新形势下加强党内监督的重要创新，也是进一步推进党风廉政建设和反腐败工作的必然要求。

三是从作风建设来看，巡视工作是加强和改进党的作风建设的迫切需要。党的作风是党的形象、是党的生命，关系党的生死存亡，关系国家的前途命运。党的各级领导干部能否正确行使人民赋予的权力，对每一个党员领导干部都是极大的考验。如果滥用权力，必然损害党的形象，影响党的执政地位。巡视工作，采取自上而下的方式对下级领导班子及其成员执行党的路线方针政策、廉洁自律等情况进行深入了解，对发现被巡视地区领导干部滥用权力、脱离群众、腐败严重的问题及时向上级报告，对发现有损党的形象的苗头性问题，及时指出并予以纠正。实践证明，这对促进领导干部转变作风、廉政勤政、保证中央政令畅通，以及确保领导干部始终把人民赋予的权力用来为人民谋利益等方面，起到了积极的作用。从我们开展巡视工作的实践看，巡视制度得到了广大干部群众的支持与欢迎，成效也比较明显①。

如何进一步做好巡视工作，责任十分重大，必须坚决贯彻中央关于巡视工作的要求和部署，不断开拓创新，完善制度，健全机制，理顺关系，使巡视工作在加强党内监督、改进党的作风、严明党的纪律等方面发挥新的更大的作用。

① 吴振钧．中国共产党巡视工作的回顾与思考［N］中国纪检监察报，2013－09－21.

第三章

坚持问题导向

要坚持问题导向，把严守政治纪律和政治规矩放在首位。加强党的纪律建设，要针对现阶段党纪存在的主要问题，更加强调政治纪律和政治规矩。这次新修订的“条例”将纪律整合为政治纪律、组织纪律、廉洁纪律、群众纪律、工作纪律和生活纪律，其中政治纪律是打头、管总的。实际上违反哪方面的纪律，最终都会侵蚀党的执政基础，说到底都是破坏党的政治纪律①。

第一节　政治纪律方面的问题

干部在政治上出问题，对党的危害不亚于腐败问题，有的甚至比腐败问题更严重。在政治问题上，任何人同样不能越过红线，越过了就要严肃追究政治责任。有些事情在政治上是绝不能做的，做了就要付出代价，谁都不能拿政治纪律和政治规矩当儿戏②。

政治纪律和政治规矩，对于一个党员是高压线，对于一个党组织是生存发展的生命线。党的政治纪律和政治规矩是全体党员的行为规范和行动准则，也是党的凝聚力、战斗力的重要体现和可靠保证。从这几年的巡视情况看，党组织和党员干部党的观念淡漠、党章党规党纪得不到严格执行、漠视政治纪律和

---

① 2015 年 10 月 8 日习近平在十八届中央政治局常委会第一百一十九次会议关于审议中国共产党廉政准则、党纪处分条例修订稿时的讲话。

② 2014 年 10 月 23 日习近平在中共十八届四中全会第二次全体会议上的讲话。

政治规矩，是普遍存在的问题。

一、基本概念及内涵

1. 什么是政治纪律和政治规矩

党的政治纪律，指各个不同时期根据党的政治任务的要求，对各级党组织和党员的政治活动和政治行为的基本要求，是各级党组织和党员在政治生活中必须遵守的行为准则。政治纪律的基本要求是“各级党组织和党员，必须在政治原则、政治立场、政治观点和路线、方针、政策上同党中央保持高度一致。党组织和党员对中央已经做出决定的重大方针和政策问题有不同意见，在坚决执行的前提下，可以经过一定的组织程序提出，但决不允许自行其是，公开发表与党的路线、方针、政策和决议相反的言论，采取同中央的决定、决议相违背的行动”。政治纪律是维护党的政治原则和党的政治路线的纪律，在党的纪律中具有特别重要的意义。

政治规矩是党的各级组织和全体党员必须遵守的行为规范和规则。具体说，党的规矩包括 4 个方面：其一，党章是全党必须遵循的总章程，也是总规矩；其二，党的纪律是刚性约束，政治纪律更是全党在政治方向、政治立场、政治言论、政治行动方面必须遵守的刚性约束；其三，国家法律是党员、干部必须遵守的规矩，法律是党领导人民制定的，全党必须模范执行；其四，党在长期实践中形成的优良传统和工作惯例①。

2. 政治纪律与政治规矩之间的关系

习近平总书记对此有详细的论述：“纪律是成文的规矩，一些未明文列入纪律的规矩是不成文的纪律；纪律是刚性的规矩，一些未明文列入纪律的规矩是自我约束的纪律。党内很多规矩是我们党在长期实践中形成的优良传统和工作惯例，经过实践检验，约定俗成、行之有效，反映了我们党对一些问题的深刻思考和科学总结，需要全党长期坚持并自觉遵循。”也就是说，从概念的层面，“党的规矩”的外延要比“党的纪律”更大。纪律是刚性的规矩，优良传统和工作惯例是不成文的、相对柔性的规矩，同样需要遵守。

---

① 2015 年 1 月 13 日习近平在第十八届中纪委第五次全会上的讲话。

3. 违反政治纪律与政治规矩的表现形式

当前，违反政治纪律和政治规矩的主要表现形式是：一是政治立场不坚定。有的党员干部缺乏共产主义远大理想，党的观念不强，党性修养不够，对党的政治理论和路线、方针、政策不学习、不研究、不领会，理想信念的根基不牢，在事关重大原则问题上立场不坚定，在大是大非面前旗帜不鲜明，丧失了基本的政治立场和党性原则。如周永康、李春城之流，不信马列信鬼神，日常工作有"大师"相伴，重大决策由"大师"定夺，丧失了一名共产党员的基本信仰。二是重大决策不执行。全党有党员8600多万，但中央只有一个，我们讲与党中央保持高度一致，就是要与以习近平同志为总书记的党中央保持高度一致。但在贯彻执行中央决策部署上，有的党员干部精于搞上有政策、下有对策，耍"小聪明"、拨"小算盘"、打"擦边球"，对自己有利的政策就贯彻落实，不利的就搞搪塞变通，有令不行、有禁不止。三是组织原则不遵循。有的党员干部热衷于拉帮结派，以地域、同学、战友以及出身、经历划界，立山头、搞宗派、编"关系网"，搞团团伙伙、亲亲疏疏、利益输送，把正常的同志关系扭曲成庸俗的人身依附关系，甚至搞"私人俱乐部"。在湖北历史上，也出现过少数地方领导干部罔顾大局、拉帮结派、煽动闹事的事情，贻误了发展良机，致使当地经济社会发展付出了沉重代价。四是言辞论调与党中央不一致。有的党员干部在一些重大问题，特别是在一些涉及党的路线、方针、政策和决议的重大问题上，信口开河、妄加评论，散布一些与党中央不一致的论调，把听来的小道消息当作"新闻"传播，对社会舆论产生了错误导向。有的党员干部工作中"爱国爱党"，网络发帖却随意制造、传播政治谣言及丑化党和国家形象的言论，人格分裂，做"两面人"。五是当政治逃兵，面对错误言论与行为不亮剑、不抵制。有的党员干部对社会上流传的政治笑话、灰色顺口溜不制止、不斗争，对社会上的错误思潮、错误行为、错误倾向缺乏鉴别力、免疫力和抵抗力。有的党员干部对一些诋毁诽谤党和政府的反动言论视而不见，当政治逃兵，扮"绅士"、装"深沉"，在政治言论上该一致的不一致，该斗争的不斗争①。

---

① 中国共产党中央纪律检查委员会．习近平关于严明党的纪律和规矩论述摘编［M］．北京：中央文献出版社，2016.

二、高校在执行政治纪律与政治规矩方面的主要问题

自2006年10月教育部党组决定对直属高校开展巡视工作以来，查找干部群众反映强烈的焦点问题和一些深层次的矛盾及问题，基本摸清了这些问题的症结和矛盾的真实情况，严肃查处了一批高校领导干部。一些高校领导干部堕落为腐败分子，有客观方面的因素，但归根结底是不遵守党的政治纪律和政治规矩，从而丧失了党性原则。

从全国高校巡视发现的问题看，结合福建省2016年高校巡视情况，在执行政治纪律和政治规矩方面，高校存在共性的地方：高校领导班子对党的理论、路线、方针、政策以及中央有关文件精神学习的自觉性不够，个别领导干部党性观念不强；对党员教师的纪律教育松散，对个别干部教师传播政治笑话、政治谣言、宗教迷信的行为制止不力；个别领导干部执行政治纪律不严，对社会上、网络上出现的一些错误言论警惕性不高，在课堂上有不当言论，造成不良影响。具体归结以下几个方面：

1. 政治意识党性问题：集中表现在办社会主义大学的意识不强，党管高校的认识不深，对政治信念不鲜明，态度不坚决。如云南民族大学原党委书记甄某，党管高校的认识不深，政治意识不强，不按规矩办事，在他担任校长时，强调大学是“校长负责制”，担任党委书记后，强调大学是“党委书记领导下的校长负责制”，大搞“一言堂”。这种“上有政策，下有对策”，搞变通或消极应付的现象一定要杜绝。

2. 团团伙伙圈子问题：集中表现为以老乡、校友、战友划界，立山头、拉关系、占资源，形成“校领导—处长—科长—师生”的利益输送链，链条越多，势力越强，为争夺利益往往拉帮结伙形成派别。如近年来在一些高校中形成的莆田派和湖南派最为典型。莆田派一般以管理人员为主，教学人员为辅；湖南派以引进人才为主，管理人员为辅。为了自身利益，莆田派领导在干部选任上多用莆田人，使每个部门基本上有“自己的人”；湖南派领导在师资队伍上大搞引进人才战略，使重要部门关键岗位的负责人成为“自己的人”。有的新合并的高校还会形成校区派别，校领导是哪个校区的，下面的干部都会对号入座，无形中把正常的同事关系变成依附关系。这种复杂的“圈子”关系，严重影响了

高校的政治生态，影响了正常的管理工作。

3. 课堂内外言论问题：表现为个别党员领导干部和部分党员教师在课堂内外有不当言论，造成不良影响。有的党员教师在给学生上公共课，如形势与政策课、中国特色社会主义理论课，注入个人思想观点，引发观念之争，给学生带来思想误区。

4. 宗教迷信活动问题：表现为无视科学发展观，理想信念根基不牢，价值取向扭曲，不信马列信鬼神。有的高校领导干部理论学习不深，政治定力不够，信封建迷信，信风水大师，严重破坏大学的育人生态环境。如有的校领导把“大师”请进来，在办公桌脚底贴道“符”，挡一挡煞气。有的校领导每年大年初一凌晨叫司机开车到景区庙宇大殿烧高香，一些中层干部也纷纷仿效，在干部群众中造成不良影响。

三、违反政治纪律和政治规矩的现实危害

1. 损害党的形象。高校是育人的阵地，高校党员干部的一举一动，特别是关系到党的政治形象的言行，师生群众都会看在眼里、记在心中。党员干部中存在的不当言论和行为，势必会让青年学生特别是学生入党积极分子迷失方向，给党的威信带来影响，削弱党的感召力。领导干部违反政治纪律和政治规矩，搞团团伙伙、亲亲疏疏、利益输送，必然导致校园不正之风和腐败现象的滋生蔓延，败坏党风校风学风，破坏师生关系，给党的事业和党的形象带来损害。

2. 削弱党的力量。我们党在长期的实践中，经过不断地丰富和发展，形成了一个完整的纪律体系。在这个纪律体系中，政治纪律是首要纪律，是执政党纪律的核心。如果政治纪律松弛，那么其他各项纪律就会失去政治基础，党就会像磁铁消了磁一样，凝聚力和吸引力都无从谈起。大学是培养政治合格全面发展的接班人的摇篮，政治纪律松弛，不仅影响下一代的执政基础和治政理念，还会导致二级党委和党员干部不抓落实，不与党中央保持一致，直接影响党的教育路线方针政策的贯彻。

3. 恶化政治生态。政治纪律和政治规矩是健康政治生态的基本保障。违反政治纪律和政治规矩，将直接危及和损害政治生态，导致政治生活异化，相互之间讲关系而不讲党性，讲感情而不讲原则，讲义气而不讲正气，讲假话而不

讲真话，上行下效，明规则形同虚设、潜规则越用越灵，就会出现“破窗效应”“劣币驱逐良币”现象，“塌方式”腐败、系统性问题就不足为奇。各种危害的最终指向，就是危害党的执政根基。当前，一些西方敌对势力、国内异己势力，把目标转向教育领域，企图在高校植入西方文化，分化瓦解我们，长期下去就会动摇我们党的执政根基。在当前日益严峻复杂的斗争形势下，要保持高校的安定稳定和正确的舆论导向，保持党管高校的政治地位，保持高校各级党组织的凝聚力战斗力，核心就是要严明纪律、严守规矩，坚决防止堡垒从内部攻破。

第二节 组织纪律方面的问题

坚持按民主集中制原则处理党内组织和组织、组织和个人、同志和同志、集体领导和个人分工负责等重要关系，发扬党内民主、增进党内和谐，实行正确集中、维护党的团结统一①。

党的十八大以来，习近平总书记从战略和全局的高度，对加强党的组织纪律建设、增强全党组织纪律性做了深刻阐述。组织纪律性是党性修养的重要内容，必须严格执行各项组织制度；要明确组织纪律界限，严肃查处违反组织纪律的行为。当前加强党的组织纪律要求党的各级组织和全体党员必须遵守民主集中制的原则，做到局部利益服从整体利益，甚至为了整体利益不惜牺牲局部利益，保持全党在思想上、行动上的高度统一。

一、组织纪律的内涵

党的组织纪律是党维护组织团结统一的行为规则。它是处理党的各级组织之间、党组织与党员个人之间关系的纪律。民主集中制是我们党的根本组织制度和领导制度，也是党的根本的组织纪律。党的组织纪律的核心是：党员个人服从党的组织、少数服从多数、下级组织服从上级组织、全党各级党组织和全体党员服从党的全国代表大会和中央委员会。“四个服从”最重要的是全党服从

① 2014 年 5 月 9 日习近平在参加河南省兰考县委常委班子专题民主生活会时的讲话。

中央。另外，党组织为了贯彻民主集中制而制定的一些具体制度和规定，如集体领导制度、选举制度、请示报告制度、罢免制度、监督制度、交纳党费制度等，这些都是党的组织纪律。

二、组织纪律的主要特点

1. 四个服从：党员个人服从党的组织，少数服从多数，下级组织服从上级组织，全党各个组织和全体党员服从党的全国代表大会和中央委员会。

2. 集体领导和个人分工相结合：党的各级委员会实行集体领导和个人分工负责相结合的制度。凡属重大问题都要按照集体领导、民主集中、个别酝酿、会议决定的原则，由党的委员会集体讨论，做出决定；委员会成员要根据集体的决定和分工，切实履行自己的职责。

3. 参加党的组织生活：每个党员不论职务高低，都必须编入党的一个支部、小组或其他特定组织，参加党的组织生活，接受党内外群众的监督。

4. 请示报告：党的上级组织要经常听取下级组织和党员群众的意见，及时解决他们提出的问题。党的下级组织既要向上级组织请示和报告工作，又要独立负责地解决自己职责范围内的问题。上下级组织之间要互通情报、互相支持和互相监督。党的各级组织要按规定实行党务公开，使党员对党内事务有更多的了解和参与。

三、加强组织纪律的重大意义

1. 加强组织纪律是建设坚强有力的马克思主义政党的必然要求。无产阶级政党是以实现共产主义为最终目标而组建起来的政治组织，对组织纪律的要求比任何一个政党都要高。马克思曾指出："必须绝对保持党的纪律，否则将一事无成。"恩格斯说："巴黎公社遭到灭亡，就是由于缺乏集中和权威。"列宁进一步阐述了组织纪律的极端重要性，指出："无产阶级在争取政权的斗争中，除了组织而外，没有别的武器。"毛泽东同志强调："加强纪律性，革命无不胜。"这些重要论述，深刻阐明了加强组织纪律建设对于马克思主义政党的极端重要性。

2. 加强组织纪律是我们党的优良传统和强大政治优势。新民主主义革命时期，严明的组织纪律是我们党在恶劣的环境中能够生存下来、不断发展壮大、夺取全国革命胜利的重要保证。党的一大通过的《中国共产党第一个纲领》规定了党的有关纪律。党的二大党章初步确立了民主集中制的基本要求。党的六届六中全会首次正式提出“四个服从”这一重要组织纪律。针对党内存在的“左”倾思想以及主观主义、宗派主义、党八股现象，从1942年开始，我们党开展了一次持续数年的全党整风运动，使全党组织纪律进一步完善和发展，达到了空前团结和统一。1948年9月，党中央在西柏坡召开的政治局扩大会议决定建立请示报告制度，有力推进了党的作风和纪律建设，保证了政令军令畅通，取得解放战争的伟大胜利。社会主义建设时期，严明的组织纪律确保我们党成为马克思主义执政党，带领全国各族人民卓有成效地开展社会主义建设的伟大实践。党的八大通过的《中国共产党党章》规定：“党是以一切党员都要遵守的纪律联结起来的统一的战斗组织；没有纪律，党决不能领导国家和人民战胜强大的敌人而实现社会主义和共产主义。”改革开放时期，针对“文化大革命”中党规党纪被肆意践踏，党的组织、党员的党性观念、党的优良传统和作风遭到极其严重破坏的情况，党的十一届五中全会通过《关于党内政治生活的若干准则》，从12个方面对全党政治生活、组织生活和全体党员的行为作了全面规定，为党员遵守组织纪律、党组织执行纪律提供了依据。党的十二大之后的历次党章，都明确强调要坚持民主集中制，加强组织性纪律性，在党的纪律面前人人平等。

3. 加强组织纪律是实现“两个一百年”目标和中国梦的迫切需要。实现“两个一百年”奋斗目标和中华民族伟大复兴的中国梦，关键在党，必须凝聚起全党的智慧和力量。当前，在组织纪律方面出现了许多新情况新问题，特别是在中央和地方省委巡视过程中发现的问题，带有根本性的突出问题。这些问题如不及时解决，党就会成为一盘散沙，“两个一百年”目标和中国梦就不可能实现。

党的历史充分证明，什么时候组织纪律执行得好，党员的组织观念、党的意识就比较强，党就能团结带领全党全国各族人民战胜前进道路上的困难和挑战，不断取得新的更大胜利；什么时候党的组织纪律执行得不好，组织观念薄弱、组织涣散的情况就容易出现，党组织的凝聚力和战斗力就会削弱，党的事业就会遭受损失①。

四、违反组织纪律的表现形式

新形势下，党的建设面临许多新情况，在组织纪律方面出现了许多新问题。一般表现在：有的个人主义、自由主义严重，目无组织纪律，跟组织讨价还价，不服从组织安排；有的党组织和领导干部在处理一些应该由中央和上级组织统一决定的重要问题时，事前不请示，事后不报告；有的变着法儿把一件完整的需要汇报的大事情分解成一件一件可以不汇报的小事项，让组织程序空转；有的领导个人说了算，有的只对领导个人负责而不对组织负责，把上下级关系搞成人身依附关系；有的办事不靠组织而靠熟人、靠关系，形形色色的关系网越织越密等②。根据《中国共产党纪律处分条例》第 60 条至第 63 条规定，违反党的组织纪律的主要表现形式有五点：第一，违反规定发展党员，或为非党员出具党员身份证明的；第二，违反民主集中制原则，拒不执行或擅自改变党组织做出的重大决定；第三，违反议事规则，个人或者少数人决定重大事项；第四，下级党组织拒不执行上级党组织决定；第五，在党内搞非组织活动，破坏党的团结统一。

五、高校违反组织纪律方面的主要问题

从近年来高校巡视情况看，结合福建省 2016 年高校巡视的情况，高校在执行六大纪律中，组织纪律方面的问题比较多，主要表现在：未严格执行《党政领导干部选拔任用工作条例》等规定，超常规设置机构和配备干部，基层党建工作弱化，引进人才与出国（境）管理不严，干部档案管理工作薄弱等，归结起来主要有以下几个方面：

1. 选人用人问题。一些高校干部选拔任用程序不够规范，选人用人存在地域性，提任干部降低标准条件，减少民主推荐环节，干部提任职位数随意变更，

---

① 黄树贤．严肃执行并带头遵守党的组织纪律：学习贯彻习近平总书记关于党的组织纪律建设的重要记述［J］．求是，2014（17）．

② 同①.

公信度不高，干部档案管理工作薄弱，选拔任用超机构规格提拔配备领导干部现象比较突出。如，某高校选拔任用干部工作中，组织部征求纪委意见环节与党委常委会讨论表决环节程序倒置，组织部门与纪委的联席会议制度尚未建立，机构编制和领导职数管理不规范等。某高校干部选任工作由学校党委干部工作小组代替党委常委会确定干部，拟提任干部没有执行干部试用期制度和干部选拔任用全程纪实制度，个别干部提任过程中存在任职年限连续破格的问题，部分管理部门内设机构规格偏高，以设常务副职的名义提拔干部。有的高校选人用人把关不严、导向不正确，个别干部一路造假一路提拔，选人用人工作上还存在“低职高配”提拔干部和“变通程序”要求选任干部等不合规问题。如某高校，在正处职位没有空缺情况下，提任一名干部为校聘正处，半年后转为行政正处；干部公认度不高，2014 年至 2016 年提任 18 名副处级领导干部中，民主推荐得票过半数的仅有 5 名，对得票低、民意差的人选没有直接排除，有的在 93 人推荐中仅得 4 票，且院领导无一人推荐，得票只有 4% 的情况下却得以提拔。有的干部任职试用期满后，未开展组织考核，仅以个人总结代替组织考核，有的干部任免审批表纪实不完整，差错较多，没有审核，起不到可追溯、倒查作用。

2. 机构编制问题。部分高校党委执行机构编制的意识比较淡薄，自主调整设置的科级机构工作滞后较多，有 20% 左右地方高校未按照省市编制办文件精神全面核定机构及领导职数，没有及时按照省市编办核准的机构和领导职数开展“定机构、定职责、定人员”工作，存在超常规设置机构和超职数配备干部的现象。如，某高校擅自设置 47 个二级机构，没有报机构编制主管部门核准，违规使用职务和职级，变相提高人员职级待遇。有的高校二级学院班子职数核定不够科学、配备不够合理，抽查某高校 15 个二级学院，有 3 个学院班子成员仅定编 1 人，出现一人兼多职现象，造成干部岗位交流少，干部成长慢。学校部分管理部门内设机构规格偏高，以设常务副职的名义使用干部职数，实行职员职级制后，仍沿用调研员序列安排干部。

3. 干部管理问题。部分高校对党员管理失之于宽、软，有的党员干部离职移居国外、下海经商办企业、出国未归、无故失联等长期游离于党组织，长期不参加组织生活，党组织没有及时处理。有的高校领导班子成员存在“临时”

"过渡"思想，行政工资关系、党员关系都在原单位，未及时转入任职单位，干部监管难度大，出现一些班子成员不管事、不问事、不谋事的现象，党政领导班子凝聚力、战斗力不强。如某高校，校领导 8 人中有 7 人工资关系未转入，在原工作单位发放，校党委未督促及时迁移。个别高校领导干部利用职便，以上课、补课、入党、推优、转学、转专业、就业等名义，进行权色交易，搞男女不正当关系；有的党员干部师德缺失，对女学生有不当言行，给部分女生带来一定精神和生活困扰，家长学生反感，影响恶劣，党组织没有及时处理或仅对其做岗位调整。有的高校干部档案没更新，存在干部档案资料缺项的情况。如，2015 年省委组织部按比例随机抽查一所高校处级领导干部个人有关事项报告，抽查核实 23 人，存在填报不规范、漏报、不如实报的有 8 人。有的高校教育管理松软，机关办事拖沓，衙门作风盛行，工作效能低下，服务意识不强，决策部署朝令夕改；二级单位领导班子抓管理不敢较真碰硬，存在好人主义，教职工和学生的思想政治工作较为薄弱，教育活动流于形式这些都在一定程度影响了学校的发展。

4. 引进人才问题。高校人才引进考核监督和管理存在盲区，特别是新建本科高校，为了提升师资水平，迎合本科教学评估，盲目引进人才的问题十分严重，只要博士，不管有没有建设平台，不管博士是真水平还是假水平。引进人才学校投入不少钱，最终为了面子工程，至于教学、科研水平是否提高，教学团队是否建立，并不重要。这是地方省属高校引进人才的通病。这种引进人才的模式，带来不少问题：一是引进人才的真假问题。中国改革开放以来，市场经济给社会带来的最大伤害是假商品，给高校带来的最大损害是假博士。假博士在学校不超过三年，三年后就走，因为时间长了，容易被别人看出来。如某高校曾从某工业大学引进一位博士，进来就当教研室主任，每次教研会从不谈专业问题。待到第三年下半年被该教研室一位教师举报了，学校纪委介入调查发现，该博士学历学位均是假的。二是引进人才的真才实学问题。引进人才没有考核机制，只看有没有博士文凭或教授职称，对其真才还是不才无法鉴定。一些高校引进人才只注重数字，不看质量，只要每年师资队伍比例上升就好，使得引进的人多数不具备教学科研能力。有的引进人员还不如本校的讲师能力强，时间长了，本校教师有意见，认为学校花了这么多钱引进了一些不管事不成事的人进来，不如把这些钱投到本校教师的身上，好好培养他们，提升学校的教学质量。如某高校2014年引进一位博士，聘为该校金融学院院长，聘用期间由于“行政管理能力明显欠缺，学术水平一般，教学质量与治学态度较差，为人不诚实，人际关系差”未通过聘用期考核，引进人才不仅没有起到示范作用，还造成较大的负面影响。三是引进人才的得失问题。几年来，在社会上出现了一支“博士专业户”队伍，这些“专业户”每年都在全国找新建本科高校，有的一年跳好几个高校，跳一次赚一次，一年下来有好几百万元收入。这些“专业户”都是重新建档的，人走了，根本不需要档案，可以到另一个地方重新建档。有的引进博士走会找出理由，说什么没有科研平台、科研经费以及人文环境不好等，能找理由走的博士算是有良心的，没良心的博士不打招呼就走，拿到钱就走，人都找不到。如某省有3所本科高校，出现引进人才无故离职、无故不归等情况，给学校造成极大的损失。

5. 基层党建问题。表现为党建工作流于形式，喊得多、做的少，工作虚假，作风不实。从巡视抽查某省高校二级单位党建工作情况看，60%以上地方高校机关处室和二级学院党组织多年来基本上没有专题研究党建工作，基层党组织记录本除发展党员工作外，没有其他党建内容，存在马虎应付的现象。如，某高校机关党总支2014—2015年度党建工作要点内容雷同；外语系党总支2015—2016年党建工作要点仅103字；艺术系党总支2012—2013年党总支工作计划只有4字不同，其他格式、标题、内容都相同，党建工作脱离实际、照猫画虎、过虚过假。一些高校党员领导干部没有按标准足额缴纳党费，特别是校级领导，党章意识不强，只是象征性交点费用。如，一些高校厅处级领导干部每月少交党费占应缴党费的40%—50%，有的厅级领导干部每年缴纳不足50元，其他班子成员和处级干部每月缴纳党费为15元—40元，部分普通党员每月缴纳党费仅5元—6元。一些高校盲目发展党员，不按标准和程序或超比例压任务发展党员，违规审批发展学生党员，一些学生党员质量不高。如一些高校基层党支部在发展党员上不注重素质，只讲求听从指挥，把个别组织观念淡漠、带动能力不强、发挥先锋模范作用不突出的人列为培养对象。有的党支部为了获取外援，争引资金，乱开口子为外籍投资人员提供入党的机会。个别党员干部为在选举中让自己或自己亲近的人当选，违背组织原则，采取拉帮结派、事前许诺、贿买选票、非法操控等方式，从事非法活动。

6. 退休返聘问题。多数高校没有严格执行国家以及省市有关退休返聘工作管理规定，有的高校搞变通，自定教职工退休返聘工作暂行管理办法，长期对返聘岗位未进行清理，存在“退而不休”现象。如某高校2012年以来退休教职工25人，返聘人员达13人，聘用岗位五花八门，有的岗位返聘时间长达8年，返聘待遇按在职补齐。

7. 出国（境）问题。表现在3个方面：一是公务出国（境）经费管理混乱。领导组团考察的承办部门没有考察经费预算明细表，委托旅行社代办出国活动事务没有签订合同，支付经费依据不足，由代办方说了算。如某高校党委书记等5人于2013年10月赴德国、意大利考察，共支付费用20.14万元，其中旅行社开具的代订机票费发票15.35万元，而实际机票价只有6.25万元，代订机票费的价格是机票实际价格的2.45倍。二是违规擅自改变考察行程。多数校领导带队的考察团都存在绕道旅游的情况，有的借境外高校会务函，带队到国外转一圈，根本没有去境外高校交流；有的擅自改变计划，延长时间，绕道旅游。如某高校校长一行5人于2013年12月赴新加坡、印尼的雅加达、泰国的曼谷和清莱等地考察交流，期间，擅自变更路线，绕道巴厘岛。三是因私出国（境）管理不严。一些高校领导干部出国（境）没有报批，有的证件长期自己保管。有的领导干部出国长期不归，失联多年没有及时汇报。某高校处以上干部有242人办理普通护照和往来香港（台湾）通行证，其中有4名退休领导干部未按规定将出国（境）证件交由学院集中保管，有7名处级干部因私出国（境）多次未报批。

六、违反组织纪律的现实危害

组织纪律，对于一个党员来说是高压线，对于一个政党来说是生命线。组织纪律是根本的纪律与规范，违反党的组织纪律，对高校党的教育事业的危害是全局性的、根本性的。

一是损害党的教育形象。高校党员干部的一举一动，特别是关系到党的政治形象的言行，师生都会看在眼里、记在心中。党员干部中存在的违反民主集中制、侵犯党员权利行为、违反组织工作原则等行为，势必给学生带来影响，削弱党的感召力。领导干部违反党的组织纪律，搞团团伙伙、亲亲疏疏、利益输送，必然导致不正之风和腐败现象的滋生蔓延，破坏师生关系和群众关系，给党的教育事业和党的形象带来损害。

二是削弱基层组织力量。组织纪律松弛，就会导致学校各级党组织不抓落实，与上级党委不保持一致，直接影响党的教育路线方针政策的贯彻。组织观念薄弱，就会导致在党的办学方向、党对教育工作的领导和正确路线方针政策执行不严，导致组织管理及办学治校能力减弱，导致学校党的组织体系涣散、组织能力减退，导致学校各级党组织的凝聚力、向心力减弱，进而直接影响到学校各项事业的健康持续发展。

三是恶化教育政治生态。党的组织纪律是健康政治生态的基本保障。违反党的组织纪律，将直接危及和损害学校政治生态，导致政治生活异化，师生之间讲关系而不讲党性，讲感情而不讲原则，讲义气而不讲正气，讲假话而不讲真话，上行下效，明规则形同虚设、潜规则越用越灵，就会出现“破窗效应”现象，教育腐败、师德问题就不足为奇。

第三节　廉洁纪律方面的问题

中国共产党全体党员和各级党员领导干部必须坚定共产主义理想和中国特色社会主义信念，必须坚持全心全意为人民服务的根本宗旨，必须继承发扬党的优良传统和作风，必须自觉培养高尚道德情操，努力弘扬中华民族传统美德，廉洁自律，接受监督，永葆党的先进性和纯洁性①。

廉洁纪律是党组织和党员在从事公务活动或其他与行使职权有关的活动中，应当遵守的廉洁用权的行为规则，是实现干部清正、政府清廉、政治清明的重要保障。《中国共产党党章》规定，中国共产党党员永远是劳动人民的普通一员。除了法律和政策规定范围内的个人利益和工作职权以外，所有共产党员都不得谋求任何私利和特权。党员领导干部必须正确行使人民赋予的权力，坚持

① 中国共产党廉洁自律准则［M］. 北京：中国方正出版社，2015.

原则，依法办事，清正廉洁，反对任何滥用职权、谋取私利的不正之风，永葆共产党人清正廉洁的政治本色。

一、廉洁纪律的内涵

廉洁纪律是指以法律法规形式规定的指导、调整、约束、规范公务人员廉洁从政行为的准则和规范，其目的是保证公职人员按其职责履行公务，廉洁从政。《中华人民共和国公务员法》规定，公务人员必须清正廉洁，公道正派，不得有贪污、行贿、受贿、利用职务之便为自己或者他人谋取私利的行为。按照习近平总书记所讲，“廉洁”就是“要干净做事，坚持公私分明，先公后私，克己奉公”。按照《中国共产党的廉洁自律准则》规定，就是党组织和党员在从事公务活动或者其他与行使职权有关的活动中，应该遵守的廉洁用权的行为规则。这样的规则是实现干部清正、政府清廉、政治清明的重要保障。

二、违反廉洁纪律的主要表现形式

根据《中国共产党纪律处分条例》有关规定，违反廉洁纪律的主要表现形式有：一是利用职务上的便利，非法占有非本人经管的国家、集体和个人财物，或者以购买物品时象征性地支付钱款等方式非法占有国家、集体和个人财物，或者无偿、象征性地支付报酬接受服务、使用劳务等；二是利用职务上的便利，将应当由本人或者亲属个人支付的费用，由下属单位或者其他单位支付、报销的，依照前款规定处理。利用职务上的便利，将应当由配偶、子女及其配偶个人支付的出国（境）留学费用，由他人支付、报销的；三是利用职务上的便利，占用公物归个人使用的；四是党和国家工作人员或者其他从事公务的人员，接受可能影响公正执行公务的礼品馈赠，不登记交公的；五是国家工作人员利用职务上的便利，侵吞、窃取、骗取或者以其他手段非法占有公共财物的。受国家机关、国有公司、企业、事业单位、人民团体委托管理、经营国有财产的人员，利用职务上的便利，侵吞、窃取、骗取或者以其他手段非法占有国有财物的；六是党员领导干部的配偶、子女及其配偶，违反有关规定在该党员领导干部管辖的区域或者业务范围内从事可能影响其公正执行公务的经营活动，或者在该党员领导干部管辖的区域或者业务范围内的外商独资企业、中外合资企业中担任由外方委派、聘任的高级职务的，该党员领导干部应当按照规定予以纠正；七是有其他违反有关规定从事营利活动行为的。

三、高校违反廉洁纪律方面的主要问题

从2016年中央和地方的巡视情况看，高校在执行廉洁纪律方面，仍存在不少问题，如个别领导干部廉洁意识不强，利用职权职务影响谋取利益；学校党委对干部兼职问题监管不力，有部分领导干部在学校产业集团、科技园等企业兼职且取酬；学校党委对干部个人有关事项报表管理要求不严，相当部分中层干部存在不如实申报等问题。具体表现在：在企业违规兼职取酬；经商办企业从事营利活动、违规领取加班费、劳务费、监考费、补助费以及各类过节费；违规购买、赠送礼品；超标准使用公务车；超标准发放奖励性绩效工资；超标准超范围接待；超标准办公用房；操办婚丧喜庆事宜借机敛财；不如实申报干部个人有关事项等，归结起来主要有以下几个方面：

1. 违规领取各类劳务费和补助费。有的学校领导利用寒暑假时间，到校上班按加班计算，领取加班费，出现部分行政人员和校领导几乎整个寒暑假工作日都在领取加班费的现象。如某高校，2015年发放寒暑假加班费473282元，其中校领导60965元。有的学校巧立名目发放劳务费，正常履职额外领取各类补贴。如某高校，学校每年的英语四、六级及计算机考级考试发放的劳务费，除了按照规定标准发放监考费以外，学校教务处还巧立名目为相关人员多发放劳务费。2014年至2015年，学校组织英语四六级和计算机等级考试各四场，监考人员每人每场可发放监考费分别为220元和400元。有关人员利用制表权、审核权和监管权巧设名目发放各种劳务费，同一考试科目，既发监考费，又发组织报名、资格审核、协调、考场整理、考务用品准备等费用，有的组织一次考试，从中报领补助9次。有的学校各种补贴名目繁多，规范、清理津贴补贴不够彻底，还保留有70多种不同名称补贴，如校领导在学校工作日组织招聘、招标、验收、考试等领取补贴。有些高校的附属医院违规发放过节费。如某高校附属医院，2014年、2015年用职工福利基金为全院1000多名干部职工发放过节费和福利费分别为2056.93万元、1868.89万元。其中，2014年发放春节、元旦过节费每人每节2000元；清明节、端午节、国庆节、中秋节每人每节1500元；2015

年元旦每人2000元，三八节、六一儿童节、护士节每人每节分别为300元、200元、1000元，冬季学习费、夏季学习费每人各1500元，夏季福利费每人1000元。2015年发放的项目分别为福利费1月至11月每人每月1200元，春节过节费每人2000元，三八节、六一儿童节、护士节福利费有关人员每人每个节日分别为300元、200元、1000元。

2. 超标准发放奖励性绩效工资。有的学校利用缺编人数的空档，将缺编人员的奖励性绩效工资分摊发给每个在职人员。如某高校编制1730人，实有教工986人，缺编744人。2013年实行绩效工资以来，市公务员局、财政局每年按学院1730人的编制总数核定给学校教工绩效工资，而2013年至2015年，市财政核定给学院缺编教工的绩效工资分别为845万、919.63万、919.63万，共2684.26万。学校全部分摊给在职人员，平均每人每年多发奖励性绩效工资9074元，缺编人员的工作量并非现有教工承担，而是另请编外人员完成。其中，2013—2015年分别支付编外人员费用70万、248万、396万元，费用从其他渠道支付。有的学校利用考务列支劳务费，如某高校，2014年至2015年，共发放英语四六级和计算机等级考务费60.01万元，直接列支劳务费，未按规定从奖励性绩效中列支，造成多发放奖励性绩效工资60.01万元。

3. 超标准接待和违规购买礼品。部分高校招待费存在虚列就餐人数、使用名烟名酒、购买礼品、私人会所消费、报支旅游发票等问题。如某高校，2013年7月16日报支接待某教授一行招待费2195元，实际1人，虚列人数19人；报支接待马来西亚一行招待费1300元，实际2人，虚列人数14人；2013年9月13日报支接待北方院校一行2260元，实际1人，虚列人数16人。该校2013年6次进入私人会所消费和同城同校接待，并购香烟、水果等用于校领导办公室接待用，无情况说明。又如某高校，使用中华烟、张裕酒等接待，违规购买礼品，开白条入账；校领导违规设置特支经费，每年安排7万—10万元自由掌握；报支旅游发票，无相关情况说明。再如某高校，违规印制纪念邮册，共计117780元，作为礼品赠送有关领导和部门；违规购买、赠送礼盒套装（U盘、宝珠笔），计60500元；购买工艺品24件，计9120元，没有说明相关用途。

4. 利用出国或会务绕道旅游。部分高校存在出国经费预算编制不严肃、未按级审批、出国经费超过预算、借外出参加会议之机绕道旅游等问题。如某高校，2015年出国预算经费为30万元，同期出国费用支出为56.08万元，超预算26.08万元，超预算87%。2015年校领导一行6人出国洽谈业务，在将预算上报学校财务处审批时，仅报合计数，未按规定上报分项数，且所报预算明显低于正常预算。出国（境）未按级审批，预算费用合计38.5万元，超过全年预算8.5万元。2015年校领导一行6人到美国、新加坡考察的费用，在报有关部门审批时预算机票的价格是按乘坐经济舱进行预算的，但在购买机票时，在明知本次出国费用已超预算的情况下，仍为主要领导购买了公务舱机票（比经济舱机票多支出4.79万元），最终此次出国费用支出达35.58万元，超过预算17.58万元，几乎翻倍。又如某高校，2013年7月副校长、培训中心主任到内蒙古参加研讨会议，会议时间为7月27日至29日，实际报销的出差时间为7月26日至8月2日，会后，绕道回来，多报支差旅费2713元。

5. 团费管理较混乱。如某高校，团委长期将收取的团费收入存入个人账户，虽然有指定专人保管，但管理混乱，账目不清，至2016年6月20日仍有8.78万元游离于监控之外，甚至挪做他用。

6. 校领导不廉洁问题较多。领导干部廉洁意识不强，对自身要求不严，群众意见比较大，主要集中在基建工程项目、校办产业、后勤服务、职称评审、企业兼职取酬、公有住房、个人事项报告、科研经费使用等方面。如校领导在工程建设过程中，与包工头存在不正当经济往来关系；在后勤招投标过程中，与投标方暗箱操作谋取私利；在职称评审过程中，特别是职称评审下放高校后，校领导的权力膨胀，公权私有化；在已领取个人货币化住房补贴的情况下，未能按时退还校内住房、缴纳房租，侵占群众利益；在个人事项报告中，多数领导干部估算申报，申报数额明显少于学校计财处提供的数字；在科研项目或课题上，校领导资历及背景好，获得更多的科研项目经费的资助，科研经费私有化严重。

第四节　群众纪律方面的问题

毛泽东同志曾指出："党群关系好比鱼水关系，如果党群关系搞不好，社会主义制度就不可能建成，社会主义制度建成了，也不稳固。”①

我们党的最大政治优势是密切联系群众，党执政后的最大危险是脱离群众。脱离群众，漠视群众利益和群众诉求，涉及人民群众切身利益的问题得不到妥善解决，全心全意为人民服务的宗旨不能有效贯彻和执行，必然会引发人民群众不满、恶化党群关系。因此，党的群众纪律要求党员自觉增强群众观念，树立全心全意为人民服务的思想，要尊重和维护人民群众的正当权利和利益，要爱护人民群众的财产和生命，关心人民群众疾苦，帮助人民群众解决实际困难，绝不允许以权谋私，或做出侵犯人民群众利益的事情。

一、群众纪律的内涵

党的群众纪律，指党组织和党员处理与人民群众之间关系的行为规范，也就是党处理党群关系的准则。党的群众纪律要求各级党组织和共产党员，必须坚持党的全心全意为人民服务的宗旨，随时随地维护人民群众的利益，不允许以任何借口、任何形式侵占和损害人民群众的利益。

二、群众纪律的主要内容

增强群众观念，全心全意为人民服务，树立群众利益高于一切的思想；尊重和维护人民群众的正当权利与利益；尊重人民群众的宗教信仰、风俗习惯；爱护人民群众的财产和生命；关心人民群众的疾苦；以平等的态度对待人民群众；在政治上维护人民群众的权利；在物质生活和精神文化生活上关心人民群众的利益和需要；尊重人民群众的社会主义积极性，倾听人民群众的呼声，接受人民群众的批评、监督和帮助；保护和捍卫人民群众的利益，同危害人民群众利益的行为做坚决的斗争。

三、违反群众纪律的主要表现形式

根据《中国共产党纪律处分条例》第 105 条至第 112 条规定，违反党的群

① 中共中央文献研究室. 建国以来毛泽东文稿：第 6 册［M］. 北京：中央文献出版社，1992：547.

众纪律的主要表现形式有三条：第一，侵害群众利益行为，如“超标准、超范围向群众筹资酬劳、摊派费用，违反有关规定扣留、收缴群众款物或者处罚群众，克扣群众财物”等；第二，漠视群众利益行为，如“涉及群众生产、生活等利益的问题依照政策或者有关规定能解决而不及时解决，对符合政策的群众诉求消极应付、推诿扯皮，对待群众态度恶劣、简单粗暴等漠视群众利益”等；第三，侵害群众知情权行为，如“不按照规定公开党务、政务、厂务、村（居）务”等。

四、高校违反群众纪律方面的主要问题

近年来，在常规巡视和专项检查中，发现一些高校存在着损害党群关系的违纪现象。这些现象具体表现在：学生政策落实不到位；未经审批向学生家长收费；学生的合理诉求得不到解决；学生食堂安全无保障；侵占师生利益；未按规定推行办事公开；未勤俭办教育事业等，归结起来主要有以下几个方面：

1. 违规收取管理费、服务费。有的学校未经审批开设培训班、辅导班等，收取学生家长费用。如某高校，2012 年至 2015 年，未经物价等部门批准，学校各系报经校领导同意后，开设就业辅导培训班，利用课余时间进行培训，时间 5 至 8 天，收费标准每人每期校内学生 500 元至 800 元，校外学生 800 元至 980 元。收取的费用除上交学校 30%，支付教师课时津贴外，剩余部分作为各系经费补充。四年各系共培训学生 2722 人，收取培训费 166. 94 万元，上交学校 50. 08 万元，用于发放教师津贴 51. 18 万元，用于印刷及办公费用等支出 16. 1 万元，收支结余 49. 58 万元，这无形加重了学生负担。

2. 学生奖助贷基金政策落实不到位。如某高校，2012 年至 2015 年，该校应计提并用于学生的奖助贷基金共计 1212. 04 万元，同期实际列支的奖助贷基金共计 555. 17 万元，有提取未使用的学生奖助贷基金共计 656. 87 万元，实际使用数仅占应使用数的 45. 80%。存在违反规定、不重视维护群众利益、损害学生权益和群众利益的问题。

3. 借机克扣学生补贴。一些高校的个别党员干部为选拔和培养本校有体育特长的大学生运动员，成立了各种项目的运动队，组织开展运动集训，在报销集训开支中存在虚列项目、虚报运动队人数、截留学生补贴等侵犯学生利益的

行为。如某高校体育教研部党员干部虚列省运会定向队集训补贴和截留学生补贴，2014 年省第十五届运动会大学生部定向队训练补贴 4 月份 10400 元（13 人）、5 月份 8600 元（13 人）、6 至 8 月份 24600 元（10 人）、10 月份 13000 元（10 人），以上 6 个月共计 56600 元。学生补贴发放存在代签他人名字的现象，而且学校集训实际只有一个月却虚报且发了 6 个月补贴，学生领取的补贴全部上交运动队里再分配，学生实际拿到的比补贴单上的金额少。

4. 借机侵占学生活动经费。有的政治辅导员按人头收取年级费或社会实践费，有的党员教师多领或冒领学生补助费，侵占学生活动经费。如某高校，政治辅导员为了便于开展学生年级活动，收取每生 100 元年级费，收取的费用由辅导员个人负责管理，费用收支情况未向班级学生通报，学生毕业离校前也未公示未结算，私自将两届学生年级余款 66058 元占为己有。又如某高校党员教师分别于 2014 年 9 月、2015 年 3 月带队组织学生赴合肥观摩演出和赴黄山采风，通过多领学生补助、超额支付住宿费、冒领学生补助费等方式侵占学生活动经费 6133 元。

5. 利用职权或职务上的影响谋取私利。主要表现在高校部分党员干部利用职权或职务上的影响，向学生索取好处，或者以借为名，侵占学生权益。如某高校政治辅导员因违规驾车被扣分，就向学生索要驾驶证去销分。一些学生迫于辅导员的职权，长期被借用驾驶证用于该辅导员违规驾车扣分销分。又如某高校，政治辅导员以帮助学生申请国家励志奖学金以及助学金为名，在学生奖学金和助学金评定工作中搞二次分配，公然要求受助学生申请成功后将获得奖学金或助学金的 30% 返现给他，三年姜某共索取部分学生的奖学金及助学金 37058 元。

6. 领导干部侵占群众利益。一些高校的领导干部自律意识不强，自身要求不严，群众意见比较大，主要集中在后勤服务、职称评审、公有住房、科研经费使用等方面。如在职称评审方面，特别是职称评审权下放给高校后，校领导的权力膨胀，公权私有化，不公正评审侵害了部分教师利益，影响了教师进一步发展；在公有住房方面，部分领导干部在已领取个人货币化住房补贴的情况下，未能按时退还校内住房、缴纳房租，侵占群众利益；在科研项目或课题方面，校领导凭借权力占有国家级和省部级科研项目，以便获得更多经费资助，影响部分教师在科研上的申报，科研经费私有化严重。

第五节　工作纪律方面的问题

古人云："欲知平直，则必准绳；欲知方圆，则必规矩。"中国共产党自成立以来就非常重视纪律建设，并把党的工作纪律放在突出地位，中共"一大"通过的《中国共产党纲领》中就明确了对党员的纪律要求和党内的监督，从而奠定了"纪律立党"的基础。直到新中国成立之初的西柏坡时期，随着解放战争的顺利推进，进一步加强党的纪律建设显得尤为重要，而加强工作纪律则是重中之重①。

践行工作纪律，不仅要增强管党治党意识，落实管党治党责任，还要把党的各项工作置于制度轨道，做到公权为民、用权为公。习近平总书记强调，各级党组织要把强化工作纪律建设作为分内之事、应尽之责，担负起全面从严治党主体责任；各级领导干部要认真落实管党治党责任制，主动担责、认真履责、扎实尽责，种好自己的"责任田"，履行好一岗双责。

一、工作纪律的内涵

一般来说，工作纪律是指为维护集体利益并保证工作进行而要求成员必须遵守的规章、条文。从法规层面来说，工作纪律是指党的各级组织和全体党员在党的各项具体工作中必须遵守的行为规则，是党的各项工作正常开展的重要保证。工作纪律是管党治党的工作纪律，并不是平常所说的迟到、早退等工作纪律；"对违反工作纪律行为的处分"特指对管党治党失职渎职行为做出的处分规定，特别是对党组织不履行全面从严治党主体责任或者履行不力行为做出处分规定②。

---

① 王荣丽．西柏坡纪事：上册［M］．北京：中央文献出版社，2011.

② 中国共产党纪律处分条例［M］．北京：中国方正出版社，2015.

二、工作纪律的主要内容

党的工作内容十分丰富，工作纪律也相对多，主要包括宣传工作、教育工作、组织工作、纪律检查工作、群众工作、统一战线工作以及机构编制、对外联络、巡视、机关工作等。

三、违反工作纪律的主要表现形式

根据《中国共产党纪律处分条例》有关规定，违反工作纪律的主要表现形式有：一是工作中不负责任或者疏于管理，给党、国家和人民利益以及公共财产造成较大损失；二是不履行全面从严治党主体责任或者履行全面从严治党主体责任不力，造成严重损害或者严重不良影响；三是不按规定落实处理决定或不按干部管理权限和组织关系对受处分党员开展日常教育、管理和监督工作；四是因工作不负责任致使所管理的人员出走或叛逃；五是在上级单位检查、视察工作或者向上级单位汇报、报告工作时对应当报告的事项不报告或者不如实报告，造成严重损害或严重不良影响；六是违反有关规定干预和插手市场经济活动，造成不良影响；七是违反有关规定干预和插手司法活动、执纪执法活动，向有关地方或部门打招呼、说情，或者以其他方式对司法活动、执纪活动施加影响，以及干预和插手公共财政资金分配、项目立项评审、政府奖励表彰等活动，造成重大损失或不良影响；八是泄露、扩散或窃取党组织关于干部选择任用、纪律审查等尚未公开事项或其他应当保密的内容以及私自留存涉及党组织关于干部选择任用、纪律审查等方面资料；九是在考试、录取工作中，有泄露试题、考场舞弊、涂改考卷、违规录取等违反有关规定行为；十是以不正当方式谋求本人或他人用公款出国（境），以及临时出国（境）团（组）或者人员中的党员，擅自延长在国（境）外的期限，或者擅自变更路线；十一是驻外机构或临时出国（境）团（组）中的党员，触犯驻在国家、地区的法律、法令或不尊重驻在国家、地区的宗教习俗；十二是在党的纪律检查、组织、宣传、统一战线工作以及机关工作等其他工作中，不履行或者不正确履行职责，造成损失或不良影响。

四、高校违反工作纪律方面的主要问题

近年来，从中央到地方的巡视过程中，发现工作纪律方面的问题最多，高校也不例外。这些问题主要表现在：落实“两个责任”方面，党委对党风廉政建设和反腐败工作的主体责任推进不够；党风廉政建设方面，学校整体财务风险较大，大额度资金的使用监管上有漏洞，个别财务管理业务不规范；学校管理与发展方面，学校一些重大战略决策缺乏充分论证、广泛听取意见，行政化倾向比较严重等，归结起来主要有以下几个方面：

1. 落实“主体责任”推进不足。学校党风廉政建设和反腐败工作领导体制和工作机制还不够健全，党委对党风廉政建设工作的领导意识还不强。“主体责任”要求落实不到位，党风廉政建设目标管理和考核等还缺乏刚性、可操作性的制度要求，对个别领导干部存在的问题提醒和警示不到位，缺乏责任传递机制。有的高校党风廉政建设“主体责任”的落实与推进仍由校纪委来牵头，“主体责任”任务分解及检查也由校纪委来承办，个别职能部门工作作风不够扎实，服务意识不强。如某高校，“主体责任”传导偏慢，学校党委班子抓党风廉政建设缺乏整体推进和逐级落实，有时只满足于发文件、下通知、提要求，责任传导不力，落实不足。2012 年以来，学院只开展了 2 项财务审计，其他如专项审计、离任审计、经济责任审计约 28 人次均未开展，审计工作滞后，责任相对缺失。有的二级学院对落实“一岗双责”不力、出现问题的干部未能采取责任追究，也没有上报学院纪检监察部门，多是以内部批评教育代替“一岗双责”，2012 年以来对问题干部没有启动问责机制，该追责的没有追责。学校党委抓党风廉政建设推进落实力度不够，尤其是机关等职能部门落实党风廉政建设抓得不紧，工作虚浮，查阅学校宣传部、团委、科研处、思政部等 2013 年以来工作会议记录，均无组织学习或安排党风廉政建设的相关内容。个别二级学院党委书记不知道什么是“主体责任”。又如某高校，主体责任重部署、轻落实，重上层、轻下层，重业务、轻党风，重形式、轻内容，对部分领导干部存在的问题问责不力，对个别领导干部违纪违规行为处理偏软。再如某高校对“主体责任”监督检查不到位，“事前、事中、事后”全链条监督检查体系不够完善，没有严格执行责任追究，所属研究生班出现学历造假事件，造成不良社会影响，学校

对直接责任人和相关负责人没有严格问责追责。有的领导干部落实“一岗双责”不到位，对分管干部存在的问题提醒和警示不够。

2. “监督责任”履行不到位。纪委协助党委抓党风廉政建设和反腐败工作的力度不强，对学校存在的风险点和薄弱环节的治理缺乏实招硬招，未及时向党委提出有效建议和可行措施。对纪检监察工作规律把握不够，“三转”落实不到位，工作程序不规范，执纪审查能力不强，信访举报件的处理和案件查办工作程序存在疏漏。体现大学特色的惩防腐败体系建设框架还没有形成，对基建、物资采购、财务管理、科研经费、校办企业、招生录取等重点部位和关键环节的监督存在制度和机制上的漏洞，在操作层面上有许多不完善的地方。如某高校纪检监察部门对推进“三转”认识不清、界限模糊、职能错位，仍为一些单位和部门的招标采购、工程验收、人事招聘等工作“签字背书”当裁判员。校纪委书记仍分管业务工作并联系4个二级学院，“三转”不到位。纪检委员的设置不合理，学校机关党委15个支部中有6个支部未设纪检委员，二级学院的纪检委员均是教师兼职，存在兼职不履职、在职不尽职，缺乏有效监管。纪律审查偏弱，2012年以来，学校仍有18件信访件未办结，未实现“零暂存”，9件转立案的线索均来自上级或司法机关转交办的材料，主动发现问题、执纪审查的能力不够强。又如某高校纪委对一些群众反映强烈的问题缺乏深查、严查的意识和能力。2013年11月，对部分违纪学生和辅导员集体舞弊、贪污腐败等问题的信访件，校纪委在办理中转交分管的副书记，通过核实并进行了处理。对继续教育学院负责人陈某私设“小金库”问题，未做进一步调查核实及处理，存在对相关责任人追究不到位和问责不严的问题。

3. 基建修缮项目管理粗放，超预算现象严重。违规现象均发生在建设大学城新校区过程中，基建修缮项目存在超计划投资、工程决算超合同、未按规定招投标、搞变通肢解发包、违规支付工程款、个别工程未招标先开工、档案管理不规范、利益输送隐患等问题。如某高校，部分基建修缮工程规避公开招投标。2012年以来，学校10万元以上基建修缮项目75个，其中22个基建项目未按规定招投标，累计金额721.6万元，5个项目属违建项目，涉及金额175万元。经抽查，有4个基建修缮项目属肢解发包项目，涉及金额203.89万元。又如某高校，未按规定招投标，直接委托或自行招标。经抽查，2012年以来，学校基建修缮项目 10 万元以上的有 18 个项目未按规定招投标，涉及金额 1100.1 万元。其中 17 个项目直接委托，1 个项目涉及金额 265.38 万元自行招标，7 个项目超预（估）算。再如某高校基建工程变更中超过 500 万元的支出没有党委常委会会议记录，存在坐支收入、虚假发票和违规报销的情况。基本建设缺乏统筹规划，工程管理粗放，超预算现象严重。基建投资超计划现象较为普遍；学校在建设规划中没有较好地处理建设和民生的关系。某高校“科技孵化楼”建设项目违反教育部批复，擅自改变建设资金来源和用途。该项目虽已竣工，但在尚未完成消防验收手续的情况下，引入的孵化企业已经开始装修使用，存在安全隐患。

4. 科研经费管理使用混乱，违规现象突出。部分高校财务管理不规范、不严格，漏洞多，科研经费违规套取现象严重。部分高校的科研经费管理规定与国家政策不一致，对科研经费专项检查发现的问题整改落实不到位，存在套取、截留科研资金、贪污腐败的隐患。在科研经费中设立特支费，不符合国家科研经费管理要求；一些科研项目存在虚假发票报销，外协支出存在利益输送漏洞。如某高校科研项目及经费使用把关不严，纵向项目校企协议签订不合规，均以二级单位名义签订，校方对合作企业资格未做审核，以项目负责人说了算，服务费、测试费等经费开支不合理。该校出台科研经费管理办法，规定横向经费结题后仍归个人使用，致使横向经费结余 241 万元，继续作为各项目组成员的劳务费和奖励金。科研经费开支混乱，存在借调研之名用于个人消费、以结题名义领取劳务费、将年会培训费等列入科研项目开支等现象。经抽查，个别高校科研项目负责人所报调研发票在大年初一至初五；有的项目负责人所报的士票均在深夜，而且一天连票二十几张；一些项目负责人所报研讨会费，无会务票据，且绕道风景区报门票；部分项目负责人以结题名义领取大量劳务费，所报科研经费直接打入科研项目负责人个人账户开支；一些项目负责人所报部门业务培训、出国培训、年会等费用，与科研项目相关性低；有的项目负责人所报票据不在立项时间范围内，存在虚报票据的现象。

5. 物资设备采购不规范，存在廉政风险。有的高校采购随意性大，不按规定采购，盲目采购造成资源浪费。如某高校，有 5 个项目未公开招标采购（累计金额 8288 万元），3 个项目未公开抽取招标代理机构，均采用邀标形式确定中标方，评标委员抽取3人，指定2人；其中招标代理机构负责人作为评标委员，承担组织者与参与者的双重身份。该校附属医院医疗器械、药品、新增医用耗材及试剂采购随意性大，存在商业贿赂等廉政风险。又如某高校，2012年以来10万元以上图书物资设备采购项目25项，其中13项未按规定进行校内招标采购，2015年所属校区教室考试监控系统以询价方式采购；2012年采购幼儿园设备以校务会议研究方式采购；2012年、2013年图书采购均自行采购。

第四章

高校巡视整改任务

巡视是发现问题，整改是解决问题。如果巡视不整改，一走了之，有病不治、问题得不到解决，有问题的人就会长出一口气，群众更会失望，甚至对党组织失去信心。在当前遏制腐败蔓延势头的阶段，加强巡视整改意义重大。按照谁的问题谁负责整改的要求，巡视整改主责在党委，党委书记主动认领第一责任人职责。巡视整改既要有“改”的举措，也要有“立”的机制，对于高校来说，抓好巡视整改，不仅要看态度、看措施，更要看行动、看效果。关键是提高政治站位和政治觉悟，把政治偏差找准改实，结合实际，把党的教育路线方针政策和党中央的决策部署不折不扣落实到位①。

第一节　巡视整改是高校党委的政治任务

一、巡视整改的流程及时限

1. 巡视组向被巡视高校党委反馈意见（涉及班子成员的问题要向党委主要负责人反馈）；

2. 高校党委书记签收巡视整改反馈意见书并立此存照；

3. 高校党委制订切实可行的巡视整改方案并报巡视组审定；

---

① 中共福建省纪委宣传部．“学思践悟”论述汇编（一）［M］．福建：方圆出版社，2015：51.

4. 高校党委形成书面巡视整改情况报告并报巡视工作领导小组办公室审核；

5. 巡视整改结果在一定范围内通报、公布并接受社会监督。

《中国共产党巡视工作条例》规定："被巡视党组织收到巡视组反馈意见后，应当认真整改落实，并于2个月内将整改情况报告和主要负责人组织落实情况报告，报送巡视工作领导小组办公室。"

二、巡视整改的主要环节

巡视组代表上级党组织开展巡视，反馈的意见就是中央或省委的要求，从形式到内容都体现巡视的权威性和严肃性。因此，高校党委要提高政治意识，强化责任担当，坚持问题导向，不回避问题，诚恳接受、全面整改。根据不同情况着力抓好以下几个环节：

1. 教育环节。巡视组反馈意见指出的多处是针针见血、令人警醒、有"辣味"的问题，高校党委要不做修饰，找准症结，特别是对重点人重点事原原本本地指出来，在学校全体党员干部会上进行一次深刻的党性教育和警示教育，起到红脸出汗的作用。具体抓好三个方面的教育工作：一是学校党委领导班子成员之间开展批评与自我批评教育，对各自分管领域出现的问题要善于剖析，深刻检讨，敢于担责。在开展过程中要有会议记录、讨论提纲、专题报告以及班子、班子成员党性剖析材料；二是二级党委班子成员之间要开展批评与自我批评教育，通过自己提、群众点、学生评等方式，把问题摆出来，有错纠错，接受师生监督。在开展过程中要有会议记录、讨论提纲和专题报告，以及班子、班子成员党性剖析材料；三是学校分管领导、二级学院（系）领导与党员干部之间开展谈话提醒、约谈函询，凡是巡视中涉及干部个人问题的，均约谈函询相关责任人，使谈话提醒、约谈函询成为今后学校常态化教育管理的一种方式。在开展过程中要有约谈函询方案、约谈函询记录、被约谈函询对象做表态性材料。

2. 制度环节。对巡视发现的普遍性问题，高校党委既要有当下改的举措，也要有长久立的机制，结合"两学一做"学习教育常态化制度化，从体制机制上查找原因，加强监管、堵塞漏洞，扎紧制度笼子。主要抓好两个方面的制度建设：一是修订完善相关制度规定。巡视中多数问题是制度体制上的问题，要么制度不完善，没有明确的规定要求；要么制度执行缺少可操作的环节，执行随意性大；要么没有这方面制度规定，存在制度漏洞。由于高校近年来处于快速发展阶段，在学科建设、合作交流、社会服务等方面取得了重大成就，但相对应的制度建设没有及时跟进，带来一些廉政风险和法律风险。因此，在巡视整改中研究分析政策，健全完善制度，通过制度化解风险至关重要。二是清理废除失效的制度规定。制度的生命力在于执行，高校有些制度长期处于睡眠状态，与当前高等教育形势发展以及新政策新法规不相适应，没有生命力和可持续性；校内有些制度规定前后交叉重复，出现“打架”情况，多年来没有哪个职能部门提出来要如何处置，决策的失误往往多次发生。巡视整改期间，高校党委要借机借势对全校范围内的各类规章制度进行全面清理，归口管理，充分发挥制度在管党治党方面的积极作用。

3. 惩处环节。落实巡视整改任务，要区别对待，处理的结果要客观公正，特别是对人的处理要符合党的政纪法规，不可失之于宽、蜻蜓点水。有些问题通过批评教育、组织处理的方式可以落实，但有些问题特别是严重的违纪问题，必须党政纪处分。在惩处方面，重点抓好以下工作：一是做好违纪干部的思想转化工作。在处理过程中，党委组织部门要教育引导违纪干部相信组织、忠诚组织，不能有思想负担和工作情绪，明确组织处理是为更好地保护和关爱干部，有错就改，有责任就担当。二是做好违纪干部的岗位调整工作。一般来说，受党内严重警告处分以上的领导干部要调整岗位或免去职务，调整岗位与免去职务都属于组织处理的方式，党委组织部门要根据不同情形区别对待，对调整岗位的干部不得调整到与原岗位职责相近的部门，不得调整到学校重要部门或重要岗位；对免去职务的干部按职员职级确定岗位等级，在影响期内不得安排处科级岗位，不能提拔使用。影响期过后，如果工作表现和群众评议一般，不能提任领导职务。避免一些干部免去领导职务，影响期一过就提任使用的惯性做法，这也是巡视整改后群众反映强烈的问题之一。三是做好违纪干部档案的管理工作。违纪干部档案包括案件案卷材料，反映一个干部的成长过程，必须实事求是、客观公正地记录。涉及违纪问题的干部要按照干部管理权限及时做好干部档案资料更新工作，包括人事工资、待遇等方面的资料，避免只处理不归档、走形式做承诺不负责任的做法，致使巡视“回头看”经不起组织检查。

三、巡视整改的主要方向

抓好巡视反馈意见整改落实工作，是巩固巡视成效、检验巡视成果的重要抓手，是巡视工作链条的重要一环。巡视工作能否“抓铁有痕”，关键看巡视成果能不能被“踏石留印”地落到实处。因此，确保高校巡视整改工作有效落实，要突出抓好以下4个方面的工作。

1. 领导带头向严处抓。常言道，千难万难，领导重视就不难。高校党委主要负责同志要对本单位巡视整改落实工作负总责。一要保持政治定力。要切实把思想和认识统一到习近平总书记有关巡视工作重要讲话精神上来，始终做到“三个不能变”，即对形势依然严峻复杂的判断不能变，从严治党的目标任务不能变，遏制腐败蔓延的高压态势不能变。二要强化责任担当。要把巡视组反馈问题和意见作为一面“镜子”，对巡视组指出的问题，要主动认领、对号入座，不回避、不推脱、不遮掩，以闻过则喜的胸襟、敢于担当的品格，化压力为动力，真查真改、立行立改。三要敢于签字背书。要强化单位“一把手”整改主责，对巡视反馈问题和意见，高校党委主要负责人要亲自签字接收，进一步明确整改落实责任。

2. 强化措施向深处改。对巡视发现的问题和意见，高校党委要逐项拉出详细清单，认真制订整改措施，切实做到件件有着落、事事有回音。一是坚持台账管理。巡视工作结束后巡视组要及时“交账”“对账”，被巡视高校要认真“建账”“管账”，指定专人负责，做到“三要”，即交账要清、对账要准、销账要明。二是坚持销号整改。建立整改销号制度，对领导班子和个人的整改方案、专项整治方案和整治清单要实行动态管理，解决一个，销号一个，及时“清零”，即立行立改的事项完成后“清零”、专项治理事项完成后“清零”、限于条件解决不了的解释清楚后“清零”。三是坚持阳光公开。对整改的内容、目标、时限、责任和进展情况，要通过党内通报、校园网站、专栏橱窗等方式向党内、社会公布，接受党内、群众和舆论的监督，用实际成效回应师生期盼。

3. 责任追究向实处落。整改是巡视工作的最后一环，如果落实不到位，发现的问题得不到解决，巡视效果就会打折扣，成为“烂尾”工程。一是高校内部组织开展杀“回马枪”。要对内部反映巡视问题多的二级单位或部门杀个“回马枪”，来个“回头看”，重点查看反馈意见是否落实、移送事项是否办结，让心存侥幸的感到震慑常在，特别是对想办法对付巡视工作，想办法把问题捂住，不是借力巡视加强整改，相反做些无力的解释，甚至是不当回事的，要严肃问责。二是跟踪抓落实。对巡视组移交的问题线索，高校党委要责成纪检监察和组织部门优先办理，及时研究提出拟立案、初核、谈话函询、暂存、了结等处置意见；对二级单位上报的整改报告，要对照反馈意见，跟踪了解，适时抽查，推动问题解决。三是及时“咬耳朵、拉袖子”。对巡视发现存在一般性、笼统性问题线索的领导干部，加大函询、诫勉谈话力度，高校党委主要负责人直接谈话，或委托纪委书记、分管领导和二级党委书记进行谈话，相关干部做出书面说明，抓早抓小、谈心拉袖，以增强巡视工作的教育、警示和震慑作用①。

第二节 巡视整改高校纪委发挥监督作用

一、高校纪委在巡视整改中的主要任务

1. 抓好党员干部违纪违规问题的调查处理工作。落实巡视整改工作，其中有一部分问题是涉及违纪干部的处理事项，如果不处理干部，整改任务就无法落实到位。这部分工作就由学校纪委来抓落实，处理干部首先要对巡视中反映的干部违纪问题的真实性进行调查，并根据政策法规给予相应的处理。调查处理干部一般要把握几个环节：一是初步核实环节。要制订初核方案和调查提纲，包括谈话题纲。对干部的违纪事实要实事求是，有问题是什么问题，主观还是客观问题，并了解干部违纪的政策环境以及学校的制度环境，提出的问题要经得起推敲。二是立案调查环节。经初核后，发现确实存在明显的违纪事实，而且问题比较严重，就要进入立案调查。如果违纪问题存在，但违纪情节较轻微，并未造成不良影响，不需要立案调查，可以批评教育或诫勉谈话。对立案调查的干部问题，本着“治病救人”的方针，要求被调查干部主动说明自己的违纪

---

① 赵力平．巡视整改工作要从四方面着力［N］．中国纪检监察报，2015－01－08.

情况，争取组织宽大处理，如果能主动配合调查且认错态度好，可以从轻处理。三是处理决定环节。立案调查报告、审理报告经会议研究，决定同意纪委处理意见后，根据干部管理权限，下达处分决定书，并通知被处理干部本人及所在的党组织，宣布处理决定并落实决定书的执行情况。

2. 做好上级纪委转办的干部问题线索的处置上报工作。巡视整改期间，高校纪委经常会接到上级的信访转办件，转办件多数是巡视组移送的或上级纪委要求办理的，上级纪委转办的问题线索主要是高校管理权限的党员干部。对上级的转办件，必须认真对待，按规定流程办理。重点把握几点要求：一是违纪违规干部的身份问题。党员非党员的身份要确认清楚，是党员的如果涉及违纪问题，按党纪处分程序走；如果是非党员的干部涉及违规问题，按政纪处分程序走。但不管是党纪还是政纪，违纪违规问题的调查都由纪检监察部门来组织。对于政纪处分的干部问题，未设立省监委驻高校监察专员办公室的纪检监察部门要将调查报告及有关材料移交给人事部门，学校人事部门按照事业单位有关规定做出相应的处理，处理结果报纪检监察部门备案。二是审理工作的层级问题。对于正处级干部立案审理工作以上级纪委为主，但审理报告由高校纪检监察部门拟定，并请示上级纪委，待上级纪委批复同意后，才能上学校党委常委会或纪委常委会决定。对于正处级以下干部的审理工作由学校纪检监察部门负责完成，审理工作原则上不能由调查组成员负责，违纪违规案件经审理后才能上会研究决定。三是违纪违规案件的办结问题。作为转办件，不同于自办件，对完成案件审理的时间是有严格要求的，不能拖太长，一般不得超过1个月。1个月内必须形成审理报告，并附上相关佐证材料。对于转办件经调查未发现违纪违规问题的，也要形成书面情况报上级纪委。

3. 督促同级党委落实好巡视整改的各项任务。巡视整改工作主要是高校党委主抓，纪委监督，职能部门配合，共同完成巡视整改各项任务。在巡视整改过程中，纪委除了调查处理违纪违规干部外，还要协助并监督党委落实好巡视整改的各项任务，督促相关职能部门或二级学院推动整改工作。着力抓好两个方面：一是抓好责任人。根据巡视反馈意见整改任务分解情况，对整改问题的第一责任人完成整改情况进行检查指导，检查指导要以校纪委书记或纪委副书记带队，相关职能部门人员参加。对于在规定时间内要求整改而没有整改到位的第一责任人，要进行点名批评教育；对于整改工作抓得紧且有成效的第一责任人，要公开点名表扬。二是抓好分管领导。加强同级党委班子成员的监督，特别对于分管的部门涉及整改问题的，要经常性开会研究部署，督促分管领域有关问题一步整改到位，对整改工作中涉及失职失责行为的校级分管领导，学校纪委按照干部管理权限和规定流程依纪依规办理。

二、问题整改的主要思路

1. 协助党委开展专项检查落实责任。开展专项检查是落实管党治党政治责任的关键，高校纪委要把检查管党治党责任落实情况作为巡视整改工作的重点，完善责任清单、问题清单、问责清单，督促各级党组织落实主体责任，认真落实巡视整改各项任务。着力做好几件事：一是下发《关于分解巡视反馈意见整改任务的通知》，明确整改目标、任务和要求；二是召集或走访有关部门汇报整改工作，了解整改进度，提出工作要求；三是抽调相关部门负责人组成联合检查小组到各整改任务单位进行抽查，发现问题现场指导解决；四是汇总并上报责任单位整改问题的书面材料，对各整改单位的材料进行审查，对不符合要求的材料进行清退并进行整改指导，对不履行或不正确履行整改任务的部门负责人进行谈话函询并做深刻检讨。

2. 提醒谈话和批评教育成为常态化。提醒谈话进行批评教育是执纪的创新方式，高校纪委要运用好“四种形态”，特别是第一种形态的大胆实践。提醒谈话及批评教育成为常态，主要把握以下几点：一要坚持高标准和守底线相统一，在巡视整改过程中，既用理想信念、道德操守教育广大党员干部，又用纪律尺子管住全体党员特别是关键少数，营造风清气正的教书育人环境；二要坚持抓早抓小和防微杜渐，建立健全与下级党组织负责人定期约谈制度，加大谈话提醒、约谈函询力度，严格执行谈话函询材料签字背书和审查制度；三要坚持标本兼治与严管厚爱，提醒谈话主要是为了保护干部，并出于对干部的信任，而采取的一种人性化的方式。治本是为了教育广大党员干部，治标是为了减小存量，批评教育与谈话提醒是红脸出汗常态化。

3. 涉嫌违纪问题要立案查处。整改中涉及干部违纪违规的要依纪依规按“四种形态”标准处置，并综合分析违纪行为的性质，考虑认错悔错态度，对问题较轻的予以党纪轻处分或组织调整，问题严重的给予党纪重处分、做出重大职务调整。立案查处过程中要把握几点：一是违纪错误事实定性必须准确，依据必须充分。高校违纪问题多数是管理上的问题，经济上的问题比较少，对管理上出现失管失责行为的定性要实事求是，而且要考虑失管失责有无造成不良影响的因素，二者必须统一考虑，不可分割。在对照党纪条例条款中，不能只看条款的内容，还要看违纪的情节，情节轻且态度好，能往下的尽量往下定性，这也是对组织负责，对干部成长负责，符合“治病救人”的方针。二是调查事实要经过审理，且审理人员与调查组成员要分离。由于多数高校纪检监察人员较少，一些高校纪委在案件调查后期，对于审理工作不重视，不按审理规程进行审理，审理人员仍为调查组成员，审理走形式。这种调查审理事实经不起历史检验，如果有人投诉，就是问题。高校纪检监察干部人员少不是问题，关键是要有立案调查及审理的工作预案，在组织案件中预留空间、时间及人员，保证整个案件依纪依规有序进行。三是上会研究决定前，违纪事实要与当事人见面，并做好思想转化工作。案件调查在遵循快进快出的原则上，不能忘记违纪事实与当事人见面的环节，对于违纪事实必须客观公正，让当事人心服口服。一般来说，多数当事人对违纪事实是抱有想法的，个别的还不认可事实，怎么办？要让他开口说，陈述自己的意见，记录在案，签字按手印。千万不能阻止当事人陈述自己观点的权利，对于陈述有道理并有依据的，调查组要采纳；对于陈述无理并且是思想认识上的问题，要当面说明政策，教育引导违纪干部相信组织、忠诚组织。

第三节　高校巡视整改的重点问题

一、巡视整改要求

高校巡视的成果运用好不好，关键看整改，整改要抓住重点。高校巡视整改不仅仅是巡视结束后的整改，其应该贯穿巡视工作全过程，包括巡视前即知即改、巡视中立行立改和巡视后全面整改①。

1. 即知即改

即知即改就是高校巡视组通过问题清单，采取提前布置作业的方式，有针对性地引导被巡视高校开展即知即改。具体做法：一是高校巡视组进驻前，先将已巡视单位存在的共性问题罗列出来，以《巡视组备查材料清单》的形式发给被巡视高校，要求被巡视高校按照“清单”认真准备材料。二是被巡视高校接到“清单”后，积极查缺补漏，没有整改的马上整改，达到“即知即改”的目的。这种提前布置作业的整改方式，不但直接落实“把纪律挺在前面”的要求，推动一些共性问题的解决，同时还达到“未见其人、先闻其声”的效果。

2. 立行立改

立行立改就是高校巡视组进驻学校后，发现某些问题督促被巡视高校党组织立即纠正，大步“行”，大胆“改”，遇到困难或阻力时给被巡视高校党组织撑腰鼓气。这种“快动作”的立行立改，关键是“问题准”，目的是为了“解决问题”，形成震慑。这方式着重抓三种类型的问题：一是顶风违纪问题，特别是十八大以后的顶风违纪行为；二是师生最关注的问题，主要是损害师生切身利益行为；三是明显违规违纪问题。抓住上述三类问题，督促被巡视高校“立行立改”能起到事半功倍的作用。

3. 全面整改

全面整改就是巡视结束后，高校巡视组给被巡视高校反馈专项巡视意见，被巡视高校党组织根据巡视反馈意见，制订巡视整改方案，落实整改意见，形成整改报告。在整改过程中，高校巡视组主要通过抓“两个重点”来推动全面整改：一是抓重点问题，如师生意见最大、干部反映最多、作风问题最严重、腐败行为最多发的问题；二是抓重点线索，如省管干部涉嫌违纪问题线索。这种通过“重点”整改方式，以小促大，推动全面整改。

二、巡视整改重点

巡视是政治体检，整改是政治任务。对高校来说，抓好巡视整改，不仅要

① 王晓超．如何推动被巡视党组织做好整改工作［N］．中国纪检监察报，2016－06－01.

看态度、看措施，更要看效果。效果的好坏关键是要抓准问题，坚持问题导向。从高校巡视反馈内容看，重点人重点事都是共性问题，也是高校整改的重点问题。主要表现在8个方面：

1. 党的建设缺失问题。高校在党的建设方面主要存在学习教育走过场、思想政治建设薄弱；党的意识不强，不按规定交纳党费；党员日常管理不规范；基层党组织不健全，不换届；党内政治生活不严肃等问题。

2. 不守纪律不讲规矩问题。执纪不严、纪律松弛成为高校党建一大隐患。少数领导干部无组织无纪律，自由散漫，作风松散，脱岗离岗，不向组织汇报；极少数领导干部严重违反党的纪律，借权营生。主要表现在以权谋私，道德败坏；违规持因私护照出国（境）；个人有关事项报告不严肃、不规范；不作为、乱作为等方面。

3. 违规选人用人问题。主要存在对干部工作统筹力度不够；执行干部交流、退休制度不严格；违规配备干部和管理人员等情况。

4. 禁而不止的“四风”问题。多数高校贯彻执行中央八项规定精神基础不牢固，对中央加强作风建设，纠正“四风”的决心和定力认识不到位，对党的纪律和规矩缺乏敬畏，不正之风惯性还很强。主要表现在顶风违纪、不收敛不收手；办公用房、公务用车、公务消费方面问题突出；违规出国（境）旅游问题严重；领导干部作风漂浮等方面。

5. 基建工程腐败问题。近三年来高校基建领域腐败案件占24%，基建项目未批先建，超概算超规模，超标准建设，不按规定招投标、大宗物资采购和修缮工程管理混乱。主要表现在不按规定报批，擅自变更规划；建设项目报建程序不规范，项目管理混乱；结算金额超预算严重，存在权力寻租；不按规定招投标，借权营生等方面。

6. 违规使用、贪污科研经费问题。高校个别领导干部和科研人员对科研项目经费管理不重视，对科研经费公有属性认识不足，恣意挥霍、挪用和贪污。主要表现在用科研经费投资经营谋取私利；以虚假合作套取科研经费，编制虚假业务，虚列支出骗取科研经费；编造虚假劳务费侵吞科研经费；科研领域“四风”问题突出。

7. 校办企业国有资产监管缺失问题。校办企业国有资产体量不断壮大，一些问题显现，企业国有资产管理体制不健全，管理制度不完善，产权不明晰，企业国有资产游离于国家监管体制之外。主要表现在企业内控和国有资产管理混乱，一手办学一手经商。

8. 附属医院监管薄弱问题。一些医科大学附属医院摊子大，权属杂，监管难，风险大。主要存在医院药剂、设备、基建等部门管理人员利用权力，操控药品、医疗设备采购和工程建设项目，从中谋利。一些领导干部和管理人员进行权钱交易、利益输送、商业贿赂和“四风”问题突出。

第五章

干部问题线索

干部问题线索，是党的十八大后提出的一个新概念，旨在加强和规范反映领导干部问题线索管理，突出纪律审查工作的重点。特别在高校巡视工作中，巡视组坚持问题导向，带着问题去巡视，盯住重点人、重点事，并用纪律的尺子去查找政治纪律、组织纪律、廉洁纪律等方面的问题，捋清巡视对象的问题线索。在巡视期间或巡视结束后，巡视组按规定动作向当地巡视办提交的一份或多份反映被巡视高校领导干部问题线索情况报告。这种做法有利于防止线索失管、失控、有案不查甚至以线索谋私等问题，体现有案必查、有腐必惩的要求。因此，对干部问题线索的受理与处置十分重要。

第一节　干部问题线索概况

一、干部问题线索的涵义

干部问题线索，即反映领导干部问题线索，主要指纪检监察机关（部门）收集的反映本级纪检监察对象（领导干部）的违纪违规线索，不但包括本级纪检监察机关（部门）业务范围内领导干部的违纪违规线索，而且包括从其他渠道获取的领导干部违纪违规线索。

二、干部问题线索的特点

1. 线索反映对象属于纪检监察对象的领导干部，均涉嫌违犯政治纪律、组织纪律等六项纪律和有关规矩等。

2. 干部问题线索以人为中心，涉及违纪违规事件，一人可以涉及一事或多事。

3. 线索来源广泛，包括信访举报、上级交办、公检法等机关移送，纪律审查发现、审计发现、巡视发现等干部问题线索，实践中还包括舆论监督披露的干部问题线索。

4. 线索处置时效性强，线索不得拖延和积压，处置意见应当在收到问题线索之日起30日内提出。

三、干部问题线索来源

干部问题线索来源主要有四个渠道：一是信访举报，主要指群众来信、来访、电话举报、网络举报等。二是纪检机关监督执纪过程中发现的问题线索，如被审查人和其他涉案人员检举揭发的问题线索。三是巡视组移交的违纪问题线索。四是其他单位移交的问题线索，主要包括审计部门审计要情反映，以及其他行政、司法机关移交的问题线索等。本章节涉及干部问题线索主要指巡视移交的高校干部问题线索。

四、干部问题线索反映的主要问题

1. 违规出国（境）旅游。表现在高校个别领导干部出国（境）未审批、未报告或者绕道、改道、延期公款旅游。

2. 借机公款国内旅游。表现在一些高校领导干部借会议、培训、调研等活动为名公款旅游或变相公款旅游。

3. 违反公务用车规定。表现在高校个别领导干部非工作日使用公车办私事、享受车补的领导干部搭公车上下班、“个人”加油票和通行等费用在单位报销、公车油卡给私家车加油、公车套牌等问题。

4. 违规公款吃喝。表现在一些高校领导干部参加下属单位的吃请、团拜、聚餐等活动，并收受礼金、购物卡和各类有价证券。

5. 大办婚丧喜庆借机敛财。表现在高校个别领导干部大操大办婚丧喜庆事宜，从中收取管理服务对象的礼金和礼物。

6. 利用职权或职务上的影响谋取私利。表现在一些高校领导干部在基建工程、物资采购、校办产业、校企合作、招生录取、干部选任、人员招聘、后勤服务等方面通过特定关系人搞利益输送或利用职权谋取个人私利。

7. 发现问题不报告不处理。表现在高校个别领导干部对管辖范围内发生的问题虚报、瞒报或不报，对组织调查发现的违纪违规问题因接受请托事项而不上报、不处理。

8. 干部档案造假。表现在个别高校领导干部学历学位、出生年月、入党入团、身份证信息等方面造假。

9. 违规享受引进人才待遇。表现在高校个别领导干部不符合引进人才政策规定而享有引进人才住房、安家补贴、奖励经费等待遇。

第二节　干部问题线索处置方式

一、干部问题线索处置过程

线索处置是纪委审查的源头和基础。党的十八大以后，中央纪委对反映领导干部问题线索做到动态清理、分类规范、梳理清晰、处置得当，所有干部问题线索都统一登记台账，实现零积压。整个处置过程包括3个环节：

1. 强化线索接收、流转环节的日常管理。对收到反映高校的领导干部问题线索，由专人逐件编号登记，建立管理台账。制作《领导干部问题线索情况登记表》，列出线索来源、被举报人姓名、职务和级别、问题线索情况摘要和供领导批示的空白栏等内容。领导干部涉及省管干部问题线索的，问题线索登记并报省纪委室主任审批后，再由分管室领导签批到各处承办；领导干部涉及处级干部问题线索，直接由管理权限的高校纪委登记并报纪委办主任或纪委副书记审批后，再由校纪委书记签批到纪委办承办，每一条线索都有迹可循、有据可查，杜绝私藏隐匿问题线索情况发生。

2. 及时提出问题线索的处置意见。承办部门在办理干部问题线索过程中，不得拖延和积压，及时召开专题会议，进行分析研判，在收到问题线索之日起

30日内提出处置意见。

3. 注重提升问题线索办理效率和质量。对初步核实的线索，加大前期核查和外围摸查力度，经查确实存在严重违纪问题的要立案调查，下达立案决定书，通知被审查人及所在单位党组织，违纪事实要通知被审查人见面。案件审理后，召开纪委常委会研究处理决定，下达处分决定书，并通知被审查人及所在单位党组织。所在单位党组织按照有关规定落实处分决定并将执行情况报上级纪委；对暂存待查的线索，定期反复研究，审慎提出处置意见；对谈话函询的线索，严格按流程及时发函并定期督办，提高办理效率。谈话函询情况结果要反馈给当事人，涉及批评教育、提醒谈话、诫勉谈话等组织处理的，要书面告知当事人所在单位党组织，所在单位党组织按照有关规定落实组织处理意见并将执行情况报上级纪委。

二、干部问题线索处置方式

根据《中国共产党纪律检查机关监督执纪工作规则（试行）》有关规定，干部问题线索处置主要有四种方式，即谈话函询、初核、暂存和了结。纪检监察部门对收到的干部问题线索采用哪种方式处置，主要是通过对反映问题的违纪情节、违纪轻重程度的判断来决定。

第一种方式是谈话函询，这种方式针对的问题线索多为情节较轻的一般问题，反映的问题较为笼统，很有可能是道听途说或者主观臆测，即使查清属实也只能给予轻处分或者批评教育；或者难以查实，这种情况下采取谈话函询的方式。实际上谈话函询是两种情形：一是谈话，纪检人员与被反映人面对面的谈问题；一是函询，以书面的形式向被反映人了解情况。两种情形的特点都是直接让反映的问题与本人见面。

第二种方式是初核，使用这种方式的前提是判断干部违纪有一定的严重程度，而且有一定的可能性、可查性，查实了就一定要给予纪律处分。初核与谈话函询的区别在于初核是背靠背调查，要采取一定的方式和调查手段，不允许在核查初期就直接与被反映人见面。如果直接见面，线索就会跑风漏气。

第三种方式是暂存，反映的干部问题线索有一定的可查性，但是由于暂时不具备条件无法深入调查，如被反映人岗位特殊、相关人员不在国内或其他原因不宜立即调查。暂存不是长时间放置，每隔一段时间要对暂存的问题线索进行清理，具备条件的及时处置。

第五种方式是了结，反映的问题线索信息不详无法调查的，被反映人已经离休或死亡的，反映问题年代久远没有调查价值的，或者可以直接认定反映问题不属实的，可以直接了结处理，不再调查。

三、干部问题线索处置要求

干部问题线索的处置都必须做好保密工作，问题线索的承办部门要从政治纪律高度认识保密纪律，着力抓好3个方面：

1. 严格控制知悉范围。干部问题线索管理要指定专人负责，使用专用电脑处理。在线索登记、处置、汇总和报告过程中，要严格执行保密制度，控制问题线索的知悉范围，不准私自留存、隐匿、查阅、摘抄、复制、携带问题线索和涉案资料，不得扩大报送、抄送范围，防止跑风漏气和失泄密情况发生。

2. 严格履行交接手续。报送上级纪委的干部问题线索，要通过机要交换或直接送达方式进行。接收移交的干部问题线索，通过机要交换的由线索管理人员收件登记，直接移交的要签字确认，并及时报领导审批。

3. 严肃追究责任。干部问题线索管理、办理及督办等相关人员，必须严格遵守保密纪律，发生私存线索、跑风漏气等行为的，依照有关规定严肃处理①。

第三节　干部问题线索分析

一、借机公款旅游问题

近年来，一些高校部分党员干部利用难得的暑期休假时间外出旅游、娱乐消遣。个人旅游自掏腰包是天经地义的事情，然而，一些党员干部却肆无忌惮公款旅游，或以公务差旅为名变相旅游，造成了不良影响。

---

① 2017年5月10日陈超英在中央国家机关聚焦监督执纪问责工作推进会上的讲话。

【典型案例】

某高校工会副主席张某经学校工会领导同意，于2015年3月23日前往云南昆明参加培训。3月25日下午至3月28日，举办方组织培训人员到世博园、昆明民俗村、石林、大理等景点游玩，张某全程参与。4月12日，张某将参加培训的机票、住宿、景点旅游等费用发票共6409元在学校工会报销。2016年1月11日，张某将应由个人支付的费用2700元退缴学校工会。2016年3月11日，高校纪委给予张某党内严重警告处分。

【案例分析】

本案是一起因领导干部违反中央八项规定精神公款旅游的问题。根据中央八项规定精神，各级党组织和党员要厉行勤俭节约，严格遵守廉洁从教有关规定，不准用公款组织游山玩水、安排私人度假旅游等活动。本案中，某高校工会副主席张某顶风违纪，借培训之机公款观光旅游，严重违背了中央八项规定精神。张某作为工会部门的主要领导，没有履行好全面从严治党的主体责任，对培训期间公款旅游且公款报销旅游费用等问题负主体责任。虽然张某事后意识到公款报销行为的错误，主动将个人支付的费用退给工会，但不能改变其违纪事实。按照中央纪委对违反八项规定精神"往后越来越严"的处理原则，尽管张某主动退款，积极配合调查，态度较好，但由于处理"起点"高，不适用从轻情节，故高校纪委给予张某党内严重警告处分，符合法理和情理。

【政策法规依据】

1.《党政机关厉行节约反对浪费条例》第31条规定：会议期间，不得安排宴请，不得组织旅游以及与会议无关的参观活动，不得以任何名义发放纪念品。第32条规定：严格控制培训经费支出范围，严禁在培训经费中列支公务接待费、会议费等与培训无关的任何费用。严禁以培训名义进行公款宴请、公款旅游活动。

2.《事业单位工作人员处分暂行规定》第18条规定：用公款旅游或者变相用公款旅游的，给予警告或者记过处分；情节较重的，给予降低岗位等级或者撤职处分；情节严重的，给予开除处分。

3.《中国共产党纪律处分条例》第41条规定：对于违纪行为所获得的经济利益，应当收缴或者责令退赔。第98条规定：有下列行为之一，对直接责任者和领导责任者，情节较轻的，给予警告或者严重警告处分；情节较重的，给予撤销党内职务或者留党察看处分；情节严重的，给予开除党籍处分：（一）用公款旅游、借公务差旅之机旅游或者以公务差旅为名变相旅游的；（二）以考察、学习、培训、研讨、招商、参展等名义变相用公款出国（境）旅游的。

二、违规出国考察旅游问题

从高校巡视曝光的违规出国（境）旅游典型案例来看，共性的地方均借考察、公务活动等为名变相观光旅游。如一些高校领导干部以公务为名出国，擅自延长出国天数、增加出访国家；个别高校领导干部为了出国旅游，借学生出国参赛名义陪同前往，陪同参赛学生出国看似工作需要，但学生参赛期间校领导并非在参赛现场，而在周边国家观光旅游，这些都属于严重违规出国行为。

【典型案例】

某高校校长李某经上级组织同意，于2013年7月11日带团到德国进行学术考察，考察团一行五人，由李某担任团长，规定在外停留时间为6天。在完成预定考察任务后，经李某同意，考察团擅自改变行程，又绕道考察波兰的两个城市，然后乘坐飞机回国，在外停留时间实际为8天，超期2天。整个考察增设行程未向有关部门报备。回国后不久，该组团因未如实申报公务出国考察的行程及组团人员，擅自延长在国外期限且违规改变路线，出国旅游费用公款报销，被省纪委立案审查。李某作为出访团团长，违反国家外事工作有关规定，未正确履行相应岗位职责，违反了工作纪律，受到党内严重警告处分，并责令相关人员上交旅游费用。

【案例分析】

上述案例中李某的行为，严重违反了《中国共产党纪律处分条例》和《行政机关公务员处分条例》的相关规定。李某作为正厅级党员领导干部，本应在考察活动结束后，按要求及时返程回国，但李某思想认识不到位，收不住玩心，心存侥幸，未经批准擅自改变行程，增加未经批准的考察地，其行为属借出国考察之机公款旅游行为。分析本案，说明组团成员规矩意识不强、纪律意识差，对相关纪律要求没有准确把握。依照“以考察、学习等名义变相用公款出国（境）旅游行为”，当地纪委给予李某党内严重警告处分，体现了对党员领导干部的从严要求。

【政策法规依据】

1.《中华人民共和国公务员法》第 12 条第（二）项和第（八）项分别规定：公务员应当按照规定权限和程序认真履行职责；清正廉洁，公道正派。

2.《事业单位工作人员处分暂行规定》第 18 条规定：用公款旅游或者变相用公款旅游的，给予警告或者记过处分；情节较重的，给予降低岗位等级或者撤职处分；情节严重的，给予开除处分。

3.《关于加强党员干部出国（境）管理的通知》（中纪发〔2004〕26 号）第（三）款规定：规范党员干部在因公出国境期间行为，不得擅自变更出访线路，不得擅自延期在国境外的期限，重要情况要及时报告派出单位和外交部等有关部门。

4.《行政机关公务员处分条例》第 24 条规定：违反财经纪律，挥霍浪费国家资财的，给予警告处分；情节较重的，给予记过或者记大过处分；情节严重的，给予降级或者撤职处分。

5.《中国共产党纪律处分条例》第 77 条规定：违反有关规定办理因私出国（境）证件、前往港澳通行证，或者未经批准出入国（边）境，情节较轻的，给予警告或者严重警告处分；情节较重的，给予撤销党内职务处分；情节严重的，给予留党察看处分。第 123 条规定：临时出国（境）团（组）或者人员中的党员，擅自延长在国（境）外期限，或者擅自变更路线的，对直接责任者和领导责任者，给予警告或者严重警告处分；情节严重的，给予撤销党内职务处分。

三、违规公务用车问题

公务车对高校来说，尤其是组建合并升本的高校，公务车辆往往多于校领导。在现实中，有些高校领导干部阳奉阴违，有令不行、有禁不止，违规购买、使用、停放汽车，超标配备，长期租用外单位车辆，加之高校车辆管理长期不规范，违规公务用车频频发生。如新上任的校领导往往要购买超排量的新车，上一任领导使用过的公务车往往归车辆管理中心使用，有些车辆由保卫处、人事处或后勤处负责管理使用，公务车使用随意性大，失去监管，在一些高校出现“车轮上的腐败”。

【典型案例】

2008年1月，某高校保卫处经学校同意，购置了一台郑州日产尼桑牌小型专项作业车作为公务车辆，由保卫处负责管理使用，主要用于校园应急突发事件处理等保卫公务活动。为便于正常上班时间外的应急出车，该车辆自购置以来一直定点停放在该校保卫处处长赖某居住的小区（不在校区内）。赖某从2013年1月至2017年4月14日，每天上下班时间（非公务活动时间）顺路搭乘公务车且未交纳乘车费。2017年3月，群众举报赖某违规使用公务车，经校纪委调查，赖某行为违反了中央八项规定精神，给予赖某党内严重警告处分，并免去保卫处处长职务。

【案例分析】

本案是一起典型的“隐身变种”公车私用行为，严格意义上讲，本案情节不在公车私用范畴。上述案情中一个显著特点是赖某没有公务专车，公务车没有拐道接送赖某上下班，而是顺道搭公务车上下班。这与领导干部公车私用的普遍行为有一定差别；普遍行为表现为违规换用、借用、占用公务车辆，违规私停私放、配备超标车或装饰公务车等方面。赖某公车私用行为不具有公车私用的普遍性，而是公车私用的“隐身变种”。笔者认为界定“公车私用”的标准有三条，即目的是否公务、全程是否公干、全员是否姓“公”。从主观上看，赖某纪律规矩意识不强，心存侥幸，明知搭公车不为公务，不排除偶尔有公干，但公私不明，私占多数，存在主体犯错行为；从客观看，某高校车辆管理制度不健全不完善，执行制度不严格，监督管理缺失，存在客体犯错空间。由于赖某违规使用公车时间跨度长、领车补且未缴费坐车、提醒未整改、造成不良影响等，依据《中国共产党纪律处分条例》有关规定，赖某行为属于严重违纪问题，学校纪委给予赖某严重警告处分，并免去保卫处处长职务，体现“往后越来越严”量纪原则和从严治党要求。

【政策法规依据】

1.《党政机关厉行节约反对浪费条例》第 29 条规定：根据公务活动需要，严格按规定使用公务用车，严禁以任何理由挪用或者固定给个人使用执法执勤、机要通信等公务用车。

2.《关于全面推进公务用车制度改革的指导意见》第 4 点“健全公务用车管理和保障制度”（三）款规定：不得以任何理由违反用途使用或固定给个人使用执法执勤、机要通信等公务用车，不得以公务交通补贴名义变相发放福利。公务人员不得既领取公务交通补贴，又违规乘坐公务用车。

3.《中国共产党纪律处分条例》第 100 条规定：违反有关规定配备、购买、更换、装饰、使用公务用车或者有其他违反公务用车管理规定的行为，对直接责任者和领导责任者，情节较重的，给予警告或者严重警告处分；情节严重的，给予撤销党内职务或者留党察看处分。

四、发现问题不报告不处置的问题

从高校巡视发现问题的清单来看，一些问题在高校纪委信访调查、内部审计调查中已发现，由于一些高校管党治党失之于宽松软，好人主义盛行、搞一团和气，不负责、不担当，党内监督乏力，出现已发现的问题没有重视、发现问题不报告不处置等情况。用以前的形势政策去看当时高校的行为问题，发现问题不报告是“常态”，但如果用现在的政策法规去看当时高校的行为问题，发现问题不报告不处置是“变态”。所以，处理好这对“常态”与“变态”的关系，适用政策法规与把握时间界线很重要。

【典型案例】

某高校纪委书记吴某，2015 年在调查该校校企合作项目过程中，发现该校副校长林某、退休返聘处级干部张某、副处级干部刘某存在违纪违规行为。但吴某碍于班子同事情面，未将副校长林某的违纪问题向上级报告，也未对林某问题进行核查处理，仅对一名副处级干部刘某进行立案调查，给予刘某党内警告处分。2016 年省委巡视组巡视该校过程中发现省管干部林某存在违纪问题未报告未处置，并形成干部问题线索移交省纪委。经省纪委调查，因吴某落实监督责任不力，给予党内警告处分。

【案例分析】

本案是发现班子成员涉嫌违纪问题，纪委书记未如实报告组织而被追究责任的典型案例。纪委书记是抓党风廉政建设工作，落实全面从严治党负监督责任，但碍于情面不敢批评犯错误的同志，在组织面前欺瞒护短，是好人主义作祟，实质是履行全面从严治党监督责任不力的表现。本案中对吴某的处理，从情理上看是偏重了，但从法理上看是适合的，主要考虑 3 个方面因素：一是省管干部的违纪问题，2013 年底群众路线实践教育活动后明确要求上报的；二是退休返聘处级干部违纪不处理，没有政策法规依据；三是处理一名副处级干部是为了给纪委调查有个交代，明显有失公正。中纪委强调，该发现的问题没有发现就是失职，发现问题不处理、不报告就是渎职，都要严肃问责。因此，当地纪委给予吴某党内警告处分合理合法。

【政策法规依据】

1.《中国共产党问责条例》第 6 条第（三）项规定：全面从严治党不力，主体责任、监督责任落实不到位，管党治党失之于宽松软，好人主义盛行、搞一团和气，不负责、不担当，党内监督乏力，该发现的问题没有发现，发现问题不报告不处置、不整改不问责，造成严重后果的，应予以问责。

2.《中国共产党纪律处分条例》第 66 条规定：不按照有关规定或者工作要求，向组织请示报告重大问题、重要事项的，给予警告或者严重警告处分；情节严重的，给予撤销党内职务或者留党察看处分。第 117 条规定：在上级单位检查、视察工作或者向上级单位汇报、报告工作时对应当报告的事项不报告或者不如实报告，造成严重损害或者严重不良影响的，对直接责任者和领导责任者，给予警告或者严重警告处分；情节严重的，给予撤销党内职务或者留党察看处分。

五、违规享受引进人才待遇问题

前些年，一些地方高校为了本科教学评估与学科建设发展需要，纷纷出台《引进人才政策及待遇规定》，吸引全国优秀院士、专家、学者来校工作。这本身是极好的政策，但好政策在学校往往没有用好，使个别校领导享受了引进人才待遇。这种以行政机关任命形式到某高校任职的校领导享受引进人才政策待遇，在全国高校巡视中是一个普遍存在的问题，值得政府与校方的研究与反思。

【典型案例】

某高校副校长傅某于2015年5月从“985”大学调到该校，省政府任命为现职务，并非以引进人才身份任职。但2015年12月，该校财务处以奖励费的形式一次性发给傅某引进人才安家补贴、人才住房补贴等计11.7万元。2016年省委巡视组巡视该校发现傅某不符合引进人才政策条件却享受引进人才待遇的问题，巡视组形成干部问题线索上报，并移交省纪委调查。经查，傅某作为引进人才工作分管领导，修订学校引进人才规定，将自己列入引进人才范围，并享有引进人才的各项待遇。学校出台的引进人才政策与当地政府出台的引进人才指导性意见相冲突，故傅某不符合引进人才政策条件。考虑到傅某主动将11.7万元退交学校财务，积极配合调查，承认错误，态度诚恳，情节较轻，省纪委给予傅某诫勉并通报处分。

【案例分析】

本案是一起因损害群众利益而被追究责任的典型案例。校领导傅某明知自己不符合国家引进人才政策规定，而擅自修订学校引进人才规定，使自己的条件符合学校引进人才政策规定并享受人才待遇，领取学校各类人才补贴。这类案情从表面上看是违反组织纪律行为，实则是损害群众利益的不正之风行为。首先傅某存在主观上的过错行为，修订调整学校引进人才规定使之入围享受政策；其次巡视期间傅某未向巡视组汇报并说明情况，隐瞒错误事实。傅某改变条件享受人才待遇，其行为侵占了群众利益即教职工的利益。十八大后，中央及时整治和查处侵害群众的利益不正之风和腐败问题，持续释放执纪必严、违纪必究的“零容忍”信号。为此，根据《党纪处分》有关规定，本应从重处理，但考虑到傅某主动承认错误，态度较好，省纪委给予傅某诫勉并通报处分，体现了党中央“惩前毖后，治病救人”的一贯方针。

【政策法规依据】

1.《关于进一步加强和规范高校人才引进工作的若干意见》（教人厅〔2013〕7号）第三款规定：严格引进人才审核，全方位核准核实教育背景、工作经历、任职资格、师德师风、学术业绩、学术道德、政治方向和政治立场等，确保信息真实性，防止弄虚作假。

2.《福建省引进高层次人才评价认定办法（试行）》规定：申报对象应提交真实有效的申请材料。发现弄虚作假骗取支持资金的，由相应设区市（区）或中直、省直组织人事部门负责追回支持资金，并向省内外通报。情节严重的，提请有关部门依法追究法律责任。

3.《中国共产党纪律处分条例》第66条规定：不按照有关规定或者工作要求，向组织请示报告重大问题、重要事项的，给予警告或者严重警告处分；情节严重的，给予撤销党内职务或者留党察看处分。第117条规定：在上级单位检查、视察工作或者向上级单位汇报、报告工作时对应当报告的事项不报告或者不如实报告，造成严重损害或者严重不良影响的，对直接责任者和领导责任者，给予警告或者严重警告处分；情节严重的，给予撤销党内职务或者留党察看处分。第108条第（四）规定：弄虚作假，欺上瞒下，损害群众利益的对直接责任者和领导责任者，情节较重的，给予警告或者严重警告处分；情节严重的，给予撤销党内职务或者留党察看处分。

第六章

把握政策边界

巡视整改工作是一项政治性、政策性很强的工作，也受到干部群众和社会的高度关注，特别是在高校，知识分子众多，工作敏感性强，涉及的问题特别是人的问题，一般都是领导干部，有的还是专家学者。所以，在落实整改工作中必须认真把握政策，注意讲究策略，谨慎行事，尽量做到“稳、准、实”，既要实事求是，又要以人为本，既要依纪办事，又要促进学校发展。

第一节　关于违反中央八项规定精神问题的界定

在巡视整改中，涉及违反中央八项规定精神问题的整改事项比较多，但由于中央八项规定精神比较宏观且情节与内容较复杂，很难把握尺度。当前在高校整改中查处的违反中央八项规定精神问题，主要包括12类：违规公款吃喝、公款国内旅游、公款出国（境）旅游、违规配备使用公务车、楼堂馆所违规问题、违规发放津补贴或福利、违规收送礼品礼金、大办婚丧喜庆、提供或接受超标准接待、接受或用公款参与高消费娱乐健身活动、违规出入私人会所、领导干部违规住房问题。

近年来，全国各地结合实际，制订了贯彻落实《中央八项规定》及实施细则的具体措施和办法，一些高校也制订了类似的办法。但在实施过程中，涉及具体问题违反中央八项规定精神的法规适用可操作性不强，中央和地方的措施及办法中也没有具体规定。笔者根据多年工作实践和学习积累，对这方面的问题做了思考与提炼，供参考与借鉴。

一、总体要求

1. 在条款适用上，对违反中央八项规定精神问题的行为，并不是直接依据中央八项规定做出定性处理，而是依据《中国共产党纪律处分条例》分则对应的具体条款，主要集中于第八章“对违反廉洁纪律行为的处分”，共25条。

2. 在性质认定上，违反中央八项规定精神问题一般属于违反廉洁纪律性质，也可能违反工作纪律等其他纪律，具体性质需根据被审查人的具体行为和党纪规定进行认定。

3. 在政策界限把握上，均以2012年12月4日中央政治局审议通过中央八项规定为时间节点。实践中，要注意把握中央八项规定前后违纪行为的处理尺度。按照中央纪委要求，重点查处十八大后、八项规定出台后、群众路线教育实践活动后、“三严三实”专题教育的顶风违纪行为，要从严处理，越往后执纪越严，处理越重。八项规定前后要有所区别，处理上要把握尺度，把握政策。

二、八项规定前后违纪行为的处理

1. 对于发生在十八大前，具有一定普遍性且性质不严重，可通过批评教育、及时整改等方式纠正的问题，一般不给予纪律处分。

2. 对于中央八项规定出台后，正在贯彻落实初期阶段发生的问题，可结合违纪情节、认错态度、退赔情况等，考虑适当从轻处理；对于群众路线教育实践活动开展后仍顶风违纪的，要按照越往后执纪越严的要求从严从重处理。

三、几点共识

1. 元旦春节期间走访慰问“四老”是多年惯例，是我们党的优良传统，体现了对老党员、老干部、老红军、老专家的尊重和关心，要继续坚持和发扬。走访慰问时可按有关规定适当购买礼品或送慰问金。

2. 走访慰问老党员，按中央组织部党费使用规定，所需经费可由党费支出。

3. 走访慰问老干部、老红军、老专家，按财政部有关规定，所需经费可由财政部资金支出。

4. 开展拥军优属和困难群众走访慰问所需经费，国家已有明确规定和正常开支渠道，应不受此限。

5. 走访慰问活动中要贯彻中央八项规定精神和《党政机关厉行节约反对浪费条例》，提倡务实节俭，严禁铺张浪费。

第二节 党费、工会经费使用问题

反腐败、纠正"四风"与保障教职工正常福利并不矛盾。落实中央八项规定精神，纠正"四风"，反对的绝不是职工的正常福利，而是不符合规定和标准的"非正常福利"，这个一定要区分开。一方面对干部职工的正常福利待遇要充分保障；另一方面非正常的福利待遇、不合法合规的所谓福利不能有。

一、党费使用

(一) 党费计算基数

按月以工资总额中相对固定、经常性的工资收入（税后）为计算基数，按规定比例交纳党费。高校工作人员工资总额中相对固定、经常性的工资收入包括：岗位工资、薪级工资、绩效工资、津贴补贴。其中津贴补贴要区别对待，不是所有都是交纳基数，涉及特殊岗位享有的津贴补贴，如艰苦边远地区津贴、特殊岗位津贴和补贴（纪检干部特岗津补贴）、改革性补贴（住房公积金和交通补贴等），以及社会保险类补贴、伤残人员抚恤金等，均不列入交纳党费计算基数。

(二) 党费使用范围

中央组织部印发《关于中国共产党党费收缴、使用和管理规定》的通知（中组发〔2008〕3号，2008年2月4日）明确规定，党费必须用于党的活动，主要作为党员教育经费补充，其具体使用范围包括五类：培训党员；订阅或购买用于开展党员教育的报刊、资料、音像制品和设备；表彰先进党组织、优秀共产党员和优秀党务工作者；补助生活困难的党员；补助遭受严重自然灾害的党员和修缮因灾受损的基层党员教育设施。

中央组织部办公厅印发《关于进一步规范党费的通知》（组电明字〔2017〕

5号，2017年4月18日），细化了党费使用项目共六类：一是教育培训党员和入党积极分子、基层党务工作者所产生的住宿费、伙食费、交通费、师资费、场地费、资料费、门票费、讲解费等；二是开展“三会一课”、创先争优、党组织换届以及党内集中学习教育所产生的会议费等；三是党内表彰所需费用；四是修缮、新建基层党组织活动场所，为活动场所配备必要设施等所产生的相关费用；五是编印党员教育培训教材和印制入党志愿书、党员组织关系介绍信、党员证明信、流动党员活动证、党费证、党员档案等所产生的工本费，以及购买党徽党章等费用；六是党费财务管理中发生的购买支票、转账手续费等相关费用。上述六项开支标准，参照财政部有关规定执行。上级党组织要指导基层党委在留存党费中向党支部划拨一定额度，主要用于订阅党报党刊，开展支部活动等。

（三）党费使用原则

坚持勤俭节约原则，精细合理使用党费。使用党费应当坚持统筹安排、量入为出、收支平衡、略有节余的原则。使用党费要向农村、街道社区和其他有困难的基层党组织倾斜。

（四）党费使用的程序

严格履行党费使用审批手续。使用和下拨党费，必须集体讨论决定，不得个人或少数人说了算。请求下拨党费的请示，应当向上一级党组织提出，不得越级申请。上级党组织下拨的党费，必须专款专用，不得挪作他用。

（五）违规使用党费的性质认定

党费是党员义务的无声凭证、党员对党组织的信用单。从近年来中央和地方巡视高校反馈情况看，违规使用党费问题集中表现在党费交纳不足额、公款交党费、挪用党费、花党费吃喝玩乐等。一些高校党费管理使用不到位，个别领导干部用公款交党费，有的党费管理部门经办人利用职便挪用党费，有的二级学院K歌、旅游、聚餐均用党费报销等。从违纪违规情节来看，既有管理方面的责任，又有主观意识的侵占行为。从处理类别看，构成侵占行为的多数有经济上的问题，不仅要受党政纪处分，还要移交司法部门处理。如中央民族大学校党委组织部组织科长顾某某挪用党费，是一个典型的受双重处理的案件。违纪事实：顾某某追求同校的一位年轻女教师，从2003年9月至2004年1月间，顾某某提取党费28万余元，经常为该女教师购买高档手机和各种名牌服装，共花了六七万元。此后，顾某某又对另一名女青年展开“金钱攻势”，花费了约12万元。最终，顾某某受党纪处分且移送司法机关，被判有期徒刑3年6个月。

党费的管理是一项十分严肃的工作，和其他资金的管理相比，党费的管理要求更严格，对违反管理规定的处理更严重。在处理上主要依据：

1.《党员管理手册》。中央组织部组织局1998年编印的《党员管理手册》提出：党费管理必须认真执行有关规定，对于违反开支范围挪用、滥用党费的，一经发现必须严肃查处；对于贪污党费的，要依据《中国共产党纪律处分条例》的有关规定，从重处理，不能袒护姑息，触犯刑律的要移交司法机关依法处理。

2.《中国共产党纪律处分条例》。在《中国共产党纪律处分条例》中，对违反党费收缴、使用和管理规定的行为做出了非常具体的、明确的规定，第83条、第94条和第100条明确规定：对贪污或挪用党费的，要从重或加重处分。

3.《中华人民共和国刑法》。对于严重违反党费管理有关规定，触犯刑律的，要按照《中华人民共和国刑法》及刑法修正案的有关规定，移交司法机关立案查处，由司法机关按照有关规定依法做出处理。

二、工会经费使用

（一）工会经费来源

1. 工会经费来源。主要有5个方面：一是会员会费。每个加入工会组织的会员按照月工资收入的0.5%交纳会费。二是建立工会的企业、事业单位、机关和其他社会组织按全部职工工资总额的2%向工会拨缴经费。三是工会所属企事业单位上缴的收入。四是政府或行政补助收入，包括困难职工帮助救助、送温暖资金、劳模经费等，使用方式为专款专用。五是其他收入，主要指工会经费在银行存款的利息、工会财产处置的收入、社会捐助等。

2. 工会经费依据。《工会法》第30条规定：工会协助企业、事业单位、机关办好职工集体福利事业。《工会法》第42条规定：工会经费主要用于为职工服务和工会活动。《基层工会经费收入管理办法》规定：工会经费可以用于由工会组织的职工集体福利等方面的开支。

（二）工会经费使用

2014 年 7 月 3 日，全国总工会办公厅下发《关于加强基层工会经费收支管理的通知》，明确可以向会员发放少量节日慰问品、会员个人和家庭发生困难情况的补助、会员本人过生日的慰问等。同时，明确工会经费使用“八不准”：一是不准用工会经费购买购物卡、代金券等，不准搞请客送礼；二是不准违反工会经费使用规定，滥发津贴补贴、奖金；三是不准用工会经费支付高消费性的娱乐健身活动；四是不准单位利用工会账户，违规设立“小金库”；五是不准将工会账户并入单位行政账户，使经费开支失去控制；六是不准截留、挪用工会经费；七是不准用工会经费参与非法集资活动，或为非法集资活动提供经济担保；八是不准用工会经费报销与工会活动无关的费用。

2014 年 12 月 8 日，全国总工会办公厅下发《关于加强基层工会经费收入管理的通知》的补充通知，重申并强调三点意见：一是法定节日可以发放少量慰问品。法定节日包括元旦、春节、清明、五一、端午、中秋、国庆；节日慰问原则上为符合中国传统节日习惯的用品和职工群众必须的一些生活用品等，节日慰问品人均不超过 400 元。“少量”由各省总工会掌握。福建省结合省情，对“少量”进行总量控制，即每位会员每年发放不得超过 1000 元。二是职工过生日的慰问。基层工会可以向会员送生日蛋糕等慰问品，也可向会员发放指定蛋糕店的领取蛋糕券，生日蛋糕人均不超过 250 元。三是可利用会费组织看电影、春秋游等。春秋游要在单位所在城市，须当日往返。

第三节　违规发放津贴补贴问题

津贴补贴问题是在特定的历史条件下形成的，一直是单位内部的一项福利，受到干部群众的关注。在高校由于有关规定不够明确，又缺乏有效的监督，违规发放津贴补贴问题长期存在。从 2015 年开始，中纪委在违反中央八项规定精神问题报表类型中增加了“违规发放津补贴或福利”项目，虽看似一个小小变化，却在很大程度上反映“四风”突出问题及查处重点的变化。津补贴问题政策性强，敏感度高，加之各高校发展不平衡，且多数高校违规发放津补贴行为往往披着合规合情的外衣，难以判断，对违规发放津补贴行为的认定与处理不易把握。因此，工作中要准确把握有关规定并结合实际，抓住违纪的关键环节，做到处理恰当、定性准确，这样才能既保障教职员工的正常福利，又做到严格执纪。

一、违规发放津贴补贴的涵义及形式

根据有关规定，津贴补贴包括国家统一规定的津贴补贴和工作性津贴、生活性补贴、离退休人员补贴、改革性补贴以及奖金、实物、有价证券等。不按规定发放津补贴即称为违规发放行为。

以各种名义乱发津补贴，是指违反国家有关津补贴发放的规定，在国家规定的政策性津补贴之外，以各种名目发放津补贴。目前，中央和各地方公务员津补贴标准已经比较规范，但全国高校还没有形成统一的标准，各高校之间的津贴、补贴、奖金标准差距较大。有些地方高校为了提高津补贴，在国家规定的政策性补贴之外，自行出台了许多福利性补贴，名目繁多，发放混乱。违规发放津补贴形式主要包括10类：

1. 自行新设项目或继续发放已经明令取消的津贴补贴；
2. 超过规定标准、范围发放津贴补贴；
3. 违反有关奖励规定，以各种名义向职工普遍发放各类奖金；
4. 在实施职务消费和福利待遇货币化改革并发放补贴后，继续开支相关职务消费和福利费用；
5. 违反规定发放加班费、值班费和未休年休假补贴；
6. 违反规定擅自提高标准发放改革性补贴；
7. 超标准缴存住房公积金；
8. 以有价证券、支付凭证、商业预付卡、实物等形式发放津贴补贴；
9. 违反规定使用工会会费、福利费及其他专项经费发放津贴补贴；
10. 借重大活动筹备或者节日庆祝之机，变相向职工普遍发放。

二、高校工作人员工资收入构成

按照工资制度改革有关政策，机关事业单位实行不同的工资制度。机关实行职务与职级相结合的工资制度，事业单位实行岗位绩效工资制度。

实施绩效工资后，事业单位高校工作人员工资收入由以下四部分构成：一是基本工资，包括岗位工资和薪级工资两项，全国实行统一标准；二是国家统一规定津贴补贴，主要包括地区津贴和事业单位特殊岗位津贴，全国实行统一标准；三是绩效工资，包括基础性绩效工资和奖励性绩效工资两部分。事业单位原发放的年终一次性奖金纳入绩效工资，绩效工资总量由同级人民政府人力资源社会保障、财政部门核定，单位在核定总量内自主分配；四是改革性补贴，各地补贴项目和标准不尽相同，有的高校比照机关发放，有的高校与机关发放项目和标准不同。未实施绩效工资制度的高校，按国家工资政策规定以及学校工资制度规定执行。

三、发放津贴补贴政策法规依据

1.《违规发放津贴补贴行为适用〈中国共产党纪律处分条例〉若干问题的解释》(中纪委　中纪发〔2012〕4号)。

2.《设立“小金库”和使用“小金库”款项违纪行为适用〈中国共产党纪律处分条例〉若干问题的解释》(中纪委　中纪发〔2009〕20号)。

3.《关于深化收入分配制度改革若干意见的通知》(国务院　国发〔2013〕6号)。

4.《违规发放津贴补贴行为处分规定》(监察部令2013年第31号)。

5.《关于规范公务员津贴补贴问题的通知》(中纪委　中纪发〔2006〕17号)。

6.《关于印发〈行政事业单位工资和津贴补贴有关会计核算办法〉的通知》(财政部　财库〔2006〕48号)。

四、发放津贴补贴把握标准

从行业特点来看，企业事业单位的津补贴成分比较复杂，机关单位相对简单。从高校巡视反馈的意见看，对于滥发津补贴问题反映集中，但由于时间不同、政策不清晰，高校整改起来有困难。为此，高校要立足当时政策和学校发展实际，实事求是地落实整改滥发津补贴问题，对制度体制上带来的所谓滥发津贴补贴问题，要主动商请有关职能部门认定，并注意把握好以下标准：

1. 是否超过批准的工资奖金总额、超出设立项目和范围；

2. 领导工资是否经过主管部门批准；

3. 单位内部是否有分配方案的制度规定，或者是否经过职代会讨论研究等。

根据以上考虑，高校如果在额度范围内发放的过节费，或以节假日发放的钱物，不要简单地认定为违规。判断发放津补贴是否违纪，要做到“三看”，即看发放主体是否特定、看资金来源是否正当、看发放形式是否合规。高校发放津贴补贴如果列入绩效工资总额之内，且发放津贴补贴有政策法规依据，所发费用不属于违规行为。但从政治效果来看，提倡不要在节日期间发钱物。

五、违规发放津贴补贴行为认定及处理

1. 以车改补贴名义变相滥发福利。此行为是借公车改革的名义，违反财经管理规定，为单位职工发放不应当发放的津贴、补贴、补助等福利，造成公共财产的损失。《党政机关厉行节约反对浪费条例》第 25 条规定：“适度发放公务交通补贴，不得以车改补贴的名义变相发放福利。”根据《中国共产党纪律处分条例》第 97 条规定：违反有关规定自定薪酬或滥发津补贴和奖金等，对直接责任者和领导责任者，情节较轻的，给予警告或严重警告处分；情节较重的，给予撤销党内职务或留党察看处分；情节严重的，给予开除党籍处分。

2. 以发放津贴补贴的形式，变相将国有资产集体私分给个人的。此行为应考虑三个要素：一是行为对象是国有资产；二是行为方式为集体私分给个人；三是以发放津贴补贴的形式，包括奖金、福利等。有以上行为的相关责任人，依照《中国共产党纪律处分条例》第 125 条的规定追究责任。

3. 利用职务上的便利或者职务影响，违反规定领取津补贴的。此行为应注意两点：一是正确把握利用职务上的便利或者职务影响。要求客观上没有为他人单位谋取利益的行为；二是所领取的津补贴是符合政策规定的。如果只是以津贴补贴的名义，实体上并不具有政策上的依据，则可能涉嫌接受礼金或受贿问题。对违反规定领取津贴补贴的相关责任人，依照《中国共产党纪律处分条例》第 104 条的规定加重追究责任。

4. 以加班、值班、讲座等形式违规发放劳务津补贴。此行为是借机或变相发放津补贴，违反国家收入分配制度的公平性原则。借机主要表现为借加班、值班、讲座之机多发津补贴。“多发”一方面指多报天数（课时）；另一方面是提高补贴标准；变相主要表现为无实质性加班、值班、讲座内容，“无实质性内容”体现在编造事实、虚报天数（课时）和公权私用、工作时间领取补贴或非工作时间搭车领取补贴。实施绩效工资后，高校应将津贴补贴纳入绩效工资总量，原则上不另发各种类型的津贴补贴。对违反规定发放或领取津补贴的相关责任人，依照《中国共产党纪律处分条例》第97条、第115条的规定追究责任。在适用《党纪处分条例》规定时，应当注意发放津补贴的主体一般不是某个人，实践中往往是党组织集体决定，那么进行责任认定的时候，对于以集体会议研究的方式进行集体决策者都属于直接责任者，领导责任者属于对决定人员负有领导责任的人员。在决策过程中明确表明反对意见的人不受追究。

5. 在规范津贴补贴工作中不负责任，导致本地区、本部门、本系统和本单位发生严重违规发放津贴补贴行为的，依照《中国共产党纪律处分条例》第127条和《关于实行党风廉政建设责任制的规定》的相关规定追究主要负责人的责任。

6. 不制止、不查处本地区、本部门、本系统和本单位发生的严重违规发放津贴补贴行为的，对有关责任人员，依照《中国共产党纪律处分条例》第128条的规定追究责任。对违规发放的津贴补贴，应当按有关规定责令整改，并清退收回违规发放的津贴补贴。

在实践中，还要注意党纪政纪处分的适用问题。违规发放津贴补贴行为是典型的违反中央八项规定精神的问题，对于责任人中的中共党员，如给予党内严重警告或党内警告处分，一般可不再给予政纪处分。如果受到撤销党内职务及以上处分，应根据违纪的性质和情节，给予相应的政纪处分。对于有一定职务层次的中共党员，还应重新明确职务层次、调整工资级别等待遇问题，一般不得确定为领导职务。受到撤销党内职务、留党察看或行政撤职处分的，应当降低一个或一个以上职务层次；受到开除党籍处分的，应当降低二个或二个以上职务层次。

第四节 私人会所问题

一、私人会所的涵义

根据有关文件规定，私人会所是指改变历史建筑、公园等公共资源属性设立的高档餐饮、休闲、健身、美容、娱乐、住宿、接待等场所，包括实行会员制的场所、只对少数人开放的场所和违规出租经营的场所。

近年来，全国各大城市的私人会所纷纷改名，如收藏馆、养生馆、文化馆等，馆内出现新的餐饮模式即“一桌餐”。“一桌餐”是指由私人住宅改造、不对外公开营业、仅为少数特定人员提供餐饮娱乐服务、具有私人会所性质的隐蔽场所。因为一般只供一桌客人用餐，所以称它为“一桌餐”。同时，“一桌餐”不在酒楼、不在餐馆，也不在食堂，而是隐蔽在住宅小区之中。目前“一桌餐”认定为私人会所。

二、私人会所的政策规定

1. 2013 年 12 月 22 日，中纪委、中央教育实践活动领导小组发出《关于在党的群众路线教育实践活动中严肃整治“会所中的歪风”的通知》要求：严肃查处出入私人会所吃喝玩乐等违规违纪行为；党员领导干部要做出承诺，不出入私人会所，不接受和持有私人会所会员卡。

2. 2014 年 5 月 28 日，中央教育实践活动领导小组办公室下发《关于进一步整治“会所中的歪风”的通知》，再次重申私人会所的范围指实行会员制，只有会员才能出入的会所或不向公众开放，只对少数人开放的餐饮服务、休闲娱乐、美容健身等场所。党员领导干部要做出承诺（第二批）：不出入私人会所，不接受和持有私人会所会员卡。

3. 2014 年 10 月下旬，中办、国办转发住房城乡建设部、文化部、公安部、民政部、商务部、税务总局、工商总局、国家旅游局、国家宗教局、国家文物局等 10 部门发布《关于严禁在历史建筑、公园等公共资源中设立私人会所的暂行规定》，明确自2014年11月1日起，严禁在历史建筑、公园等公共资源中以自建、租赁、承包、转让、出借、抵押、买断、合资、合作等形式设立私人会所。

4. 党员干部出入私人会所一律视为违规违纪。根据《中国共产党纪律处分条例》第87条规定：违反有关规定出入私人会所，情节较重的，给予警告或严重警告处分；情节严重的，给予撤销党内职务或者留党察看处分。

第五节 公务接待问题

根据《党政机关国内公务接待管理规定》，公务接待应有以下四个方面要素：一是公函；二是审批；三是按标准；四是有清单。高校作为不参照公务法管理的事业单位，参照本规定执行。

一、不同性质的公务

在执行过程中，要注意三种情况：

一要注意区分违规公款吃喝两种性质不同的违规行为。

1. 无公务的公款大吃大喝（适用党纪处分条例第96条，警告至开除党籍），这类实质上不属于公务接待范围，都用公款支付。

2. 超标准公务接待（适用党纪处分条例第99条，警告至撤销党内职务），这类虽属于公务接待范围，但超出具体标准或违反禁止性要求。

二要注意区别超范围公款吃喝不同性质的违纪行为。

1. 同城公务接待。市区或同一县（区）各部门之间的公务活动，应个人自行安排用餐，既不得使用本单位公款买单，也不能接受公款接待。

2. 异地公务接待。到辖区以外的地方开展公务活动，应按公务出差有关规定自行安排用餐。确因条件所限无法自行安排用餐的，出具公务函后可由对方单位按公务接待标准安排，但不得接受公务活动区域之外的异地宴请。

以上违纪行为均适用党纪处分条例第99条，给予警告至撤销党内职务处分。

三要注意把握商务接待、外事统战等方面的特殊接待行为。

1.《党政机关国内公务接待管理规定》第23条：地方各级政府因招商引资等工作需要，接待除国家工作人员之外的其他因公来访人员，应当参照本规定实行单独管理，明确标准，控制经费总额，注重实际效益，加强审批管理，强化审计监督，杜绝奢侈浪费。严禁扩大接待范围，增加接待项目，严禁以招商引资为名变相安排公务接待。

2. 商务接待的对象应当不包括国家工作人员。企业接待、公务接待是对公职人员、国有企业之间的接待；商务接待是对非公职人员、国企外人员的接待。

二、公务接待的禁止性规定

1.《党政机关厉行节约反对浪费条例》第20条规定：党政机关应当建立公务接待审批控制制度，对无公函的公务活动不予接待，严禁将非公务活动纳入接待范围。

2.《党政机关国内公务接待管理规定》第6条规定：接待单位应当严格控制国内公务接待范围，不得用公款报销或者支付应由个人负担的费用。国家工作人员不得要求将休假、探亲、旅游等活动纳入国内公务接待范围。第16条规定：接待单位不得超标接待，不得组织旅游和与公务活动无关的参观，不得组织到营业性娱乐、健身场所活动，不得安排专场文艺演出，不得以任何名义赠送礼金、有价证券、纪念品和土特产品等。

3.《关于厉行节约反对食品浪费有关工作的通知》规定，严禁以会议、培训等名义组织宴请或大吃大喝。

4.《中国共产党纪律处分条例》第96条规定：违反有关规定组织、参加用公款支付的宴请、高消费娱乐、健身活动，或者用公款购买赠送、发放礼品，对直接责任者和领导责任者，情节较轻的，给予警告或者严重警告处分；情节较重的，给予撤销党内职务或者留党察看处分；情节严重的，给予开除党籍处分。

三、饭局上的“八个不准”

党员干部能不能接待朋友、客人吃饭？应该说是可以的，中央八项规定并没有说不让党员干部请客吃饭，中国传统的礼节还是要有的，关键是与什么人吃、吃什么。根据有关规定，党员干部以下八类饭局不能吃：

1. 不准参加公务宴请。公务接待必须厉行勤俭节约反对铺张浪费，严格控制接待范围和接待标准。超范围、超标准安排的公款接待，应属于公款宴请。

2. 不准接受企业安排的吃请。到企业开展公务活动，不得接受接待安排甚至宴请，确需对方协助安排的应自行支付餐费。

3. 不准到企业搞变相吃喝。公务用餐应安排在单位内部接待场所或政府定点采购的饭店，不得利用企业的招待场所搞变相吃喝。不得参加由企业组织的宴请活动，更不得要求企业为单位或个人的宴请活动买单。

4. 不准接受管理服务对象安排的吃请。当事人、请托人、利害关系人以及管理服务对象安排的吃请，应当拒绝。对于吃请动机、吃请范围不明确的饭局，也应自觉回避。

5. 不准接受可能影响公务执行的吃请。执行特定公务期间，除了正常公务接待，应拒绝其他一切可能影响正常公务活动的吃请，更不得借机大吃大喝。

6. 不准用公款宴请私客。公务接待对象是指到本单位出席会议、考察调研、执行任务、学习交流、检查指导、请求汇报工作等公务活动，经批准按规定予以接待的人员，非上述对象一律不得安排公务接待。

7. 不准参加大操大办婚丧喜庆宴席。操办婚丧喜庆事宜应提倡简朴，防止大操大办、大吃大喝。对于他人大操大办的婚丧喜庆宴席，不盲目捧场，应自觉回避。

8. 不准参加各类带有敛财性质的宴席。借举办各类宴席之机，收受平时无正常人情往来对象所送礼金，是一种违反廉洁自律规定的行为。公职人员既不应举办这类具有敛财性质的宴席，也不应参加。

第六节　公款旅游问题

一、公款旅游涵义

公款旅游一般有公款国内旅游和公款出国（境）旅游两种。

1. 公款国内旅游是指用公款旅游或以考察、学习、培训、调研、招商、参展、参加会议等名义，变相用公款支付全部或部分旅游费用的行为。

2. 公款出国（境）旅游是指无出国（境）公务，组织或参加用公款支付全部或部分费用，到国（境）外进行参观、游览等活动的行为。其中包括无实质性公务，以考察、学习、培训、调研、招商、参展、参加会议等名义，变相用公款出国（境）旅游行为。

从高校巡视整改情况看，这类违纪行为的客体比较复杂，既违反廉洁自律制度，又违反了财务管理制度。因此在落实整改过程中，特别在处理人的问题上，高校要从严格公务差旅、因公出国（境）制度入手，重在规范，在处理过程中注意三个环节：一是严禁用公款支付与公务活动无关的参观、游览等旅游活动；二是严格管理审批程序，明确细化具体标准，规范公务差旅行为；三是不能借会议、培训等名义搞公款旅游。

二、公款旅游的特征表现

从各高校查处公款旅游的情况看，归纳起来主要有4个特点：一是“福利”游，把公款旅游当作职工福利，瞄准机会潇洒走一回；二是“借壳”游，借公务出差之机旅游观光，费用差旅报销；三是“变相”游，以考察、学习、培训、调研、招商、参展等名义变相公款出国境旅游；四是“公权”游，在寒暑假领导干部接受服务对象的邀请和安排，利用公权旅游。

三、公款旅游的禁止性规定

1.《事业单位工作人员处分暂行规定》。2012年8月，国家人力资源和社会保障部、监察部印发《事业单位工作人员处分暂行规定》，明确事业单位工作人员违规公款旅游的，依据该规定第18条，视情节轻重给予警告直至开除处分。

2.《中国共产党纪律处分条例》。2015年10月，中共中央印发新修订的《中国共产党纪律处分条例》，该条例第86条规定，接受可能影响公正执行公务的旅游，情节较重的，给予警告或者严重警告处分；情节严重的，给予撤销党内职务或者留党察看处分。第98条规定，用公款旅游、借公务差旅之机旅游或者以公务差旅为名变相旅游，或以考察、学习、培训、研讨、招商、参展等名义变相用公款旅游行为的，对直接责任者和领导责任者，情节较轻的，给予警告或者严重警告处分；情节较重的，给予撤销党内职务或者留党察看处分；情节严重的，给予开除党籍处分。

3.《中央和国家机关差旅费管理办法》第4条规定：严禁无实质内容、无明确公务目的差旅活动，严禁以任何名义和方式变相旅游，严禁异地部门间无实质内容的学习交流和考察调研。

4.《党政机关厉行节约反对浪费条例》第13条规定，“严禁以公务差旅为名变相旅游”，该条例第三章对国内差旅和因公临时出国（境）做了明确规定，第十一章对公款旅游行为人的责任进行认定，涉嫌违法犯罪的，依法追究法律责任。

5.《用公款出国（境）旅游及相关违纪行为处分规定》第4条规定：用公款出国（境）旅游的，给予记过或者记大过处分；情节较重的，给予降级或撤职处分；情节严重的，给予开除处分。组织用公款出国（境）旅游的，给予降级或者撤职处分；情节严重的，给予开除处分。

四、需要认定的两个问题

1. 公务活动结束后可否利用空闲时间自费参观游览问题。

对这类问题，要具体问题具体分析，不宜搞“一刀切”，总体上要从严掌握，严格要求。判断是否违规，主要看“三报”：有没有报销、有没有报告、有没有举报（看是否造成不良影响）。归纳起来主要有这几种情况：一是公务活动结束后，利用空闲时间自费参观，并向单位领导事先报告并征得领导同意，且在单位财务上只报正常公务活动费用和领取正常公务活动补贴，没有公款私报，没有造成不良社会影响，此行为不属于违纪行为。二是公务活动结束后，利用空闲时间自费参观，未事先向单位领导报告，且在单位财务上只报正常公务活动费用和领取正常公务活动补贴，没有公款私报，没有造成不良社会影响，此行为属于违纪行为，但情节较轻，给予批评教育。三是公务活动结束后，利用空闲时间参观游览，并向单位领导事先报告并征得领导同意，但在单位财务报销参观游览票据，并领取活动补贴，未造成不良社会影响，此行为属于违纪行为，在处理上可根据退款态度、认错态度等，可以考虑从轻。四是公务活动结束后，利用空闲时间参观游览，未事先向单位领导报告，且在单位财务报销游览票据和领取非公务活动补贴，并造成不良社会影响，此行为属于违纪行为，情节较重，可以重处分。

2. 出差期间回家省亲办事问题

出差期间回家省亲办事算不算违纪违规行为，要根据行为人的具体情节来定。按有关规定，工作人员出差期间回家省亲办事需履行报告审批手续，可以事先报告，也可以事中报告。经领导审批并同意，工作人员出差期间可以回家省亲办事，城市间交通费按不高于从出差目的地返回单位按规定乘坐相应交通工具的票价予以报销，超出部分由个人自理；伙食补助费和市内交通费按从出差目的地返回单位的天数（扣除回家省亲办事的天数）和规定标准予以报销。这种行为不属于违纪违规行为。如果工作人员出差期间回家省亲办事，未经领导同意，或领导同意而将回家省亲办事的费用由公款报销，均属于违纪行为。因此，出差期间可以回家省亲办事，但要履行审批报告手续。

第七节　大办婚丧喜庆问题

一、大办婚丧喜庆相关涵义

1. 大办婚丧喜庆。利用职权或职务影响操办婚丧喜庆事宜，在社会上造成不良影响的，主要看：参加人数及车辆是否众多，宴席排场是否庞大，是否被网络、报纸等新闻媒体曝光，或在当地群众中引起较大范围负面评论，影响党和国家工作人员清正廉洁形象等。利用职权或职务影响操办婚丧喜庆事宜，是特指用私款操办，如果用公款公物操办婚丧喜庆事宜，不论是否利用职务上的便利，也不论是否在社会上造成不良影响，均属于违纪行为。

2. 借机敛财。所谓借机敛财是指行为人通过较大规模或多次请客等形式，在操办婚丧喜庆事宜中收取较大数额礼金。

3. 侵犯国家、集体和人民利益行为。所谓侵犯国家、集体和人民利益行为是指是否动用公款公物公车，是否使用公共场地，是否安排公职人员现场服务，是否给当地交通、社会秩序或人民群众的日常生活造成不良影响等。在操办婚丧喜庆事宜中，有上述行为的，依照党纪处分规定从重或加重处分，直至开除党籍。

二、相关政策界定

利用职权或职务影响操办婚丧喜庆事宜借机敛财，需把握以下3点：

1. 认定是否在社会上造成不良影响。造成不良影响，一般是指党员利用职权或职务影响操办婚丧喜庆事宜，在社会上造成了负面影响。如大操大办、讲排场、比阔气、招摇过市、拼奢华、铺张浪费，或者在操办过程中影响正常生产生活秩序，引起群众的不满，损害了党员的良好形象。

2. 认定是否为借机敛财。借机敛财不是定量问题，只要借操办婚丧喜庆事宜之机敛到钱财，不论多少都是违纪。是在主观目的上为了敛取钱财，将操办婚丧喜庆事宜作为一种手段，客观上一般是利用职权或职务影响。

3. 认定是否有其他侵犯国家、集体和人民利益行为。其他侵犯国家、集体和人民利益行为是指在操办婚丧喜庆事宜中公私不分、损公肥私、因私害公，如动用公款、公车、公物、公共场地，动用下属公职人员帮忙操办，因操办婚丧喜庆事宜直接或间接地损害公共利益或他人合法权益。

因此，构成《中国共产党纪律处分条例》第85条第1款违纪行为需同时满足两个条件，利用职权或职务影响以及在社会上造成不良影响；构成第二款违纪行为需满足有借机敛财的行为或者侵犯国家、集体和人民利益的行为，即构成违纪①。

三、实践中的主要做法

在实践中，各高校对“大操大办”“借机敛财”等概念理解不透，特别对大办婚丧喜庆在量的把握上情况不一，在中央层面没有明确标准，也不宜搞“一刀切”，目前高校只能参照地方的做法。一些地方结合实际，出台了详细规定，明确具体标准，规范操办行为。据了解，河北、湖南、湖北、山东、四川、新疆等地都出台了这方面的规定。各高校可按这些地方的规定参照执行，因为这些地方性规定已报中央备案并认可。主要做法有：

1. 建立报告制度，婚事事前报告，丧事事后报告；

2. 重申和明确若干严禁事项，如严禁在限定的亲属范围（直系亲属、三代以内旁系亲属和近姻亲）以外操办；严禁邀请管理服务对象参加；严禁在限定的操办事项（只办婚丧）以外操办；严禁用公款公物公车操办；严禁收取任何单位和亲属以外人员的礼金和贵重物品；严禁搞封建迷信。

3. 限定桌数、人数。严禁超过规定的人数桌数操办（原则上不超过 15 桌，每桌 10 人，如亲属确实多，再单报）。

第八节 打高尔夫球问题

高尔夫是一项健身运动。那党员干部能不能打高尔夫球，如何认定违规打高尔夫球？有什么制度规定？2003 年的《中国共产党纪律处分条例》没有具体明确的表述，容易让一些党员干部思想麻痹，也容易让一些人心怀侥幸钻纪律空子。2016 年新修订的《中国共产党纪律处分条例》明确对此类行为进行处分，将原《中国共产党廉洁纪律准则》中“8 个禁止”“52 个不准”的部分内容吸纳进来，增加了不少对违反中央八项规定精神的处分条款，将中央八项规定精神纳入廉洁纪律中，使得对很多小问题如党员干部违规持有高尔夫球卡等

① 谢辉．大办婚丧喜庆事宜违纪认定［EB/OL］．（2016－03－17）［2017－09－11］．

会员卡、出入私人会所和俱乐部等行为的查处具有法规制度保障，对党员的约束力明显增加。

一、违规打高尔夫球行为认定标准

根据有关规定，认定违规打高尔夫球行为标准主要有六条：

1. 是否用公款打高尔夫球或取得球卡；

2. 是否接受可能影响公正执行公务的打高尔夫球安排或球卡（主要是管理服务对象）；

3. 是否接受有利益请托的打高尔夫球安排或球卡；

4. 是否利用职权或职务上的影响免费、优惠打高尔夫球或取得球卡；

5. 是否为私人会所性质（私款也不行）；

6. 是否会造成不良影响。

二、违规打高尔夫球相关规定

新修订的《中国共产党纪律处分条例》第 87 条规定：违反有关规定取得、持有、实际使用运动健身卡、会所和俱乐部会员卡、高尔夫球卡等各种消费卡，或者违反有关规定出入私人会所，情节较重的，给予警告或严重警告处分；情节严重的，给予撤销党内职务或留党察看处分。第 104 条规定：有其他违反廉洁纪律规定行为的，应当视具体情节给予警告直至开除党籍处分。

高校非党员的一般教师对打高尔夫球行为国家没有禁止性规定。

三、打高尔夫球的政策解读

作为一项体育运动，打高尔夫球本无对错之分。从法律层面来看，法律既没有禁止党员干部打高尔夫球，也没有规定党员干部不可以加入高尔夫协会。如果一个党员干部出于对高尔夫球的兴趣，以私人身份加入协会，用自己的钱打高尔夫球，这是他的权利、他的选择。从这意义上讲，打高尔夫球也无可厚非。从纪律层面来看，纪律规定都对党员干部打高尔夫球行为进行了规范，旨在防止党员干部在打高尔夫球过程中出现违规行为。从这个意义上讲，禁止的不是打高尔夫球，而是在球场内外的利益输送、利益冲突等歪风乱象。可见，对党员干部打高尔夫球行为做出规定，是让党员干部和高尔夫球保持适度距离，斩断官商勾结、权钱交易的链条和网络，并不是限制党员干部打高尔夫球的运动项目。

综上所述，高尔夫球作为一种运动，不必赋予其过多的标签想象，每个人都可以打。只要管住公款，约束住权力，就不会害怕在高尔夫球场上与资本进行交易，就会安心放心、自由自在地享受阳光下的健身运动。

第九节　党员干部做微商的问题

有些党员干部认为，没有经商、办企业，只做做“微商”，在朋友圈卖些东西，没有什么大不了的，不存在违规违纪行为。很多党员干部对微商了解不深，盲目跟风，不知做微商会带来什么后果。从近年来处理微商问题情况看，有些党员已经触犯了法律法规，达到违纪或违法程度。

一、微商的涵义

微商是伴随着微信而兴起的一种商业行为，从狭义上讲是指在微信朋友圈进行宣传售卖的商家；广义上讲是指基于微信生态的社会化分销模式，它是企业或个人基于社会化媒体的新型电商。从模式上来说主要分两种：一是基于微信公众号的微商称为“B2CT”微商；二是基于朋友圈开店的称为“C2C”微商。据微谷中国对外公布的数据显示，目前微商从业人员达3000万人，从业人员中有部分是党员干部。

二、违规违纪依据

1.《中国共产党纪律处分条例》第88条规定，违反有关规定从事营利活动，根据不同情节，给予警告直至开除党籍处分。本条中所指“有关规定”主要包括《关于进一步制止党政机关和党政干部经商、办企业的规定》《关于党政机关举办经济实体和党政机关干部从事经营活动问题的通知》等，这些规定中不得经商、办企业的主体，主要指党政干部。

2.《事业单位工作人员处分暂行规定》第18条第6项规定，违反国家规定，从事、参与营利性活动或兼任职务领取报酬的，根据不同情节，给予警告直至开除处分。因此，事业单位工作人员做微商也是不允许的。

三、违规做微商的后果

1. 涉嫌违反《中华人民共和国刑法》行为。第225条规定：未经许可经营法律、行政法规规定的专营、专卖物品或者其他限制买卖的物品。本条规定的"非法经营罪"，是指违反国家规定，有所列非法经营行为之一，扰乱市场秩序的犯罪。第214条规定：销售明知是假冒注册商标的商品，销售金额数额较大的（5万元以上），构成销售假冒注册商标的商品罪。第140条规定：生产者、销售者在产品中掺杂、掺假，以假充真、以次充好或以不合格产品冒充合格产品，销售金额5万元以上，处拘役、有期徒刑直至无期徒刑，并处罚金或没收财产。朋友圈卖假货比比皆是，如化妆品、服装、保健品等，这种销售假冒伪劣产品行为一直是国家严厉打击的行为。

2. 涉嫌违反《消费者权益保护法》行为。第20条规定：经营者向消费者提供有关商品或服务的质量、性能、用途、有效期限等信息，应当真实、全面，不得做虚假或引人误解的宣传。但现在朋友圈看到这样的"晒单"："刚起床就收到米了""今天好忙，逛完街就赶回来发货""你产品太好用了，先给你500元定金，尾款微信转给你"，还配有对话、成交金额等截图，令人心动。晒单造假，几乎是微商圈公开的秘密。这些成交单、转账记录、快递单、对话记录都是利用软件制做出来的，微商个人成演戏高手，晒单造假属于虚假宣传，是违法行为。

3. 涉嫌违反《广告法》行为。第55条规定：广告发布者如果发布虚假广告，由工商行政管理部门没收广告费并罚款，后果严重的须承担刑事责任。部分微商在朋友圈晒出大量出货图片，并称"已经卖断货""就剩一个了"等，按照前款规定，发布虚假广告，欺骗、误导消费者，使购买商品或接受服务的消费者的合法权益受到损害，不管是广告经营者，还是转发广告的人，都需承担相应的责任。

第十节　党员干部参与民间借贷问题

一、民间借贷的涵义

民间借贷是指自然人、法人、其他组织之间及其相互之间进行资金融通行为。国家鼓励正常的民间借贷行为，并规定民间借贷的利率可以适当高于银行的利率，但最高不得超过银行同类贷款利率的四倍。

党员干部参与正常的民间借贷，并不违反党规党纪。但当前一些党员干部违规参与民间借贷，有的违规借贷资金巨大，有的利用职权或职务影响为被借贷人谋利，有的打着民间借贷的“幌子”，搞行贿受贿。党员干部必须严格区分有关行为性质，与违规民间借贷行为划清界线。

二、违规借贷行为的认定

判断党员干部是否违规参与民间借贷，应注意把握以下三点：

1. 党员干部参与正常的民间借贷，是不违反党规党纪的，但不得超过银行同类贷款利率的四倍。如果严重超出国家规定利率，造成恶劣影响，应当按《中国共产党纪律处分条例》第 29 条追究相应的党纪责任。

2. 违规从事民间借贷行为，在客观方面表现为党员干部放贷行为与其职权有明显关联，可能影响公正执行公务。判断是否与其职权有明显关联，并非以党员的主观意愿和主观想法为依据，而应以客观上党员干部的职权和职务可以给对方当事人某种利益造成的影响为依据。

3. 注意违纪与违法的区别。如果党员干部虽没有利用职权或职务影响为接受借贷一方谋利，但这种放贷行为与其职权有明显关联，且不排除将来有利用职权为其谋利的可能，即可认定该党员干部违反党的廉洁纪律。应当注意的是，有的党员利用职权或职务影响为对方提供帮助或谋取利益，是为了获得所谓

"回报"，以民间借贷为"幌子"获取较高利息，对此类行为应按受贿性质认定①。

在执纪实践中，还要考虑借贷双方的动机和目的。一般来讲，正常的民间借贷应是借贷方确有需要，如果借贷方没有需要，或明知能够以更低利率从其他途径获取借款的情况下，仍以高额"利率"借款，则要考虑双方的动机和目的，进而确定是违纪还是违法行为。

第十一节　党员交通违法行为问题

2016年7月1日起，机动车驾驶人实施交通违法行为后，公安交通管理部门在对交通违法做出行政处罚时，必须调查被处罚人的政治面貌和职业信息，涉及中共党员和国家工作人员的将被通报纪检监察机关。这意味着纪检监察部门一旦受理党员干部交通违法问题，对交通违法的党员干部实施纪律处分或组织处理。

一、交通违法行为

按照规定，对实施酒驾醉驾、无证驾驶、准驾车型不符、驾驶拼装改装或报废车辆、使用伪造变造机动车牌证或标识、套用机动车号牌、脱保、超速50%及以上、货车超载30%以上、客运车辆超员等十大类交通违法行为的中共党员和国家工作人员进行通报②。

二、政策法规依据

1.《中华人民共和国刑法》第133条规定："危险驾驶罪，是指在道路上驾驶机动车追逐竞驶，情节恶劣的，或者在道路上醉酒驾驶机动车的，处拘役，

① 王希鹏．党员做微商的行为［N］．中国纪检监察报．2017-06-29.

② 中华人民共和国公安部．关于在公安交通管理行政处罚法律文书中增加被处罚人有关信息采集项目的通知．(2016-05-18)［2017-09-11］.

并处罚金。《中国共产党纪律处分条例》第 33 条规定：“因过失犯罪被判处三年以下有期徒刑或被判处管制、拘役的，一般应当开除党籍。”同时，《行政机关公务员处分条例》第 17 条第 2 款规定：“行政机关公务员依法被判处刑罚的，给予开除处分。”

2. 公安部交通管理局下发《关于在公安交通管理行政处罚法律文书中增加被处罚人有关信息采集项目的通知》。“通知”要求从 2016 年 7 月 1 日起，各地在按照一般程序对交通违法行为做出行政处罚时，应当调查被处罚人的政治面貌和职业信息，并填写在《公安交通管理行政处罚决定书》中。

3. 《中国共产党纪律处分条例》第 27 条规定：党组织在纪律审查中发现党员有贪污贿赂、失职渎职等刑法规定的行为涉嫌犯罪的，应当给予撤销党内职务、留党察看或开除党籍处分；第 28 条规定：党组织在纪律审查中发现党员有刑法规定的行为，虽不涉及犯罪但须追究党纪责任的，应当视具体情节给予警告直到开除党籍处分；第 29 条规定：党组织在纪律审查中发现党员有其他违法行为，影响党的形象，损害党、国家和人民利益的，应当视情节轻重给予党纪处分；第 34 条规定：党员依法受到刑事责任追究的，党组织应当根据司法机关的生效判决、裁定、决定及其认定的事实、性质和情节，依照本条例规定给予党纪处分或组织处理。

三、违法行为纪律处分认定

1. 因过失犯罪被判处三年以下（含三年）有期徒刑或被判处管制、拘役的，一般应当开除党籍。对于个别可以不开除党籍的，应当对照处分党员批准权限的规定，报请再上一级党组织批准。

2. 党员受到行政处罚、行政处分，应当追究党纪责任的，党组织可以根据生效的行政处罚、行政处分决定认定的事实、性质和情节，经核实后依照《中国共产党纪律处分条例》规定给予党纪处分或组织处理。

3. 党员违反国家法律法规、企业事业单位或其他社会组织的规章制度受到其他纪律处分，应当追究党纪责任的，党组织在对有关方面认定的事实、性质和情节进行核实后，依照《党纪处分条例》规定给予党纪处分或者组织处理。

4. 党组织做出党纪处分或组织处理决定后，司法机关、行政机关等依法改变原生效判决、裁定、决定等，对原党纪处分或组织处理决定产生影响的，党组织应当根据改变后的生效判决、裁定、决定等重新做出相应处理①。

特别提醒：如果党员干部发生交通违法行为，不管问题多严重，首先要主动与被害方或损害方家属联系，表达赔偿意愿，并取得对方的《谅解书》，如果有《谅解书》，检察院可以不起诉，只给予行政处罚，这对党员干部来说，不仅在党纪处分上会轻些，而且更重要的是保住了公职身份。

第十二节　党员违背社会公序良俗问题

一、违背社会公序良俗相关涵义

违背社会公序良俗违纪行为，是指党员违背社会公序良俗，在公共场所有不当行为，并造成不良影响。该行为方式必须具备两个条件：一是违背社会公序良俗，在公共场所有不当的行为；二是违背社会公序良俗造成不良影响。具备上述两个条件，才构成该违纪行为。

二、政策法规依据

1.《中华人民共和国治安管理处罚法》第 23 条第 1 款第（一）项规定："扰乱公共秩序违法行为，是指扰乱机关、团体、企业、事业单位秩序，致使工作、生产、营业、医疗、教学、科研不能正常进行，尚未造成严重损失的行为。"

2.《中国共产党纪律处分条例》第 34 条第 2 款规定："党员依法受到行政处罚、行政处分，应当追究党纪责任的，党组织可以根据生效的行政处罚、行政处分决定认定的事实、性质和情节，经核实后依照本条例规定给予党纪处分或者组织处理。"第 29 条规定："党组织在纪律审查中发现党员有其他违法行

① 中国共产党中央委员会．中国共产党纪律处分条例［M］．北京：中国方正出版社，2018：17.

为，影响党的形象，损害党、国家和人民利益的，应当视情节轻重给予党纪处分。”第128条规定：“违背社会公序良俗，在公共场所有不当行为，造成不良影响的，给予警告或者严重警告处分；情节较重的，给予撤销党内职务或者留党察看处分；情节严重的，给予开除党籍处分。”

三、违纪行为处分认定

违背社会公序良俗问题，是属于违反生活纪律方面的问题，在实际工作中，问题一般比较复杂，在情节上具有多样性。特别在纪律审查中发现党员有“其他违法行为”时，要区别不同情况给予定性归责。

1. 正确区分违纪与非违纪行为界限。根据违纪构成要件的规定，一是违纪行为客观方面必须具有违背社会公序良俗，在公共场所有不当行为，并造成不良影响；未造成不良影响，则不构成违纪行为。二是违纪行为在主观方面必须是故意，过失不构成违纪。

2. 党员依法受到行政处罚、行政处分后，应当追究党纪责任的，应依据《中国共产党纪律处分条例》第34条第2款规定，可以根据生效的行政处罚、行政处分决定认定的事实、性质和情节，经核实后依照《中国共产党纪律处分条例》第29条的规定追究党纪责任。

3. 在纪律审查中，发现党员有其他违法行为，相关国家机关未对“其他违法行为”做出处理决定，纪检机关对“其他违法行为”应查明事实，进行定性归责，依据《中国共产党纪律处分条例》第29条的规定，视情节轻重给予党纪处分。纪检部门在“其他违法行为”未过追究时效的，应将党员“其他违法行为”问题，移送相关国家行政机关依法处理。

4. 纪检部门对党员的“其他违法行为”定性归责时，要注意违纪形态的问题。如果行为人构成违背社会公序良俗违纪行为，同时构成扰乱公共秩序违法行为，应当依据《中国共产党纪律处分条例》第24条的规定，定性处理①。

---

① 齐英武．违背社会公序良俗问题［N］．中国纪检监察报，2017－05－16.

第十三节　党员干部参加老乡会、校友会、战友会等问题

一、老乡会、校友会、战友会的涵义

《中国共产党纪律处分条例》第68条中所称老乡会、校友会、战友会（简称“三会”），是指未经民政部门登记注册、自发成立的老乡、校友、战友之间的各种联谊会之类的组织①。

二、政策法规依据

1.《关于领导干部不得参加自发成立的“老乡会”“校友会”“战友会”组织的通知》（中央纪委、中央组织部、总政治部组通字〔2002〕19号）。

2.《中国共产党纪律处分条例》第68条规定：党员领导干部违反有关规定组织、参加自发成立的老乡会、校友会、战友会等，情节严重的，给予警告、严重警告或者撤销党内职务处分。

三、界定范围及要求

1.《中国共产党纪律处分条例》第68条针对的是“党员领导干部”，体现了对党员领导干部的高要求。“党员领导干部”的范围主要包括3个方面：一是党政机关中的“党员领导干部”，包括党的机关、人大机关、行政机关、政协机关、审判机关、检察机关、各民主党派和工商联机关以及参照公务员法管理的单位中担任各级领导职务和副调研员以上非领导职务的中共党员。二是国有企业中的“党员领导干部”，包括大型、特大型国有和国有控股企业（含国有和国有控股金融企业）中层以上领导人员，中型以下国有和国有控股企业（含国有和国有控股金融企业）领导班子，以及上述企业中其他相当于县处级以上层次

---

① 中纪委监察部．把纪律挺在前面：十八届中央纪委三次全会工作报告解读之一［N］．中国纪检监察报，2016－01－26.

的中共党员。三是事业单位中的"党员领导干部"，包括事业单位（未列入参照公务员法管理范围）领导班子和其他六级以上管理岗位的中共党员。此外，已退出上述领导职务，但尚未办理退休手续的中共党员干部也属于党员领导干部的范围。

2. 不得违反上述《通知》的规定，即领导干部不得参加自发成立的老乡、校友、战友之间的各种联谊会之类的组织，不得担当这类联谊会的发起人和组织者，不得在这类联谊会中担任相应职务，也不得借机编织"关系网"，搞亲亲疏疏、团团伙伙，更不得有"结盟""金兰结义"等行为。

组织、参加自发成立的"三会"，与组织、参加老乡、校友、战友之间的聚会活动不是一回事。在不违反中央八项规定精神前提下，党员包括领导干部与老乡、校友、战友聚一聚，属于正常人际交往，并不违反党的纪律①。

① 中纪委监察部．把纪律挺在前面——十八届中央纪委三次全会工作报告解读之一［N］．中国纪检监察报，2016－01－26.

第七章

实践“四种形态”

把纪律挺在前面，就要用好监督执纪“四种形态”。在实践中，如何在巡视整改工作中用好“四种形态”，负责任地提出分类处置建议，至关重要。王岐山同志强调，要克服能力不足的危险，切实转变惯性思维，从线索处置、纪律审查到执纪审理各环节都要以纪律为准绳，真正把监督执纪“四种形态”的运用情况作为检验评价工作的标准，探索建立不敢腐、不能腐、不想腐有效机制①。

第一节　基本理论概述

一、“四种形态”的主要内涵

“四种形态”规范性的表述：让咬耳朵、扯袖子、红红脸、出出汗成为常态；党纪轻处分、组织调整成为大多数；重处分、重大职务调整的是少数；严重违纪涉嫌违法立案审查的只能是极少数②。

二、“四种形态”的特点及要求

监督执纪“四种形态”是严格依据党规党纪进行划分的，覆盖所有可能发

---

① 王岐山．坚持高标准守住底线推进全面从严治党制度创新［N］．人民日报．2015－10－23．

② 中国共产党中央委员会．中国共产党党内监督条例［M］．北京：中国方正出版社，2016：43.

生的违纪情节或苗头，且各个形态之间呈现明显的违纪轻重和处置层次之分①。

1. 第一种形态：让咬耳朵、扯袖子、红红脸、出出汗成为常态。这种形态主要讲的是加强对党员干部日常监督管理，体现了党组织对党员干部的关心爱护和严格要求。实现“第一种形态”，要求党内政治生活必须正常化，组织与个人之间、同志与同志之间应经常性地开展批评与自我批评，开展灵活多样、及时有效的相互提醒、相互监督。在巡视整改过程中，党组织和纪委要本着对党的事业、对干部负责的态度，在处置干部问题上，对干部能提醒的就提醒，对干部出现的轻微违纪行为不要当成大问题上升至第二种形态处理，紧紧扭住“常态”不放。

2. 第二种形态：让党纪轻处分、组织调整成为大多数。“第二种形态”讲的是坚持实事求是、依纪依规，对违犯党纪的行为做出党纪轻处分和组织处理。对党员的五种纪律处分，其中警告和严重警告是党纪轻处分，其他三种是党纪重处分。在落实巡视整改任务中，涉及干部违纪问题，党组织和纪委根据违纪行为的性质、情节及其造成的后果，做出党纪轻处分和组织调整，在把握纪律尺子中，防止太轻往第一种形态走，防止太重往第三种形态走，避免两个极端，紧紧把住“大多数”不放。

3. 第三种形态：重处分、重大职务调整的是少数。“第三种形态”是对有严重违纪行为党员的处理方式，这种形态也是阻止党员滑向违法犯罪的至关重要的一道防线。在巡视整改过程中，党组织和纪委对问题严重的干部，绝不能姑息养奸，坚决予以纪律惩处。这样一方面教育并保护干部，另一方面体现从严治党，把增量遏制住。

4. 第四种形态：严重违纪涉嫌违法立案审查的只能是极少数。“第四种形态”是对严重违纪涉嫌违法的进行立案审查，体现了纪法分开、纪严于法、纪在法前。在巡视整改问题涉及干部严重违反“六项纪律”涉嫌违法的，党组织和纪委要加大纪律审查力度，特别对三类情况（十八大后不收敛、不收手，问题严重、群众反映强烈，现在重要岗位可能还要提拔使用的党员领导干部）作

---

① 中国共产党中央纪律检查委员会. 监督执纪“四种形态”40问［M］. 北京：中国方正出版社，2016：10－13.

为审查重点。

三、实践“四种形态”的重大意义

“四种形态”是全面从严治党的具体举措，体现了纪严于法、纪在法前、纪法分开的理念，体现了对管党治党和反腐败规律认识的深化，对加强党的建设、推进全面从严治党具有重大意义①。

1. “四种形态”适应了当前反腐败斗争形势依然严峻复杂的需要。当前党风廉政建设和反腐败斗争形势依然严峻复杂，究其原因，关键在于全面从严治党的要求尚未落实到实处，靠全党、管全党、治全党的局面还没有形成，需要实践“四种形态”，推进全面从严治党。高校巡视发现，一些高校党组织领导弱化、党员观念淡薄等情况，长期以来高校教育管理工作者对我党传统的“咬耳扯袖”“红脸出汗”等思政工作方法不熟悉，不传承不会运用。有的高校纪委干部对“挺纪在前”的认识理解有误区，在实践中存在工作方式不适应、执纪水平跟不上等问题。针对当前管党治党存在的问题，“四种形态”开出了有效管用的“药方”。只有把“四种形态”实践到位，才能最大限度地减少腐败存量，最大限度地遏制腐败增量，缓解当前严峻复杂的局面。

2. “四种形态”是遏制腐败蔓延势头的有力武器。实践证明，遏制腐败蔓延势头仅靠管住严重违纪违法的腐败分子是不行的，必须“四种形态”综合运用。“四种形态”以纪律管全党治全党，体现了“全面”和“从严”的要求。从巡视和纪律审查发现的大量问题看，腐败分子有一个由量变到质变的过程，有一个由“破纪”到“破法”的过程。往往是先从苗头性倾向性问题演变为轻度违纪，由轻度违纪演变为严重违纪，最后演变为违法犯罪。“四种形态”覆盖了所有违纪情形，从具体问题抓起，综合运用教育提醒、纪律处分、组织处理、纪律审查等手段，抓早抓小、层层阻截、步步趋严，能有效遏制腐败蔓延势头，促进党的自我净化、自我完善。

3. “四种形态”是对党组织和纪委干部提出更高要求。“四种形态”的提

① 中国共产党中央纪律检查委员会．监督执纪“四种形态”40问［M］中国方正出版社，2016：10－13.

出，为“三转”指明了方向，找到了目标。落实“四种形态”，要求党委和纪委职能定位进一步回归党章“原教旨”，工作重心进一步聚焦监督执纪问责，工作方向进一步把纪律和规矩挺在前面，工作目标进一步体现遏制腐败现象滋生蔓延。在实践中，有的高校党组织和纪委存在思维惯性，把党员干部违反纪律问题当作“小节”，不需要纪律审查；有的习惯于做“老好人”，对违纪行为不敢“亮剑”“黑脸”；有的能力不足，执纪水平不高等。这些都严重影响了“三转”的深入开展。“四种形态”为“三转”指明了方向，要求从信访受理、线索处置、谈话函询，到执纪审查、调查谈话、审理报告，都要体现纪在法前、纪严于法、纪法分开，把“四种形态”运用情况作为检验工作的标准。这对党组织和纪委来说，责任不是轻了，而是更重了。

第二节　“四种形态”在巡视整改中的运用

一、“四种形态”运用原则

监督执纪“四种形态”是管党治党规律性的总结，是全面从严治党的重要举措。在巡视整改工作中，要准确把握“四种形态”的运用原则。

1. 坚持抓早抓小、防微杜渐。从党纪党规上看，抓早抓小是党内监督，也是党纪处分工作坚持的重要原则。从位置次序上看，在“四种形态”中，第一种形态位置在首、次序为一。实践好第一种形态，要义是抓早抓小，重在日常，贵在有恒。党员干部犯错误，无不是从破纪开始，一步一步走向破法。因此，要切实把纪律挺在前面，把监督执纪的关口前移，不遗余力严格把好首道关、要塞关。

2. 坚持全面从严、保持震慑。实践“四种形态”，要持续高压，保持震慑，既着重用好第一、第二种形态，又毫不放松第三、第四种形态。一方面，拔烂树减存量。烂树不拔，铁纪失威。另一方面，除病根遏增量。病根不除，烂树不止。通过肃贪惩腐，点名道姓、通报曝光，发挥警示震慑作用，令已腐之人醒悟忏悔，想腐之人生畏却步，未腐之人存惧保廉。没有高压态势的震慑，运用“四种形态”就不可能收到应有的效果。

3. 坚持公平执纪、守护正义。公平正义，即立足事实，依据党纪，伸张正义，不枉不纵。一是紧扣事实不失准头。对具体问题的处理，必须坚持以事实为根据，用纪律做准绳，综合考虑情节、后果、态度、效果等方面因素，正确适用各种形态，避免借口运用“四种形态”而大事化小、小事化了。二是注重平等不偏不倚。党的纪律面前人人平等，执行制度没有例外，不留“暗门”，不开“天窗”。三是科学量纪不失公平。对个案的处理，既要注重历史连贯性，又要注重同类案件的平衡统筹，任何情况下都要守护公平正义的底线。只有伸张正义，长扬正气，才能增强群众在反腐败斗争中的获得感，才能获得民心支持。

4. 坚持集体讨论、民主决策。民主集中制是党的根本组织原则，也是党章明确党的建设必须坚决实现的四项基本要求之一。运用“四种形态”监督执纪不是也不能由办案人员、审查小组个别或小范围说了算，必须严肃严谨严格，按照程序规范操作。通过规范的民主程序，将监督执纪权置于集体监督之下，防止徇私变味，避免出现“灯下黑”现象。要紧紧抓住集体研究这个关键，在线索处置、信访函询、审查谈话、案件审理等各个环节都贯彻民主集中制的要求，同时严格落实线索处置和执纪审查“两报告”制度，让集体讨论、民主决策成为纪律审查工作常态①。

二、“四种形态”具体运用

“四种形态”是把纪律挺在前面的具体措施，为纪律尺子打上四道“刻度”，为高校开展巡视整改问题的处置工作提供了指导思想。高校纪委在把握运用“四种形态”过程中，要精准把握巡视整改问题不同形态对应的不同处理措施。

1. 开展批评和自我批评、约谈函询，让“红红脸、出出汗”成为常态。“红红脸、出出汗”是对一些轻微违规违纪问题进行告诫，责令整改。第一种形态的适用范围包括9种情形：在遵守廉洁自律准则和执行“六项纪律”方面存在苗头性、倾向性问题的；经核实存在轻微违纪问题，但不需要给予纪律处分

① 张子兴．运用“四种形态”做到“四个坚持”［N］．中国纪检监察报，2017－05－03.

和组织处理的问题；反映问题过于笼统、没有实质性内容，或者年代久远、难以查证的；反映问题事出有因、查无实据的；履行“两个责任”和党风廉洁建设责任制结果较差的；巡视、巡察反馈问题整改不及时的；领导干部未如实报告个人有关事项情节较轻的；履职过程中失职、渎职等情节较轻的；其他需要提醒警示的情况。落实第一种形态，主要采取主责约谈、提醒谈话、诫勉谈话、谈话函询等方式，严肃党内政治生活，充分发挥批评与自我批评的作用。党委是运用监督执纪“第一种形态”的责任主体，党委书记是第一责任人，党委班子成员履行“一岗双责”，负责实施主责约谈、提醒谈话、诫勉谈话；纪委在发挥好协助职能的同时，侧重于谈话函询和诫勉谈话。

高校在实践运用中，首先要对巡视整改问题进行分类，分析问题的本源，是干部主观违纪问题还是制度体制引发干部违纪问题，这是用好“四种形态”的前提条件；其次根据违纪情节和干部管理权限，给予相应的处置方式。如只要提醒谈话处置方式的，按照约谈规程进行：提醒谈话是指针对党员干部执行“六项纪律”、中央八项规定精神方面存在苗头性、倾向性问题，或不正确履行“两个责任”，情节轻微、未达到组织处理或党纪政纪处分的，以及其他需要引起注意的情况进行提醒。提醒谈话一般采取个别谈话的方式。如需要诫勉谈话，按照诫勉谈话要求进行：诫勉谈话主要是针对党员干部存在轻微违纪违规，根据有关规定可以免予纪律处分的问题。诫勉谈话一般采取个别谈话的方式。如需要谈话函询，按照函询流程进行：谈话函询主要是针对反映的问题具有一般性，查清了只能给予党纪轻处分或批评教育，或者反映问题不实而予以澄清的；反映问题笼统，多为道听途说或主观臆测，难以查证核实的线索。

在上述谈话中，高校党委和纪委需要明确：哪些问题可以谈，哪些问题不可以谈。不是所有问题都可以采取第一种形态方式处理，尤其是谈话函询。因此，对问题是否能进入谈话范围，要形成严格的标准，确立“不能谈”“可以谈”和“优先谈”原则。其中，“不能谈”包括反映问题具体、可查性强的不能谈，问题线索反映集中、群众反映强烈的不能谈，十八大后不收敛不收手、严重顶风违纪的不能谈；“可以谈”包括凡是反映的问题过于笼统、不具备可查性的可以谈，反映个人勤政方面问题的可以谈，反映轻微违纪问题的可以谈；“优先谈”包括初次反映且问题轻微的优先谈，反映新提任的领导干部思想工作作风问题的优先谈，发展潜力较大的年轻干部且反映问题比较笼统的优先谈。只要掌握这些规则，运用“第一种形态”才能准确到位，在巡视整改问题中涉及干部问题的多数采用“第一种形态”。

2. 党纪轻处分、组织调整成为违纪处理的大多数。第二种形态中，党纪轻处分指的是警告、严重警告；组织处理包括停职、免职、调整、引咎辞职、责令辞职等。第二种形态重在抓早抓小，其适用范围包括 5 种情形：构成违纪，应当给予党纪轻处分的；构成严重违纪，具有减轻处分情节的；免于纪律处分，应当予以组织调整的；受到党纪轻处分，不适宜在原岗位工作的；其他应当给予党纪轻处分、予以组织调整的情形。党委是运用监督执纪“第二种形态”的责任主体，党委书记是第一责任人，对受到党纪轻处分或组织处理的干部负责；纪委协助党委开展干部违纪事实的调查，提出处理建议并落实处理决定。

高校在运用“第二种形态”时，关键要对干部违纪问题定量与定性，先要认定是否存在违纪事实，再次认定其违纪行为是否造成不良影响。如巡视移交的线索具有可查性，且事实清楚，可进入初核，初核中确认违纪问题，可进入立案程序，在立案调查过程中，不可忽视审理环节。如在初核中，有违纪现象但违纪问题不足于立案条件，可提出组织处理建议。党纪轻处分和组织处理可以合并使用，也可以单独使用。对违纪问题转立案，并给予当事人党纪轻处分的，高校党委可同时给予当事人相应的组织处理；对违纪问题无需转立案，不给予当事人党纪轻处分的，高校党委也可给予组织处理。

在上述处理中，高校党委和纪委要把握好一个原则：在受党纪轻处分、受组织处理的人员当中，对于问题性质不太严重的、能够主动说清情况并能付诸整改行动的党员，要充分体现“惩前毖后、治病救人”和“宽严相济、区别对待”的政策。对问题性质更轻微的党员，只要能够主动改过，本应给予轻处分的，也可以放到第一种形态去解决。

3. 党纪重处分、重大职务调整的成为少数。第三种形态的适用范围包括 4 种情形：问题严重，应当给予重处分的；构成违纪，具有加重处分情节的；构成违法犯罪，免于追究刑事责任的；其他应当给予重处分、予以重大职务调整的情形。第三种形态重在“刮骨疗毒”。在执纪审查中，对严重违纪的被审查对象，按照规定给予党纪重处分，如撤销党内职务、留党察看、开除党籍等。同时，在职务上进行重大职务调整。要按照党的法规规定、纪律处分条例以及案件检查规则、审理工作条例的规定，针对违纪的不同情况，按照违纪的事实，根据纪律处分相关规定，对违纪党员做出重大职务调整甚至采取“断崖式”降级的处分方式。

在运用“第三种形态”中，高校党委和纪委需把握一个原则：在此过程中，首先应考虑在党纪范围内处理，不能简单地移交司法机关，对干部要负责。应尽最大的可能对犯错误的党员进行教育，鼓励引导他们主动讲清问题，并积极整改，尽量挽救更多的党员。对于严重违纪的党员，可以根据他们的态度和行为来判断是否可以从轻处理。如果自己主动争取、认错态度好，且在行为上也有体现，可以从第三种形态转化为第二种形态。

4. 严重违纪涉嫌违法立案审查的成为极少数。第四种形态重点放在有腐必反上。高校纪委在执纪审查过程中，一旦发现党员存在严重违纪并涉嫌违法的行为，要及时将案件移送检察机关，由检察机关进行审查起诉。如果违法事实成立，将依法追究违法党员的刑事责任。

在处理第四种形态的过程中，高校党委和纪委要实现党纪和国法的衔接，对于违纪违法的党员，既要给予党纪处分，又要移送检察机关。但在实践中要把握好原则：务必抓好查办案件的后续工作，杜绝一判了之。对于已经严重违纪涉嫌违法的党员，可以让他们自己主动争取、向组织讲清问题并及时纠错整改，争取党组织的从宽处理①。

三、实践“四种形态”应注意的问题

在运用“四种形态”审视巡视整改有关问题过程中，高校党委应关口前移、挺纪在前、从严执纪、精准运用抓好整改落实，需注意以下问题：

1. 巡视整改的主责在党委，决定了运用“四种形态”的主责也在党委。“四种形态”是全面从严治党的利器，既是对纪委监督责任的要求，更是对党委主体责任的要求。主体责任中有领导有管理也有监督，无论是党内关系正常化，

① 中国南方电网有限责任公司党组纪检组. 监督执纪“四种形态”中国纪检监察报，2016-12-21.

开展批评与自我批评，还是党纪处分、组织调整，直至立案审查，都是管党治党的日常工作，都要由党委来领导决定和组织实施。一些高校在落实巡视整改工作任务中，存在认识不够到位、理解不够全面、行动缺少自觉的现象。有的甚至认为监督执纪“四种形态”，就是对纪委提出的要求，与党委无关。如果党委主体责任扛不起来，落实“四种形态”的成效就会大打折扣，就会成为“空中楼阁”。因此，纪委在运用“四种形态”落实巡视整改工作任务中不能大包大揽、单打独斗，必须善于创新工作载体，“撬动”主体责任落实，推动巡视整改各项任务的完成。

2. 巡视整改涉及干部问题要常用第一种形态，巧用第二种形态，慎用第三种形态，最好不用第四种形态。“四种形态”中每一种形态对应不同程度的问题，层层把关、步步设防，是“全面”和“从严”的具体体现。把握运用“四种形态”，通过咬耳朵、扯袖子，红红脸、出出汗，拉起防止犯错误的第一道关口；通过党纪轻处分和组织调整，守住防止犯大错误的第二道关口；通过重处分、重大职务调整，筑牢防止犯罪的第三道关口，以避免干部陷入违法犯罪深渊。运用好、操作好“四种形态”，关键要在用好第一种形态上下功夫，使常态常用。实践证明，第一种形态作为首道关口，最为关键，使用好的效果比后三种效果都大，如果使用不好，给后三种形态带来巨大压力，遏制腐败增量也难以实现。因此，建议常用第一种形态，为有效遏制腐败增量奠定基础。

3. 运用“四种形态”处理巡视整改有关问题，要防范政治风险，保护干部。由于运用“四种形态”开展监督执纪工作的时间不长，高校党委和纪委对“四种形态”的认识、把握和运用还没有完全到位，在处置巡视整改的一些问题中，难免会出现偏差、失误，引发政治风险。因此要防范：一些执纪监督部门的干部掌握较大的自由执纪裁量权，丢掉了风险防控的意识；一些高校为了年度案件数冲量，或急于完成上级纪委案件量指标，执纪审查走样跑偏，把轻微违纪问题当作严重问题来处理。这些现象背后都隐藏着政治风险，巡视整改工作要经得起历史检验，应引起上级党组织和高校党委的高度重视和警觉。

第八章

处理好“树木与森林”的关系

王岐山同志在中央纪委第十八届五中全会上提出：“加大纪律审查力度，处理好‘树木与森林’的关系，治‘病树’、拔‘烂树’，形成震慑。”① 能不能有效运用“树木与森林”的关系来处理巡视整改有关问题，关系到巡视整改能否按时整改到位、能否顺利完成巡视组的目标任务。

第一节　基本关系概述

一、“树木”与“森林”的内在联系

“树木”组成“森林”，“森林”离不开“树木”。“树木”与“森林”的关系，是个体与整体的关系，是特殊性与普遍性的关系。从个体到整体的关系看，既要看“树木”也要看“森林”，不能“只见树木不见森林”，也不能为了一棵“树木”而失去整个“森林”。从特殊性到普遍性的关系看，既看到“树木”这个“点”的特殊性反映出的问题，也要看“森林”这个“面”的普遍性反映出的问题。不能以“点”代“面”，以解决“点”的问题代替解决“面”的问题；也不能以“面”的问题的解决，忽视对“点”的问题的治理②。

---

① 王岐山．党的十八届中央纪委第五次全会工作报告［N］．中国纪检监察报．2015－10－23.

② 中国共产党中央纪律检查委员会．监督执纪“四种形态”40问［M］．北京：中国方正出版社，2016：62.

二、“树木与森林”的关系特征

关系特征专指在巡视整改中的特征，主要体现在3个方面：

一是从巡视目的来看，反映了微观治理与宏观把控的整体统一性。巡视是党内十项监督制度的一种重要形式，目的在于发现问题、形成震慑。从微观意义来讲，对党风廉政建设和腐败案件中的具体问题、具体事件更具有直接指向性。从宏观意义来讲，巡视与其他党内监督制度一样共同为净化党内政治环境、强健党的肌体而服务。其最终目的是为“四个全面”中“从严治党”这一根本提供有力支撑，其核心要义应体现“惩前毖后、治病救人”这一原则，这就如同治病树、拔烂树的目的在于保护森林。

二是从巡视对象来看，包含着个体差异与群体特征的内在联系性。树有千棵万株，因气候环境、土壤养分、后天培育等不同条件，其成形品质也各有差异。巡视工作千头万绪，巡视对象各有差别，面对的问题错综复杂，把个体“树木”问题放到“森林”这个全局范围中，放在法制与党纪的框架中，做出综合分析、判断。既掌握一般，又突出重点；既区别不同，又把握共性。用从严治党的尺子来衡量“树木”和“森林”，如此才能避免一叶障目、以偏概全，达到既见“树木”又见“森林”的境界。

三是从巡视整改来看，体现了典型示范与整体效应的相互依存性。一方面，及时对个体“树木”治病打药、修枝剪叶、框形矫正可以有效防止病害扩散、降低对其他好树的影响和感染。另一方面，对一片“森林”的土质改良、环境改善将更加有利于树木的健康成长。巡视整改更深的意义在于探索实践、积累经验，促进制度完善，促进全党形成依法办事、按规矩办事新常态和党员干部始终把纪律挺在前面的做事习惯。同样，党风政风的转变，也有利于党员干部由不敢腐、不能腐的被动执行向不想腐的自觉自醒转变。由此，典型示范效应与全局规模效应互为促进、相互依存，是治标与治本的有效结合。

第二节　实践中的综合运用

一、实践中存在的主要问题

由于“树木与森林”的关系比较抽象，一些高校党委和纪委干部对“树木”与“森林”的关系理解不深、认识不够，在巡视工作特别在巡视整改过程中，还存在一些与“树木”与“森森”内在要求不相适应、不相符合的问题，需要引起高度重视。

1. 在工作内容上。少数高校干部只重拔“烂树”，轻治“病树”、正“歪树”，忽视“森林”健康。具体表现为，重视问题线索的前期调查，而忽视纪律审查的效果和治本作用，警示教育效果不明显，巡视整改措施跟不上，未能充分发挥震慑腐败、纠正错误的治本功能。

2. 在工作方式上。一些高校干部不能转变纪律审查观念，做到快查快结、快进快出；一些干部只注重收集被调查人违纪事实及错误性质的证据，而对具有从轻、减轻或从重、加重处分情节的证据考虑较少，不能突出纪律审查的全面性、精准性；少数人在巡视整改工作中不能严格执纪，“小错”不忍心处理，怕得罪人，甚至选择性执纪。

3. 在落实主体责任上。一些高校党组织不能正确按要求落实党风廉政建设主体责任，落实方式表面化、形式化。基层党组织特别是二级学院党组织落实仍然不到位，认为本管辖范围只要不发生大的腐败案件就行了，对巡视整改工作重视不够，缺乏责任担当。

二、巡视整改中的综合运用

巡视整改工作是党委的重要工作，不是纪委的重要工作，但对巡视整改过程中的干部问题线索的处理却是纪检监察部门的重点工作，对巡视整改问题要依“纪”进行监督执纪。在监督执纪过程中，纪检监察干部要正确把握“树木”与“森林”的关系，始终着眼于高校党风廉政建设大局，以纪律之尺衡量

"树木"和"森林"，既盯住少数"烂树"，更放眼整个"森林"，避免和纠正把全面从严治党简单理解为处理少数严重违纪违法党员干部、把纪律审查局限于查办重大案件的思想倾向。

巡视整改中的干部问题好比是有病"树木"，高校所有党员干部好比是"森林"。在具体运用中要做到四步走：一是针对好树，要注重防护。对于高校来说，"森林"中的绝大多数是"好树"，要强化管理，定期施肥，加强防病防虫防治，确保继续健康茁壮成长。二是针对歪树，注重修正。对于高校"森林"中的部分"歪树"，必须修枝扶正，在发现"苗头性、倾向性"问题时，及时拨乱反正，加强引导，把歪树引向正途，确保知错能改，逐渐变回好树。三是针对病树，注重整治。对于高校"森林"中的极少数"病树"，必须重病下猛药，甚至移植等方式，及时治疗病害虫害，消除病灶，力争重新焕发生机。四是针对烂树，坚决拔除；对于高校"森林"中的极少数扶不起、修不正、治不好的"烂树"，要以刮骨疗伤、壮士断腕的勇气，要坚决"拔除"烂树。

用兵之道，攻心为上，攻城为下。执纪之道，惩前毖后，治病救人。高校纪检监察干部就好像森林中的护林工，处理不同形态树木是为保护森林服务的，最终目的是保护森林健康，构建良好教育政治生态。

三、综合运用应注意的问题

一要把握"机动性"。确立以问题为导向的整改逻辑，哪里"蛀虫"严重就关注哪里，什么问题突出就聚焦什么。遵行四个"不以"，即不以时间节点为限、不以空间地点为限、不以对象级别为限、不以类别批次为限。按巡视问题逐条整改，不留"死角"。

二要注重"个性化"。针对"树木"特性、特点，运用个性方法，善于从外部表象深挖内在"病因"，从一般特征找出基本规律，增强精确打击能力，更充分地发挥巡视震慑、遏制、治本作用。

三要做到"全覆盖"。从整座"森林"着眼，突出全面执纪巡视。不仅仅要盯住重症"病树""大树"，发现重要问题线索，也要关心"歪树""小树"，查究"四风"、防早治小，达到纪律约束无盲区、全覆盖，把纪律和规矩挺在前面，用纪律和规矩管住大多数。

此外，巡视整改工作要注重对“病树”和“烂树”的发现，并对其成因进行横向和纵向的分析，才能使森林整体的内容和结构得到很好的发展。巡视整改不在于单纯惩办那些问题干部，这也就像给树治病，发现问题是找到了毛病，目的可不是要把树治死，甚至害怕感染就砍掉所有树木。治病树、拔烂树的根本目的是为了让其他的树有更好的生存空间和环境，这才是巡林护木的根本之道，也是巡视整改的本意。

第九章

防控关键风险点

高校风险防控机制建设，是构建惩治和预防腐败体系的重要举措，是建设现代大学制度的重要基础，是完善高校内部治理结构、推进高校科学管理的迫切需要。从近年来高校巡视反馈意见及整改落实情况看，发生的许多问题线索和查处腐败案件中，内部风险防控失效、权力失去制衡是根本原因。因此，构建全面、有效的内部控制体系，高校必须树立规范管理、防范风险意识，准确识别、密切关注面临的关键风险点，制订切实可行的防范措施，守住底线，处理好发展与风险管控的平衡，保证高等教育事业持续健康发展。

第一节　把握内部风险点

风险重在防范，防止风险发生，重要的是找准关键风险点，把握了关键风险点，就抓住了问题的主要矛盾，学校的整体风险就得到控制。从近年来高校巡视、审计反馈意见及整改情况看，高校在决策、执行、管理等方面面临的风险问题比较多，集中表现在治理结构不合理，缺乏科学决策，造成重大经济损失，学校领导被问责；制度体系设计不规范，自由裁量空间大，造成权力寻租，学校领导被处分；惩处力度弱化，监管不到位，出现该处理的不处理，纪委领导被诫勉；等等。这些问题的归结点在于学校没有建立有效风险控制机制，风险防范能力和管理服务水平不高。

一、风险及关键风险点的涵义

风险是指在某一特定环境下，在某一特定时间段内，某种损失发生的可能性结果，是潜在事项的发生对单位目标实现产生的影响，它具有客观性、不确定性、普遍性、可预测性等特征。对高校来说，风险主要指高校内部可能产生的不合法规及低效率的行为。

关键风险点是指此类风险一旦发生可能会对学校产生重要影响的风险点。一项风险事件发生可能有多种成因，但关键成因往往只有几种，关键风险点管理就是对引起风险事件发生的关键成因指标或因素进行的控制。分析风险点的内涵，风险点有以下几个特点：

一是客观性。风险源于权力，是权力的衍生品、附属物。只要有权力就存在滥用权力的可能性，就有风险。风险有高低，高低取决于权力的大小、权重和管理范畴，越是直接或间接管理人财物等资源的权力，其风险越高，权力小，风险也随之降低。

二是潜在性。风险隐藏在权力运行之中，不是已发生的现实问题，没有直接造成损失和危害，恰恰因为这种隐性特点，往往使人们视而不见。危机管理学有一条定律，凡是有可能发生的危险，迟早要发生。认识不到风险的潜在性，看不到权力背后的廉政风险才是最大的风险。

三是可控性。风险与不可抗拒的自然力量不同，它是人文风险，风险来自于人为因素，所以，通过加强对权力的监管，可以转危为安、化险为夷，把风险点降到最低。

二、关键风险点的类别

高校内控关键风险点主要分为三大类：

1. 经济活动内部控制关键风险点，包括决策、业务运行中的风险。
2. 法律监督方面的关键风险点，包括政策变化产生的风险及违规违法风险。
3. 其他方面的关键风险点，包括安全稳定、重要舆情、信息系统方面风险。

三、防控风险的政策法规依据

1.《行政事业单位内部控制规范（试行）》（财政部　财会〔2012〕21号）。

2.《关于做好行政事业单位内部控制规范（试行）实施工作的通知》（教育部　教财函〔2013〕142号）。

3.《关于全面推进行政事业单位内部控制建设的指导意见》（财政部　财会〔2015〕24号）。

4.《教育部直属高校经济活动内部控制指南（试行）的通知》（教育部　教财厅〔2016〕2号）。

5.《国家中长期教育改革和发展规划纲要（2010－2020）》。

6.《关于加强廉政风险防控的指导意见》（中央纪委、监察部　中纪发〔2011〕42号）。

四、内部风险的重点和关键点

按照“标本兼治、综合治理、惩防并举、注重预防”的方针，以制约和监督权力运行为核心，以岗位风险防控为基础，高校内部风险点的重点及关键在三个方面：

1. 重点领域。“三重一大”事项的科学民主决策、干部人事管理、财务管理、教育收费及奖助学金发放管理、基建（修缮）项目管理、物资（设备）采购管理、学校企业和国有资产管理、招生管理、科研经费管理和规范学术活动是当前高校风险防控的10个重点领域。

2. 重要岗位。学校中层以上领导岗位，管理人、财、物的业务岗位，是风险防控的重要岗位。高校领导班子成员尤其是掌握人事权、审批权、监管权的领导干部，应当列入风险防控的主要对象，涉及人、财、物管理的业务岗位工作人员，应当列为风险防控的重要对象。

3. 关键环节。定责、计划（规划）、论证、征询、决策、公示、审批、预（决）算、执行（履职）、招标、签约、采购、稽核、拨付、考核、奖惩、归档，是高校各重点领域主要工作流程的关键环节。

按照上述3个方面的风险点，围绕职权运行流程，从岗位、部门和学校三个层次，可以找准高校的关键风险点，笔者认为以下七个风险点最为关键：

1. 采购业务风险。表现为采购计划编制不科学、采购项目与预算安排不匹配、采购活动不规范、采购验收不严密和采购业务归档不完整。

2. 资产管理风险。表现为资产归口管理不明确、资产盘存处置不及时、无形资产权属不清晰、对外投资论证不充分、资产出租出借评估不当和债权管理不健全。

3. 工程项目风险。表现为立项可行性研究不充分、设计方案编制不科学、招标工作组织不当、施工过程监管不力、项目变更审核不合规、项目结算管理不规范、项目竣工验收不严格、项目竣工决算不审计和项目资产及档案移交不及时。

4. 合同管理风险。表现为合同管理未归口、合同印章管理不规范、合同内容和条款不合法、合同履行不到位、合同保管不当和合同纠纷处理不妥善。

5. 校企合作风险。表现为合作对象非最优选择、合作内容不符合教育规律及需求、合作事项未进行前置审批或与相关法律法规冲突、决策流程完整性缺失、合同文本不完备、合同履行不规范和期满终止清算不及时。

6. 校办产业风险。表现为校办产业业务未归口管理且管理缺失、校办产业治理结构不完整及组织架构设置不当、校办产业的内控体系不健全、校办产业经营决策不当且经营行为违规和校办产业财务报告信息失真。

7. 学生资助风险。表现为受助资格审核不严格且标准不一、公示信息不完备或公示范围时间不符合要求、未足额提取或已提取但用于学生资助金额未达到标准和资助金额未直接或未及时足额发放至受资助对象。

五、风险防控要明确的重要事项

为进一步找准风险点，并有效防控风险，首先要做的工作不是设计防控方案，而是解决人的思想障碍问题，好的方案或制度最终要靠人来落实，但有些人对这项工作的基本要求不了解、政策界限认识不全面、防控重点不清楚，风险防控机制建设就成为空话。笔者根据工作实践，总结七条风险防控事项：

1. 落实“三重一大”科学民主决策制度是高校风险防控工作的重中之重，

必须贯穿于推进防控机制建设的始终。高校必须坚持和完善重大事项决策、重要干部任免、重要项目安排、大额资金使用等重要问题经党委（常委）会集体决定的制度，完善并严格执行议事规则和决策程序。对于专业性较强的重要事项，应经过专业委员会咨询论证；对于有关学校改革发展全局的重大问题和涉及教职工切身利益的重要事项，应广泛听取意见，在重大决策中充分体现党员的意见，汇集各级党组织的智慧，不断提高决策的科学化水平。

2. 建立落实常委会向全委会、全委会向党员代表大会（党员大会）报告工作并接受监督的工作制度；建立健全党内、校内重大事务听证咨询制度。高校内部的院（系）要建立健全党政联席会议制度，集体研究决定院（系）工作中的重要事项。

3. 凡涉及学校改革发展和稳定，教学、科研、管理的基本制度，以及教职工切身利益的重大问题，均属于重大事项。重大事项的决策范围包括：一是贯彻落实中央和省委、省政府关于教育方针政策及工作部署的方案与措施；二是学校发展规划、工作总结、办学规模和年度招生计划、办学资源配置的安排；三是学校的机构及编制设立，师资队伍建设，包括专业技术职称评聘、人才的引进与培养；四是年度财务预（决）算的审定、调整和重大财务决策，学费及收费等非税收入的管理，奖、助、贷学金的发放；五是涉及全局的改革方案、改革措施，学校重要规章制度的制定与修订；六是党建、德育、安全、稳定工作中的重大问题；七是学科及专业设置、实验室建设中的重要事项；八是对下属部门、院（系）教职工的奖惩和奖金发放；九是国际交流合作的重要事项；十是国家法律法规规定的涉及师生员工切身利益的重要事项，或者学校党委（常委）认为需要集体研究的重大事项。

4. 下述人员的任免属于高校重要干部任免：一是校直属各部门、各院（系）以及直属单位（校属中小学、医院、企业等）的党政正副职以及学校工、青、妇组织、社团的主要负责人；二是学校学术委员会、学位委员会负责人及其成员；三是部门、院系、直属单位的其他中层干部。

5. 下述项目属于高校的重要项目安排：一是由学校立项的基建工程项目，招（投）标项目；二是总额50万元（人民币，下同）以上的公共资源市场化配置项目；三是总额50万元以上的固定资产及大宗物资采购项目；四是总额30

万元以上的修缮项目。

6. 下述资金的使用属于高校的大额度资金使用：一是学校重要庆典、会议、外事等重要活动的预算开支及使用方案；二是政府下拨的专项资金、学校附属企业、医院的上缴资金、社会捐赠、赞助资金的使用方案；三是学校固定投入回报所得资金的使用方案；四是科研经费使用方案；五是学校财政专户资金的使用方案。

7. 学校党委执行“三重一大”的情况，每年度需结合工作报告向学校职工代表大会做出说明，充分听取会议代表的意见。对于未执行“三重一大”规定的主要责任人，由省、市教育工委或其主管部门给予批评教育；对于造成重大损失或严重后果的依纪依法追究相关责任人的责任。

第二节 采购业务控制风险点

一、采购业务涵义

高校采购业务是指高校以合同方式有偿取得货物、工程和服务的行为，包括购买、租赁、委托、雇用等。其中货物是指各种形态和种类的物品，包括材料、燃料、设备、产品、图书、教材和药品等；工程是指建设工程，包括建筑物和构筑物的新建、改建、扩建、装修、拆除、修缮等；服务是指货物和工程之外的其他采购对象，如高校对物业管理公司的选择、外部审计单位的选择等。

高校采购业务按照采购形式和组织方式的不同可分为政府采购和自行采购。购买依法制定的集中采购目录以内或采购限额标准以上的货物、工程和服务的行为属于政府采购；购买集中采购目录以外且在采购限额标准以下的货物、工程和服务的行为属于自行采购。从这几年高校采购业务情况看，政府采购相对比较规范，问题也比较少。自行采购是单位内部的自身行为，出现的问题比较多，而且各高校做法不尽相同，违规违纪问题时有发生。高校自行采购业务是目前采购业务内部控制的重点，也是防控风险的难点。

二、采购业务关键风险点

采购业务控制主要把握四个关键环节：预算与计划、采购管理、验收与付款、档案管理。这四个环节相对应有若干个风险点，只要把好若干个风险点，并采取相应的防控措施，采购业务控制目标就能实现①。

采购业务关键风险点清单

<table>
<tr><th>序号</th><th colspan="2">关键环节</th><th>风险点</th><th>主要防控措施</th><th>责任主体</th></tr>
<tr><td rowspan="4">1</td><td rowspan="4">预算与计划管理</td><td>采购业务预算编制与审核</td><td>资产管理与预算编制部门之间缺乏沟通协调，采购业务活动与业务活动相脱节，出现资金浪费或资产闲置等问题。</td><td>建立预算编制、采购管理和资产管理等部门或岗位之间的沟通协调机制，联合进行采购业务预算编制。</td><td>业务部门、采购管理部门、财务管理部门、资产管理部门</td></tr>
<tr><td>采购计划编制</td><td>超预算指标和内容编制采购计划，影响采购业务预算的执行效果。</td><td>业务部门严格按照采购业务预算范围、数量、金额和要求等编制采购计划。</td><td>业务部门</td></tr>
<tr><td>采购计划审核</td><td rowspan="2">采购业务需求审核审批不严格，未按采购业务预算进行采购，影响采购业务预算的严肃性和采购业务效果。</td><td>采购业务部门审核采购计划的合理性；采购计划列入预算情况、与业务部门的工作计划和资产存量相适应；与资产配置标准相符情况；专业设备附有相关技术部门的审核意见；财务部门审核采购计划列入预算指标额度情况。</td><td>采购管理部门、财务管理部门</td></tr>
<tr><td>采购计划审批</td><td>合理设置采购业务计划的审批权限、程序和责任；经审核的采购业务计划按照相应程序进行审批；审批后采购业务计划下达给各业务部门，作为业务部门办理采购业务的依据。</td><td>采购管理部门</td></tr>
</table>

① 赵丽生．高职高专院校治理：内部控制［M］．北京：经济科学出版社，2016：161－162.

续表

序号	关键环节		风险点	主要防控措施	责任主体
2	采购管理	业务部门采购的申请与审核	采购业务活动开展不规范，未按规定选择采购方式、发布采购信息，甚至化整为零或其他方式规避公开招标。	业务部门以批复的采购业务预算和计划提出采购业务申请；业务部门负责人进行复核。	业务部门
		采购业务部门审核		采购业务部门对业务部门的采购申请进行审核。重点审核是否符合采购业务计划、采购预算情况以及采购组织形式是否合规情况。对采购进口产品、变更采购方式等事项加强审核和审批。	采购管理部门
		采购业务信息的发布		在政府指定的采购业务信息媒体上进行发布；对招标公告、邀请招标资格预审公告、中标公告等信息依法公开。	采购管理部门、业务部门、集中采购机构
3	验收与付款	验收与付款	验收人员组成不科学或验收程序不合规；财务资金支付程序不规范。	根据采购业务组织形式的不同，确定验收方式；组建验收小组；出具验收证明；财务部门根据验收证明及相关财务制度办理款项支付。	资产管理部门、财务管理部门

续表

序号	关键环节		风险点	主要防控措施	责任主体
4	采购档案管理	质疑投诉处理	质疑投诉处理不及时、不规范，既不利于及时发现问题，发挥社会监督作用，也影响政府公信力。	专人负责质疑投诉处理工作；规定质疑答复工作的职责权限和工作流程；答复中形成的各种文件由采购业务部门进行归档和保管；质疑投诉问题要进行定期梳理报告，发现问题，改进工作。	采购管理部门
		采购业务记录控制	采购业务档案管理不善、信息缺失，影响采购业务信息和财务信息的真实完整。	建立采购业务工作档案；定期分类统计采购业务信息；内部通报政府预算执行情况、采购业务开展情况。	采购管理部门
		涉密采购业务项目管理	涉密事项被泄密	与相关供应商或采购中介机构签订保密协议或在合同中设立保密条款。	采购管理部门

注：资产管理部门与采购管理部门在有些高校是合署办公的，有的高校特别是本科高校资产管理处内设招标采购管理科或采购管理中心，但不论是分开还是合并，各自的职责权限必须明确。资料来源：中国教育会计学会高等职业院校分会2016年规划课题《高职院校内部控制实务研究》。

三、采购业务政策法规依据

1.《中华人民共和国政府采购法》（2002年6月29日由全国人大常委会审议通过，自2003年1月1日起施行）。

2.《中华人民共和国招标投标法》（1999年8月30日中华人民共和国主席令第二十一号）。

3.《中央国家机关政府集中采购工作规程（试行）》（国机采字〔2006〕9号）。

4.《政府采购信息公告管理办法》（2004年8月11日中华人民共和国财政部令第19号）。

5.《政府采购货物和服务招标投标管理办法》（2017 年 7 月财政部令第 18 号）。

6.《政府采购代理机构资格认定办法》（2005 年 12 月财政部令第 31 号）。

7.《政府采购合同监督暂行办法》（1999 年 3 月财预字〔1999〕363 号）。

8.《政府采购运行规程暂行办法》（2000 年 10 月财库〔2000〕11 号）。

9.《政府采购供应商投诉处理办法》（2004 年 8 月 11 日中华人民共和国财政部令第 20 号）。

四、违规采购行为认定

1. 中标人与其他投标人存在串标行为。目前政府采购法律法规中并没有关于串标行为的明确认定标准，可以按照《中华人民共和国招标投标法实施条例》第 39 条和第 40 条规定来认定，也可以参照地方监管部门的规范性文件和招标文件中的有关规定。《中华人民共和国招标投标法实施条例》第 40 条第 1 款规定："不同投标人的投标文件由同一单位或者同个人编制的，视为投标人相互串通投标。"即使中标人与其他投标人不存在任何金钱往来，也应认定为存在串标行为。根据《政府采购供应商投诉处理办法》规定，政府采购合同尚未签订的，或合同已经签订但尚未履行的，责令重新开展采购活动。合同已经履行的，决定采购活动违法，给采购人、投诉人造成损失的，由相关责任人承担赔偿责任。

2. 投标人数量不符合法定要求而不重新招标。被认定为招标无效的，应当重新招标。《中华人民共和国招标投标法》第 28 条第 1 款：投标人应当在招标文件要求提交投标文件的截止时间前，将投标文件送达投标地点。招标人收到投标文件后，应当签收保存，不得开启。投标人少于 3 个的，招标人应当依照本法重新招标。如果不重新招标的，依照《财政违法行为处罚处分条例》第 9 条规定，对单位给予警告或者通报批评，对直接负责的主管人员和其他直接责任人员给予记大过处分；情节较重的，给予降级或者撤职处分；情节严重的，给予开除处分。

3. 不按招标文件和中标人的投标文件订立合同。《中华人民共和国招标投标法》第 46 条第 1 款规定："招标人和中标人应当自中标通知书发出之日起三十日内，按照招标文件和中标人的投标文件订立书面合同。"如招标人与中标人不按照招标文件和中标人的投标文件订立合同的，或者招标人、中标人订立背离合同实质性内容的协议的，依照第59条规定，责令其改正，并处中标项目金额千分之五以上至千分之十以下的罚款。

4. 中标人转包或违法分包项目。《中华人民共和国招标投标法》第48条规定："中标人应当按照合同约定履行义务，完成中标项目。中标人不得向他人转让中标项目，也不得将中标项目肢解后分别向他人转让。"但中标人按照合同约定或者经招标人同意，可以将中标项目的部分非主体、非关键性工作分包给他人完成。接受分包的人应当具备相应的资格条件，并不得再次分包。中标人应就分包项目向招标人负责，接受分包的人就分包项目承担连带责任。依照第58条规定，中标人将中标项目转让给他人的，将中标项目肢解后分别转让给他人的，违反本法规定将中标项目的部分主体、关键性工作分包给他人的，或者分包人再次分包的，转让、分包无效，处转让、分包项目金额千分之五以上至千分之十以下的罚款；有违法所得的，并处没收违法所得，可以责令停业整顿；情节严重的，由工商行政管理机关吊销营业执照。

5. 应当集中采购项目而自行采购。其表现形式为使用财政性资金自行购置集中采购目录以内或者限额标准以上的政府采购项目。《中华人民共和国政府采购法》第7条规定："……纳入集中采购目录的政府采购项目，应当实行集中采购。"第18条规定："采购人采购纳入集中采购目录的政府采购项目，必须委托集中采购机构代理采购。"依据第七十四条规定，采购人对应当实行集中采购的政府采购项目，不委托集中采购机构实行集中采购的，由政府采购监督管理部门责令改正；拒不改正的，停止按预算向其支付资金，由其上级行政部门或者有关机关依法给予其直接负责的主管人员和其他直接责任人处分。

6. 无预算采购。表现形式为无政府采购预算而实施政府采购项目挤占其他财政性资金。《中华人民共和国政府采购法》第33条规定：负有编制部门预算职责的部门在编制下一财政年度部门预算时，应当将该财政年度政府采购的项目及资金预算列出，报本级财政部门汇总。第38条规定：各级政府、各部门应当加强对预算支出的管理，严格执行预算和财政制度，不得擅自扩大支出范围、提高开支标准；严格按照预算规定的支出用途使用资金。第62条规定：各部门、各单位的预算支出，必须按照本级政府财政部门批复的预算科目和数额执行，不得挪用；确需做出调整的，必须经本级政府财政部门同意。未经批准无预算采购行为，依据《财政违法行为处罚处分条例》第6条规定，责令其改正，调整有关会计账目，追加有关财政资金，限期退还违法所得。对单位给予警告或者通报批评。对直接负责的主管人员和其他直接责任人员给予记大过处分；情节较重的，给予降级或者撤职处分；情节严重的，给予开除处分。

7. 规避公开招标采购。表现形式为应当采用公开招标而采用其他方式采购，化整为零或者采取其他措施规避公开招标。《中华人民共和国政府采购法》第27条规定："因特殊情况需要采用公开招标以外的采购方式的，应当在采购活动开始前获得设区的市、自治州以上人民政府采购监督管理部门的批准。"第28条规定："采购人不得将应当以公开招标方式采购的货物或和服务化整为零或者以其他任何方式规避公开招标采购。"如果采购人、采购代理机构存在规避公开招标采购行为，依据《中华人民共和国政府采购法》第71条规定，责令其限期改正，给予警告，可以并处罚款，对直接负责的主管人员和其他直接责任人员，由其行政主管部门或者有关机关给予处分，并予通报。

8. 委托不具备政府采购业务代理资格的机构办理采购事务。表现形式为采购人委托的代理机构没有取得国务院有关部门或者省级人民政府有关部门资格认定，或者未在委托的范围内办理政府采购事宜。《中华人民共和国政府采购法》第19条规定：采购人可以委托经国务院有关部门或者省级人民政府有关部门认定资格的采购代理机构，在委托的范围内办理政府采购事宜。如果采购人、采购代理机构存在委托不具备政府采购业务代理资格的机构办理采购事务的行为，依照《中华人民共和国政府采购法》第71条规定，责令其限期改正，给予警告，可以并处罚款，对直接负责的主管人员和其他直接责任人员，由其行政主管部门或者有关机关给予处分，并予通报。

9. 擅自提高政府采购标准。表现形式为政府采购没有按照批准的预算执行，或者提高采购标准未经本级财政部门批准。《中华人民共和国政府采购法》第6条规定：政府采购应当严格按照批准的预算执行。如果采购人、采购代理机构存在擅自提高采购标准的行为，依据《中华人民共和国政府采购法》第71条规定，责令其限期改正，给予警告，可以并处罚款，对直接负责的主管人员和其他直接责任人员，尤其行政主管部门或者有关机关给予处分，并予通报。

10. 干预和插手政府采购事项。表现形式为党员领导干部利用职权或职务影响，向相关部门及其人员以暗示、授意、打招呼、批条子、指定、强令等方式，插手和干预政府采购活动。根据《中国共产党纪律处分条例》第 118 条规定，党员领导干部违反有关规定干预和插手市场经济活动，造成不良影响的，给予警告或严重警告处分；情节较重的，给予撤销党内职务或留党察看处分；情节严重的，给予开除党籍处分。

第三节　资产业务控制风险点

一、资产涵义

高校资产是指高校占用或使用的能以货币计量的经济资源，包括各种财产、债权和其他权利。

资产按经济性质分为非经营性资产和经营性资产；按表现形式分为流动资产、实物资产、在建工程、无形资产、对外投资和其他资产。

从中央和本省对高校巡视发现的问题看，高校在对外经济业务活动方面存在重大经济风险和法律风险，资产的取得、处置和对外投资不合规，资产流失现象严重，这些问题归因于两个因素：一是高校领导干部资产业务控制及风险防范能力不足；二是高校缺乏有效的资产管理控制及运行机制。目前高校要根据国家有关资产管理的法律法规，对学校资产范围重新界定，分析资产控制中的风险点，设计针对这些风险点的控制措施和业务流程，确保资产的取得合法合规，及时发现资产业务的各种差错，防止资产流失，保护学校资产的安全完整，以便提高资产使用效率和效果，支持高校的事业健康持续发展。

二、资产业务关键风险点

高校资产包含内容较多，风险点也多，为突出内部控制管理，主要按照资产的表现形式来分析风险点。

表一　实物资产业务控制风险清单

<table>
<tr><th>关键环节</th><th>风险点</th><th>防控措施</th><th>责任主体</th></tr>
<tr><td>采购取得</td><td>超预算、违反政府采购、公开招标等规定</td><td>审核预算；制订招标、采购业务流程</td><td>采购管理部门</td></tr>
<tr><td>验收移交</td><td>以次充好、数量不符、登记不完整</td><td>规范验收程序，详细登记、信息化管理</td><td>资产管理部门、使用部门</td></tr>
<tr><td>资产入账</td><td>资产入账不及时，形成账外资产</td><td>制订国有资产管理办法，加强资产实物盘点，做到账实相符</td><td>资产管理部门、财务管理部门</td></tr>
<tr><td>使用维护</td><td>保管松弛、使用效率低下、损坏及资产流失</td><td>落实使用及保管责任人，进行绩效考核</td><td>使用部门、资产管理部门</td></tr>
<tr><td>出租出借</td><td rowspan="2">资产流失、贪污、受贿等</td><td>统一归口管理，制订出租出借审批程序</td><td>资产经营公司、资产管理部门</td></tr>
<tr><td>处置报废</td><td>技术鉴定、公示、批准程序、公开拍卖</td><td>资产管理部门、财务管理部门</td></tr>
</table>

注：资产中的存货业务与固定资产合并统称为实物资产业务。

表二　无形资产业务控制风险清单

<table>
<tr><th>关键环节</th><th>风险点</th><th>防控措施</th><th>责任主体</th></tr>
<tr><td>采购与验收</td><td>权属不清引发的法律风险</td><td>归口管理，注册登记</td><td rowspan="4">科研管理部门、资产管理部门、</td></tr>
<tr><td>使用与保全</td><td>校名校标被侵权、校企合作被占用</td><td>专利申请及注册、有偿使用</td></tr>
<tr><td>技术升级与换代</td><td>技术落后、技术安全隐患</td><td>评估、加大研发力度</td></tr>
<tr><td>处置</td><td>资产流失</td><td>技术鉴定、公示、批准程序、公开拍卖</td></tr>
</table>

表三　对外投资业务控制风险清单

<table>
<tr><th>关键环节</th><th>风险点</th><th>防控措施</th><th>责任主体</th></tr>
<tr><td>方案可行性论证</td><td>不可行、不符合战略、利益受损</td><td>第三方评估</td><td>资产经营公司</td></tr>
<tr><td>方案决策</td><td>资产流失、利益受损、不符合战略</td><td>聘请律师、授权批准、集体决策</td><td>党委（常委）会或校长办公会</td></tr>
<tr><td>方案执行</td><td>信息不对称、利益受损、违反法律法规</td><td>归口管理、目标考核、财务控制</td><td rowspan="2">资产经营公司、财务管理部门、资产管理部门</td></tr>
<tr><td>到期处置</td><td>资产流失、利益受损</td><td>第三方评估，公示、批准程序</td></tr>
</table>

注：以上表格资料来源：中国教育会计学会高等职业院校分会2016年规划课题《高职院校内部控制实务研究》。

三、资产业务控制政策法规依据

1.《事业单位国有资产管理暂行办法》（财政部36号令，2006年6月）。

2.《关于进一步规范和加强行政事业单位国有资产管理的指导意见》（财资〔2015〕90号）。

3. 关于印发《行政事业单位资产清查核实管理办法》的通知（财资〔2016〕1号）。

4.《国务院关于改革和完善国有资产管理体制的若干意见》（国发〔2015〕6号）。

5.《国有资产评估管理办法》（1991年11月国务院令第91号）。

6.《国有资产产权界定和产权纠纷处理暂行办法》（国资法规发〔1993〕68号）。

7.《国有资产评估违法行为处罚办法》（财政部令第15号）。

8.《行政事业单位内部控制规范（试行）》（财会〔2012〕21号）。

9.《教育部直属高校、事业单位国有资产使用和处置行为管理授权审批暂行办法》（教财厅〔2007〕4号）。

四、违规资产业务行为认定

1. 私分国有资产行为。表现形式为事业单位违反国家规定，以单位名义将国有资产集体私分给个人，数额较大。根据《财政违法行为处罚处分条例》第8条：国家机关及其工作人员违反国有资产管理的规定，擅自占有、使用、处置国有资产的，责令改正，调整有关会计账目，限期退还违法所得和被侵占的国有资产。对单位给予警告或者通报批评。对直接负责的主管人员和其他责任人员给予记大过处分；情节较重的，给予降级或者撤职处分；情节严重的，给予开除处分。

2. 应当进行产权界定而未进行，导致国有资产权益受损。根据《国有资产产权界定和产权纠纷处理暂行办法》第34条：发生属于产权界定范围的情形，国有资产占用单位隐瞒不报或串通作弊，导致国有资产权益受损的，产权界定主管机关可以根据情节轻重，对占用单位的主管人员和直接责任人员给予通报批评、罚款等处罚。

3. 将国有资产界定为其他所有制资产。根据《国有资产产权界定和产权纠纷处理暂行办法》第32条：对违反本办法规定，导致国有资产流失的，由国有资产管理部门会同有关部门根据情节轻重，分别给予直接责任人员行政经济的处罚，触犯刑律的，由司法部门予以惩处。

4. 未按规定办理国有资产产权登记。根据《行政事业单位国有资产产权登记实施办法》第2条：凡占有、使用国有资产的行政事业单位，都要对应属国家所有的资产按照本实施办法的规定，向国有资产管理部门申报、办理产权登记。依照《财政违法行为处罚处分条例》第8条：国家机关及其工作人员违反国有资产管理的规定，擅自占有、使用、处置国有资产的，责令改正，调整有关会计账目，限期退还违法所得和被侵占的国有资产。对单位给予警告或者通报批评。对直接负责的主管人员和其他直接责任人员给予记大过处分；情节较重的，给予降级或者撤职处分；情节严重的，给予开除处分。

5. 干预和插手国有资产产权交易、清产核资、资产评估、资产转让等事项行为。表现形式为党员领导干部利用职权或职务影响，向相关部门及其人员以暗示、授意、打招呼、批条子、指定、强令等方式，插手和干预市场经济活动。

根据《中国共产党纪律处分条例》第 118 条规定，党员领导干部违反有关规定干预和插手市场经济活动，造成不良影响的，给予警告或严重警告处分；情节较重的，给予撤销党内职务或留党察看处分；情节严重的，给予开除党籍处分。

第三节　基本建设项目控制风险点

一、基本建设项目的涵义

高校基本建设项目是指高校为了事业发展的需要，筹集资金自行或者委托其他单位所进行的建造（包括新建、改建、扩建、修缮等）与安装活动，包括建造房屋、基础设施建设和大型修缮等。

基本建设项目内部控制就是通过对基本建设项目各个环节风险点的分析，采取一定的防控措施，加强基本建设管理，提高工程质量，保证项目进度，控制项目成本，防范违规违纪行为的发生。

二、基本建设项目关键风险点

为确保工程建设活动中资产的安全性、完整性和有效性，保证财务及工程信息的真实性、正确性和合法性，在项目建设整个生命周期内必须查找基本建设项目控制范围来确定关键风险点，其中高校基本建设项目控制范围包括议事决策机制、内控制度、审核机制、公开招标制度、工程价款控制、工程变更控制、竣工决算控制和项目档案管理等 8 个方面。下面按照基本建设的表现形式列出 5 个环节的关键风险点。

基本建设项目控制风险清单

关键环节	风险点	防控措施	责任主体
立项	一是建设书的内容不完整、不合理合规、造价预估不合理，项目进度安排不协调；二是可行性研究的缺失、形式大于内容、研究深度不足等，可能会导致决策偏差，影响基建项目的效率和效果；三是评审程序不规范或流于形式，使得决策的项目不一定是最优项目而得不到最优效益；四是决策失误，导致权限配置的不合理，学校资源损失或浪费，产生重大差错和舞弊。	建立管理决策环节的控制制度，对项目建议书和或可行性研究报告的编制、项目决策程序等加以明确，确保项目决策的科学性和合理性；根据职责分工和审批权限对项目进行决策，决策过程有完整的书面记录。重大项目应当报经单位集体决策批准。建立项目管理决策及实施责任制度。在项目立项后、正式施工前，依法取得建设用地、城市规划、环境保护、安全、施工等方面许可。	发展规划部门、基建管理部门、党委（常委）会
设计与概预算	一是初步设计阶段，设计单位的资质未达到要求；在设计方案的选择上，没有进行多方案的比较；设计方案不合理或出现较大疏漏；设计深度未能达到要求等；二是施工图设计阶段，概预算脱离实际，设计错误或存在缺陷、设计标准引用不当、设计变更频繁等。	建立相应的设计单位选择程序和标准，严格审查设计单位证书的等级，择优选取并签订合同。重大项目采用招投标方式选取设计单位；加强对项目设计过程的控制，组织相关部门和人员对设计方案进行分阶段审核，监督设计工作；建立概预算环节的控制制度，组织工程、技术、财务等专业人员对编制的概预算进行审核。	基建管理部门、招标管理部门

续表

关键环节	风险点	防控措施	责任主体
招标	一是招标的风险点：基建项目遭到肢解，从而避开公开招标；投标资格条件设定有指向性，导致投标资格不公平；出现泄漏标底的舞弊行为等。二是投标的风险点：出现串通投标的舞弊行为、投标人资质不达标等。三是开标风险点：开标不公平、评标流于形式、出现串通舞弊行为等。	建立招投标管理办法，明确招标范围和要求，规范招标程序，不得人为拆分工程项目，规避招标。采用公开招标的方式选择设计和施工单位。根据项目特点决定是否编制标底，如需要编制，过程和标底应当严格保密；评标委员会应当客观、公正地履行职责，遵守职业道德，对所提出的评审意见承担责任。按照规定的权限和程序从中标候选人中确定中标人，及时发出中标通知。	招标管理部门、基建管理部门、审计部门
建设	一是工程监理的风险点：监理流于形式、盲目加快完成项目进度等，导致基建项目质量存在隐患、安全得不到保障。二是工程物资采购的风险点：对采购的控制不到位，购买符合标准的物资，但支付了过高的价格；基建项目质量、进度受到监督不足的负面影响。三是工程价款结算的风险点：结算管理不严格，价款结算不及时，项目资金使用管理混乱等。四是工程变更的风险点：工程变更频繁、变更程序不规范、变更审批不规范等。	实行严格的建设项目监督制度，监理人员就应当具备相应资质和良好职业操守，客观公正地执行监理任务，及时发现和纠正建设过程中的问题；建立对工程物资采购验收和付款等环节的控制程序，由承包单位采购工程物资，单位应监督，确保工程物资符合设计标准和合同要求；建立项目进度价款支付环节控制制度，对价款支付的条件、方式和会计核算程序做出明确的规定，准确掌握工程进度；严格控制项目变更，对于必要的项目变更应经过相关部门或中介机构审核。重大项目变更应比照项目决策和预算控制的有关程序严格控制。	基建管理部门、财务管理部门、审计部门、监理公司

续表

关键环节	风险点	防控措施	责任主体
竣工验收	工程验收的风险点：竣工验收不规范，质量检验不严格，虚报项目投资完成额、竣工验收不及时、验收资料不齐全等。	建立竣工决算环节控制制度，依据国家法律、法规的规定及时组织审核竣工决算；建立竣工决算审计制度，及时组织竣工决算审计；加强会计核算控制和档案管理控制。	基建管理部门、财务管理部门、资产管理部门、审计部门、监理公司

注：表格资料来源：中国教育会计学会高等职业院校分会2016年规划课题《高职院校内部控制实务研究》。

三、基建工程项目风险控制的政策法规依据

1.《中华人民共和国招标投标法》（1999年8月30日中华人民共和国主席令第21号）。

2.《中华人民共和国招标投标法实施条例》（2011年11月中华人民共和国国务院令第613号）。

3.《中华人民共和国政府采购法》（2002年6月29日由全国人大常委会审议通过，自2003年1月1日起施行）。

4.《中华人民共和国建设工程质量管理条例》（2000年1月10日中华人民共和国国务院令第279号）。

5.《中华人民共和国合同法》（1999年3月15日中华人民共和国主席令第15号）。

6.《工程量清单计价规范》（2013年7月中华人民共和国住房和城乡建设部1568号）。

7.《行政事业单位内部控制规范（试行）》（财政部　财会〔2012〕21号）。

四、基建项目违规违纪行为认定

1. 部分基建项目未实行集中采购和公开招标。在审计中发现，某高校30万

元以上基建项目44项均未实行集中采购和公开招标，其行为不符合《政府采购法的实施意见》第二条“各级事业单位使用财政性资金采购依法制定的集中采购目录以内的或采购限额标准以上的货物、工程和服务，应全面实行政府采购”和《省级政府集中采购目录》第3项第2条“修缮，装饰工程，采购预算金额30万元以上（含改建、扩建工程）必须执行政府采购”的规定。如果高校党员领导干部有意规避集中采购和公开招标，存在利益输送，查实收受他人财物的，则构成《刑法》规定的受贿行为，按照《中国共产党纪律处分条例》第四章有关纪法衔接条款处理。如果存在不履行或者不正确履行职责，导致决策失误，造成严重损失等问题，依照《中国共产党问责条例》第6条第（一）款和第7条规定，对相关责任人予以问责处理。同时，应加强高校基建项目管理，严格执行招投标管理规定。

2. 部分基建项目未经审批频繁设计变更且超概算。在巡视中，发现某高校6个项目中有3个项目超建筑面积，有4个项目变更未审批且超概算，超概算均达5%以上，其行为不符合《高等院校基本建设管理监督暂行办法》第三条“高校建设项目必须按照批准的项目投资估算、概算、预算、建设规模、建设标准组织实施。凡设计变更增加投资……累计增加投资达到批准项目预算5%的，高校应当事先报经主管部门审核，由主管部门报项目审批部门重新审批……”的规定。如果有意频繁设计变更为施工单位或自己谋利，则构成特定关系人经营活动谋取利益行为，应当依照《中国共产党纪律处分条例》第88条的规定处理。同时，教育主管部门责令高校对违规做法限期予以纠正。

3. 内部控制制度不健全、执行不到位。在巡视中发现，某高校分管基建的副校长签字同意，将学生公寓建设资金50万元借给项目施工单位，长期占用学校基建资金，其行为不符合《事业单位国有资产管理暂行办法》第25条“事业单位处置国有资产，应当严格履行审批手续，未经批准不得自行处置”和《关于加强高等学校反腐倡廉建设的意见》第2条第12款“实行项目工程款支付两支笔会签制度”的规定。如果与施工单位存在权权、权物、权色交易行为，并造成不良社会影响，依照《中国共产党纪律处分条例》第八章、第十一章有关条款给予相应的处理。同时，高校应完善相关内控制度，抓好巡视整改任务。

第四节　合同业务控制风险点

一、合同业务控制的涵义

高校在开展教育教学、科研活动、对外交流的过程中，与校外单位发生经济往来是必然的，这些经济活动的往来主要是通过合同的形式进行的。合同业务控制是高校经济活动控制的主要组成部分，指高校对以自身为当事人的合同依法进行订立、履行、变更、解除、转让、终止以及审查和监督等一系列行为的总称。

二、合同业务控制的主要内容

高校业务发生的合同主要包括基建、维修、勘察设计、监理、审计、物业管理、物资设备采购、招商引资、对外投资、资产租赁、准入经营、土地使用权转让、合作办学、无形资产的有偿使用等涉及学校与法人、其他组织或自然人之间设立、变更、终止权利义务关系的经济事项。高校因经济活动而订立的合同，都是合同控制的业务范围，但高校与职工签订的劳动合同除外。

三、合同业务控制风险点

表一　合同订立业务风险清单

关键环节	风险点	主要防控措施	责任主体
合同调查	合同对方未调查或未履行恰当的调查程序，致使合同履行存在风险，学校利益受损。	建立合同调查报告制度。合同签订前，必须履行调查工作程序，出具调查报告；建立牵制和复核机制，慎重选择调查成员。	合同调查组织部门

续表

关键环节	风险点	主要防控措施	责任主体
合同谈判	与合同对方合谋在重大问题做出不当让步或泄露本单位合同谋略导致学校利益受损。	实行合同谈判联席制度，法律、技术、财务人员联合进行谈判；重大经济合同应聘请外部专家参与合同谈判；建立责任追究制度，谈判全程记录，作为追责凭据。	合同谈判负责部门
合同文本拟定	合同内容和条款不合法、不合规；在合同拟定中故意隐藏重大疏漏和欺骗，导致学校利益受损。	采用标准合同文本，订立书面合同；重大经济合同应聘请法律顾问和第三方技术专家审查合同条款。	合同文本拟定负责部门或合同申请部门
合同评价与审核	对合同条款、格式审核不严格，可能使学校面临诉讼的风险或造成经济利益损失。	建立会审制度，合同管理部门、招标管理部门、业务部门、财务管理部门联合审查；审查人员对做出的审查结果负责，合同管理部门对合同审查结果负全面责任；审查合同商务条款、技术条款与招标文件要求的一致性。	财务管理部门、业务部门、合同管理部门
合同签订	授意或合谋串通签订虚假合同，谋取私利或套取、转移资金。	严格各类合同的签署权限；严格合同专用章保管制度；采取恰当措施，防止已签署的合同被篡改。	合同签订经办部门或申请部门

表二　合同履行业务风险清单

关键环节	风险点	主要防控措施	责任主体
合同履行情况监控	合同执行主体未严格恰当地履行合同约定的义务；发现合同履行中的风险不采取措施，合同纠纷处理不当致使学校利益受损。	明确相关责任人在合同履行过程中的责任；建立合同履行定期调查制度，检查分析合同履行情况及效果，敦促对方积极履行合同；制定应急预案，对无法继续履行的合同，及时采取措施，降低损失。	合同业务采购管理部门、合同管理部门
合同履行监督审查	不按照规定的程序办理合同的变更、解除等程序，使学校利益受损。	建立合同履行监督审查制度，明确合同补充、变更及解除需按规定进行报告和审查，并以书面形式变更和解除合同，对造成的损失及时提出索赔。	合同业务采购管理部门、合同管理部门
合同价款支付	未按照合同规定的期限、金额和方式付款，可能导致学校经济利益受损或面临诉讼的风险。	建立合同管理信息系统，跟踪合同履行情况；合同承办人及时收集凭证资料，经审批后在规定时间内提交财务部门办理结算；财务部门对合同条款和经审批的结算申请资料进行审核；未按合同条款履约或应签订书面合同而未签订的，财务部门在付款前向单位负责人报告；财务部门应当定期与合同业务部门核对，根据合同履行情况办理价款结算和进行账务处理，确保按合同约定及时结算相关价款。	合同管理部门、财务管理部门

续表

关键环节	风险点	主要防控措施	责任主体
合同纠纷处理	在合同订立、履行过程中，出现合同纠纷问题，如果处理不当，可能损害学校利益、信誉和形象。	明确合同纠纷的处理办法和处理责任，在纠纷处理过程中，未经授权批准，相关人员不得向对方做出实质性答复或承诺；在履行合同中发生纠纷的，学校应当在规定时效内与对方协商谈判；合同纠纷协商一致的，双方应当签订书面协议确认；合同纠纷经协商无法解决的，经办人员应向学校有关负责人报告，并根据合同约定选择仲裁或诉讼方式解决。	单位负责人、合同申请或经办部门、合同管理部门

表三　合同登记归档业务风险清单

关键环节	风险点	主要防控措施	责任主体
合同登记	合同及相关资料的登记、流转和保管不善，导致合同及相关资料丢失，影响到合同的正常履行和纠纷的有效处理。	合同归口管理部门定期对合同进行统计、分类、登记合同的订立、履行、结算、补充或变更、解除等情况；建立合同文本统一分类和连续编号制度；合同终结应及时办理销号和归档手续；明确合同流转、借阅及归还的职责权限和审批程序等有关要求。	合同管理部门

续表

关键环节	风险点	主要防控措施	责任主体
合同归档	未建立合同信息安全保密机制，致使合同订立与履行过程中涉及的秘密泄露，导致学校或国家利益受损。	签订合同保密承诺，未经批准，不得以任何形式泄露合同订立与履行过程中涉及的国家秘密、工作秘密或商业秘密。	合同管理部门

注：以上表格资料来源：中国教育会计学会高等职业院校分会2016年规划课题《高职院校内部控制实务研究》。

四、合同业务控制的政策法规依据

1.《中华人民共和国合同法》（1999年3月15日中华人民共和国主席令第十五号）。

2.《行政事业单位内部控制规范（试行）》（财政部　财会〔2012〕21号）。

3.《关于全面推进行政事业单位内部控制建设的指导意见》（财政部　财会〔2015〕24号）。

4.《教育部直属高校经济活动内部控制指南》（教财厅〔2016〕2号）。

第五节　校企合作控制风险点

一、校企合作的涵义

校企合作是指学校与社会上相关企业、事业单位及其他各种工作部门之间的合作关系，包括所有形式和类型的合作。

校企合作内部控制是指高校通过构建形成跨层级、跨部门协同的校企合作流程规范、操作标准以及权责体系，对校企合作关系的构建、生成、维持与终止的全过程进行操作、控制与管理。

二、校企合作的内容和形式

从合作内容看，主要有设备资金捐赠、公共实训基地、技术研发中心、学生实习、教师实践、专业建设、人才培养等单项内容的合作，还包括多项内容合作。

从合作形式看，主要有非直接参与式合作和直接参与式合作。非直接参与式合作是行业企业通过资源捐赠、技术支持等方式参与学校人才培养，是相对短期的、浅层的合作。直接参与式合作是学校与企业建立的相对长期的、深层的人才培养的合作，通过涉及资金、设备、专业建设、师资建设、人才培养方案制定等方面。

三、校企合作风险点

校企合作业务风险清单

流程	关键环节	风险点	主要防控措施	责任主体
立项	合作对象的选择；合作内容的确立；合作形式的确定。	合作对象非最优选择；合作内容不符合职业教育规律，不符合发展需求；合作事项未进行前置审批或与相关法律法规冲突。	尽量选择区域主导产业的主流企业作为优先合作对象；校企合作职能部门对合作内容进行审议；提升合作项目负责人政策水平与法律意识。	校企合作职能部门、项目负责部门
决策	决策流程。	决策流程完整性缺失。	校企合作职能部门审核后，送至各相关部门按流程一一审核，最后递交校长办公会和党委会审批。	校企合作职能部门、法律顾问、相关职能部门
	合同文稿。	合同不符合规范。	聘请法律顾问参与合同起草。	校企合作职能部门、法律顾问

续表

流程	关键环节	风险点	主要防控措施	责任主体
签约	签约	合同文本有效性缺失。	审查双方签约主体法人资格或授权手续。	校企合作职能部门
履约	履约	投入不足、不及时、不到位；超约定使用学校资源；由于合作对象引起的意外安全事故；合作产生资产权属不明确；未实现合同预期绩效。	对双方投入按约定时间进行验收；出台校企合作资源使用管理办法，重点关注超约定使用资源、无形资产、公共服务和合作产生的资产归属；出台校企合作绩效评价管理办法。	校企合作职能部门、资产管理部门、安全保卫管理部门
终止	续约	未按照校企合作双方实际发展情况增改合同。	对前期合作进行清算，并依据实际情况重新拟定合同。	校企合作职能部门、相关职能部门
	期满终止 意外终止	未严格按照合同进行清算。	成立清算小组。	校企合作职能部门、资产管理部门

注：表格资料来源：中国教育会计学会高等职业院校分会2016年规划课题《高职院校内部控制实务研究》。

四、校企合作业务政策法规依据

1. 《教育部直属高校经济活动内部控制指南》（教财厅〔2016〕2号）。

2. 《行政事业单位内部控制规范（试行）》（财政部　财会〔2012〕21号）。

3. 《中华人民共和国职业教育法》（1996年5月中华人民共和国主席令第69号）。

4. 《中华人民共和国中外合作办学条例》（2003年3月国务院第372号令）。

5. 《关于大力发展职业教育的决定》（国务院　国发〔2005〕35号）。

6. 《关于实施科技规划纲要增强自主创新能力的决定》（中共中央　国务院

中发〔2006〕4号）。

7.《关于大力发展职业技术教育的决定》（国务院　国发〔1991〕55号）。

8.《关于大力推进职业教育改革与发展的决定》（国务院　国发〔2002〕16号）。

9.《关于以就业为导向深化高等职业教育改革的若干意见》（教育部　教高〔2004〕1号）。

10.《关于进一步加强职业教育工作的若干意见》（国务院　教育部　教职成〔2004〕12号）。

11.《关于进一步加强高技能人才工作的意见》（国务院　中办发〔2006〕15号）。

五、校企合作违规违纪行为认定

1. 以校企合作为名，对校区临街围墙进行商业店面开发。在巡视中发现，某高校未经有关部门审批，通过校企合作的方式，擅自改变教育用地，对校区临街围墙及围墙内侧杂地进行商业店面开发。其行为不符合《省直行政事业单位国有资产管理暂行办法》第31条“省直事业单位……将占用、使用的国有资产对外投资和担保，应当进行可行性论证，经主管部门审核后，报省机关管理局审批。未经审批，不得对外投资、担保”。以及第69条“省直行政事业单位及其工作人员违反本办法规定，省机关管理局和机关部门可责令其限期改正，违反法律法规的，提请有关部门依法处理”规定。如果在校企合作过程中，存在不履行或者不正确履行职责，导致决策失误，造成严重损失等问题，依照《中国共产党问责条例》第6条第（一）款和第7条规定，对相关责任人予以问责处理。

2. 校企合作办学企业出资方以营利为目的，合作办学经费严重不足。在检查中发现，一些高校校企合作办学协议签订不规范，上缴企业方的管理费和资源占用费过大，收入分配不合规，二级学院难以维持日常办学开支。其行为不符合《中华人民共和国高等教育法》第24条“设立高等学院，……不得以营利为目的”以及《中华人民共和国民办教育促进法》第51条“民办学院在扣除办学成本、预留发展基金以及按照国家有关规定提取其他的必需的费用后，出资人可以从办学结余中取得合理回报”的规定。如果在合作办学中存在利益输送，查实收受他人财物的，则构成《刑法》规定的受贿行为，按照《中国共产党纪律处分条例》第四章有关纪法衔接条款处理。如果高校党员领导干部为自己或亲友在合作办学中谋利，则构成为特定关系人经营活动谋取利益行为，应当依照《中国共产党纪律处分条例》第88条的规定处理。

3. 合作办学企业方未办理收费许可证收取费用且未纳税。在巡视中发现，某高校软件学院自2010年以来使用行政事业收费票据收取IT认证培训费，未办理收费许可证。其行为不符合教育部、国家发改委、财政部《关于进一步规范高校教育收费管理若干问题的通知》第4条“高校收取行政事业性收费和服务性收费，必须到指定的价格主管部门办理收费许可证。高校……在收取服务性收费时应使用相应的税务发票”的规定，以及教育部等四部门《关于规范教育收费治理教育乱收费工作的实施意见》有关规定。如果高校党员领导干部参与乱收费活动，损害学生利益并造成不良社会影响，依照《关于违反教育收费管理政策法规行为纪律处分的暂行规定》和《中国共产党纪律处分条例》第九章有关条款给予相应的处理。同时，软件学院应按规定向物价管理部门补办收费许可证，并自行向税务机关申报纳税。

第六节　校办产业业务控制风险点

一、校办产业风险防控涵义

校办产业风险防控就是高校为实现自己的目标，以信息沟通为基础，以风险防控为手段，采取适当管理体制与控制模式，通过实施业绩考核等激励约束机制来实现学校的整体目标。校办产业风险控制主要分为两个层面：学校层面；资产经营公司本身及其下属企业层面。

二、校办产业关键风险点

按照两个层面来划分校办产业风险点，即学校层面关键风险点和资产经营有限公司及下属企业层面关键风险点。

表一 学校层面风险清单

关键环节	风险点	主要防控措施	责任主体
决策	未按国家规定设立校办产业；未对设立校办企业进行可行性研究；未按规定程序进行决策审批。	设立校办产业要进行可行性研究后，经学校领导集体审议后报上级审批；除了资产公司、基金会、校友会、科技园公司外，学校不得以事业单位法人的身份对外进行投资和经营。	校办产业归口管理部门、资产经营公司
治理	校办产业产权界定不清，权责不明；学校以事业法人直接对外投资、经营。	成立资产经营公司，对所属企业或对外股权投资，负责经营、监督管理和承担相应的法律责任。	归口管理部门
运行	腐败、违规等廉政风险；校办企业缺乏监管，国有资产流失；违规改制；与校办产业间互相拆借、担保。	校领导不得在校办企业兼职，不得领取报酬；成立专门机构对校办企业进行归口管理，归口部门要履行监督责任；严格按国家有关规定改制；学校与校办产业不得相互拆借、担保。	组织部门、归口管理部门、资产经营公司

表二 资产公司及所属企业风险清单

关键环节	风险点	主要防控措施	责任主体
组织架构	组织架构不健全，高层管理人员选任不恰当；未能明确经营班子职责，可能导致工作扯皮、效率低下。	建立对校办企业的董事、监事、总经理、财务负责人等人员的委派制度；建立内部控制制度体系，明确经营班子各项权责和各项业务事项的审批流程。	校办产业归口管理部门

续表

关键环节	风险点	主要防控措施	责任主体
人力资源	缺乏人力资源规划，轻视管理人员的专业胜任能力；缺乏奖惩激励约束机制；未签订用工合同，存在劳动纠纷。	避免没有企业管理经验的人出任企业高层领导，制定履职待遇等奖惩办法；制定有利于企业可持续发展的人力资源政策，依法与员工签订劳动合同。	产业归口管理部门、资产经营公司
制度体系建设	内控体系不健全，导致企业管理混乱，可能承担监管或连带责任。	按照《内部控制基本规范》的要求和规定建立健全校办产业内部控制制度体系。	产业归口管理部门、资产经营公司
业务层面	超越业务范围或审批权限从事相关交易或事项；资产、资金、工程、合同管理、采购等内控体系不健全；财务报表信息失真；不相容职务未分离。	对校办产业业务运行进行合理授权，重大业务应当经严格审批；建立预算、重大投资、筹资、对外担保、对外捐赠、关联交易等控制制度；制定校办产业财务管理办法；确保制衡理念贯穿企业重要过程。	校办企业、归口管理部门

注：表格资料来源：中国教育会计学会高等职业院校分会 2016 年规划课题《高职院校内部控制实务研究》。

三、校办产业业务的政策法规依据

1.《关于积极发展规范管理高校科技产业的指导意见》（教育部　教技发〔2005〕2 号）。

2.《关于高校产业规范化建设中组建高校资产经营有限公司的若干意见》（教育部　教技发〔2006〕1 号）。

3.《企业内部控制应用指引》（财政部　证监会　审计署　银监会　保监会　财会〔2010〕11 号）。

4.《关于进一步规范和加强直属高等学校所属企业国有资产管理的若干意见》（教育部　教财〔2015〕6号）。

5.《教育部直属高校经济活动内部控制指南（试行）》（教育部　教财厅〔2016〕2号）。

四、校办产业违规行为认定

1. 校办企业已完工项目未转收入。经巡察发现，某高校校办企业监理公司2010年以来项目已完工未转收入达千万元，漏缴营业税和所得税，其行为不符合《营业税暂行条例》第1条“在中华人民共和国境内提供本条例规定的劳务、转让无形资产或销售不动产的单位和个人，为营业税的纳税人，应当依照本条例缴纳营业税”和《企业所得税法》第5条“企业每一纳税年度的收入总额……为应纳税所得额”的规定。如果校办企业党员领导干部有意规避营业税和所得税，并以此来增加再分配的个人收益，按照《中国共产党纪律处分条例》第8章有关条款处理。如果存在不履行或者不正确履行职责，导致决策失误、造成严重损失等问题，依照《中国共产党问责条例》第6条第（一）款和第七条规定，对相关责任人予以问责处理。同时，校办企业应自行向税务机关申报纳税，严格遵守国家财经纪律。

2. 校办企业采取不当手段逃避个人所得税纳税义务。在巡视中发现，某高校校企建筑设计院用虚开的发票领取奖金百万元，漏交20%的个人所得税及10%企业所得税；校企某公司按收入的60%～83%开具运费发票报销，未见运费结算单，且将运费款项转入个人银行卡，漏交个人所得税。其行为不符合《会计法实施办法》第6条“各单位应当根据实际发生的经济业务事项进行会计核算，任何单位和个人不得以虚假的经济业务事项或者资料进行会计核算”的规定。如果校企党员领导干部有意违反法律法规，则构成违法行为，按照《中国共产党纪律处分条例》第四章有关纪法衔接条款处理。同时，高校应加强校企管理和清理整顿，自行向税务机关申报纳税。

3. 校办企业未经审批违规出租资产。经巡察发现，某高校校企某公司未按规定程序申报审批，未按规定要求出租进场交易，违规出租企业厂房，其行为不符合《事业单位国有资产管理办法》（财政部令第36号）和《省直行政事业单位国有资产管理暂行办法》有关规定。如果校企党员领导干部经查未发现经济问题，建议对相关人员进行组织处理。根据《中国共产党党内监督条例（试行）》第32条“发现领导干部在政治思想、履行职责、工作作风、道德品质、廉政勤政等方面的苗头性问题，党委（党组）、纪委和党委组织部门应当按照干部管理权限及时对其进行诫勉谈话”的规定，给予相关责任人诫勉谈话。同时，校办企业应严格执行国有资产管理规定，抓好巡察整改任务。

第七节　学生资助业务控制风险点

一、学生资助形式及资金来源

高校为解决经济困难家庭学生上学难问题，根据国家相关政策，统筹不同资金来源，采取多种形式，形成较为完善的学生资助体系。学生资助形式主要有：奖、助学金（国家奖学金、国家励志奖学金、国家助学金及学校奖、助学金、困难补助）、助学贷款、勤工助学及学费减免等；学校资助资金主要来源有：中央及地方财政专项资金、学校按事业收入一定比例计提的奖助基金及各种企事业单位、社会组织、个人资助的资金等。

二、学生资助业务风险控制

教育公平是社会公平的重要基础，是国家基本的教育政策。能否保证国家制定的各项资助政策和措施落实到家庭经济困难学生身上，做好学生资助业务风险防控十分重要。要坚持“加大财政投入、经费合理分担、政策导向明确、多元混合资助、各方责任清晰”的原则，做到“能助则助”。在学生资助业务中重点要防控学生资助对象评定、认定依据及程序、结果公示、资助金发放等环节。

三、学生资助业务风险点

学生资助业务风险清单

关键环节	风险点	主要防控措施	责任主体
受资助对象的评定	受助资格审核不严格、标准不一。	依据各项接受资助的条件和要求评定受资助对象。	学生管理部门、教务管理部门
受资助对象的公示	公示信息不完备，公示范围、时间不够。	通过网站、校务公开等方式公示相关信息，加大公示力度或范围。	学生管理部门、教务管理部门
资助金额的发放	资助金额未直接、未足额发放至受资助对象。	依据公示审批确认名单，直接足额发放至受资助对象账户。	学生管理部门、财务管理部门
学校按比例提取奖助金	奖助金未足额提取或已提取但用于学生资助金额未达到标准。	每年按相关文件提取学生奖助基金，并足额用于学生资助。	财务管理部门 学生管理部门

注：表格资料来源：中国教育会计学会高等职业院校分会2016年规划课题《高职院校内部控制实务研究》。

四、学生资助业务政策法规依据

1.《高等学校学生勤工助学管理办法》（教育部　教财〔2007〕7号）。

2.《关于认真做好高等学校家庭经济困难学生认定工作的指导意见》（教育部　财政部　教财〔2007〕8号）。

3.《关于建立健全普通本科高校、高等职业学院和中等职业学校家庭经济困难学生资助政策体系的意见》（国务院　国发〔2007〕13号）。

4.《普通本科高校、高等职业学校国家奖学金管理暂行办法》（财政部　财教〔2007〕90号）。

5.《普通本科高校、高等职业学校国家励志奖学金管理暂行办法》（财政部　财教〔2007〕91号）。

6.《普通本科高校、高等职业学校国家助学金管理暂行办法》(财政部　财教〔2007〕92号)。

7.《关于大力开展生源地信用助学贷款的通知》(财政部　教育部　财教〔2008〕196号)。

8.《关于调整完善国家助学贷款相关政策措施的通知》(财政部　财教〔2014〕180号)。

9.《关于完善国家助学贷款政策的若干意见》(教育部　教财〔2015〕7号)。

五、学生资助业务违规违纪行为认定

1. 扣留、拖欠、挪用或克扣资助金行为。在实践中，部分高校财务管理制度不规范，资助金额发放仍通过学生管理部门或二级学院辅导员来发放，使得学生管理部门的个别干部和二级学院辅导员未直接、未足额将资助金额发放至受资助对象，出现扣留、拖欠、挪用或克扣资助金的情况，侵害了学生利益行为。根据《中国共产党纪律处分条例》第105条第（二）（三）款规定：对直接责任者和领导责任者，情节较轻的，给予警告或者严重警告处分；情节较重的，给予撤销党内职务或者留党察看处分；情节严重的，给予开除党籍处分。

2. 不履行或不正确履行学生资助政策行为。巡视中发现，有的学生管理部门和个别辅导员对学生资助业务政策不学习、不执行，抱着多一事不如少一事的态度，对当年该资助的学生不资助，或者不按规定要求资助，对学生反映的问题消极应付，在工作中弄虚作假，未按国家规定比例提取学生资助金，造成不良影响。根据《中国共产党纪律处分条例》第108条第（一）（二）（四）规定：对直接责任者和领导责任者，情节较重的，给予警告或者严重警告处分；情节严重的，给予撤销党内职务或者留党察看处分。

第十章

探索高校巡察工作

巡察工作是中央、地方巡视工作的延伸和补充，是实现党内监督全覆盖的重要手段。十八大以来，全国高校特别是中管高校结合实际，借鉴巡视工作经验，先行先试，制定了巡察工作办法，建立校内巡察工作制度，对二级单位党组织开展巡察，推动全面从严治党向基层延伸，巡察工作在高校发挥了震慑、遏制和治本作用，有力推进了高校教育事业健康发展。

第一节　高校巡察工作的概况

一、巡察的涵义及特点

巡察从古义上讲是巡行察访或巡视；从今义上讲是巡视工作的延伸，向基层延伸、向一线延伸，着力发现群众身边的不正之风和腐败问题，是巡视工作的一种创新方式。

作为党内监督的创新之举，巡察工作既有别于巡视工作，又有其自身的特点：一是巡察工作在党委的领导下进行，是政治巡察，而不是业务巡察；是组织行为而不是个人行为。二是巡察方式灵活多样，一般有集中巡察和分散巡察、明察和暗查、定期巡察和不定期巡察等方式。巡察只发现问题、通报问题，反馈前不沟通、不解释。三是巡察监督无盲区。既关注党组织领导班子整体，又关注党员干部个体，既监督党员领导干部，又监督基层普通党员。四是巡察实行分级负责制，根据党组织隶属关系和干部管理权限合理确定巡察范围，以适当方式延伸到基层，实现将监督视野覆盖到基层各级党组织。五是巡察重点是“关键少数”，把与群众利益密切相关的重要部门作为巡察重点，把领导班子及其成员特别是主要负责人作为重点对象。

二、高校巡察工作的背景及现状

近年来，党中央不断强化巡察工作，并作为一项长期制度进行延伸。巡察工作源于巡视工作，是巡视工作的延伸，用通俗的话讲，在中央、省级层面的检查叫巡视，在市县级以下的检查则叫巡察。所以，在地方不管是巡视还是巡察都是一回事，包括当地教育工委组织对高校的巡察工作，也是巡视工作的延伸，但对于高校内部的巡察工作又有不同。这几年，随着全国各地教育工委巡察工作的全覆盖，全国各地高校校内巡察工作应运而生，在校内发挥巡察利剑的作用。

1. 高校巡察工作在政府层面的情况。党的十八大以来，中央政治局常委会多次听取审议巡视工作情况汇报，研究决策巡视工作重大问题，习近平总书记也多次发表重要讲话，并做出重要指示和批示。在创新巡视工作方式方法方面，习近平总书记专门对巡察提出要求：党内监督要纵向到底，压力必须传导下去，市县要建立巡察制度，有效解决基层“打虎拍蝇”，夯实基础。这为新时期地方巡视工作发展指明了方向。为深入贯彻落实习近平总书记党内监督的一项重要举措，王岐山同志先后6次主持召开中央巡视工作领导小组会议，对加强和改进巡视工作做出部署，强调巡察工作既是强化党内监督向基层延伸的制度性安排，也是加强党的建设、创新巡视工作的重要方式。中共中央办公厅印发的《关于市县党委建立巡察制度的意见》明确要求，市县党委在一届任期内实现巡察全覆盖。全国各地都制订了相应巡察工作制度，开展巡察工作。教育部在推动教育系统全面从严治党向纵深发展过程中，不断创新方式方法，层层传导压力，推动巡视工作不断向纵深发展。教育部党组多次开展工作调研，组织召开高校巡察工作座谈会，加强工作指导，推动高校巡察工作。各地教育工委按照上级要求，都制订了高校巡察工作制度，并组织开展了对高校的巡察，推进了巡察工作向高校党组织延伸。2016年巡察制度被“高规格”地写进了《中国共产党党内监督条例》、新修订的《中国共产党巡视工作条例》等党内法规中，使各地开展巡察工作有了政策法规依据。从政府层面实施高校巡察工作来看，主要表现在以下几个方面：

一是政府层面实施高校巡察工作的主体是省级教育工委。巡察的客体为省内公办高校，重点是省委未列入巡视计划的高校。在每届任期内对省内公办高校领导班子及其成员巡察一次，每所高校的巡察时间一般为30天，可视情况适当调整。

二是高校巡察工作领导小组设在省级教育工委，负责对高校巡察工作的组织领导。领导小组由省级教育工委书记任组长，教育工委副书记、教育纪工委书记任副组长，省级教育工委、教育厅党组相关领导为成员。高校巡察工作领导小组办公室设在省级教育纪工委，负责高校巡察工作联络协调、人员管理、后勤保障和监督检查。

三是巡察内容主要对省内公办高校领导班子及其成员进行监督检查。具体包括贯彻执行党的路线方针政策和决议、决定的情况，特别是落实教育部、省委、省政府关于教育决策部署的情况；执行民主集中制的情况，特别是落实党委领导下校长负责制、重要法规和执行“三重一大”制度的情况；执行党风廉政建设责任制和自身廉政勤政的情况，党委主体责任和纪委监督责任的落实情况；开展作风建设的情况；选拔任用干部的情况等事项。

四是巡察方式采取多种方式，包括听取专题汇报，列席党委会和校长办公会以及其他有关重要会议，受理来信来访，调阅、复制有关文件资料，找班子成员及有关人员访谈；召开座谈会等多种方式了解被巡查高校领导班子及其成员的有关情况。

五是巡察工作组应当在15个工作日内向被巡察高校领导班子反馈巡察期间了解的情况和问题，有针对性地提出改进意见。被巡察高校应当自收到巡察组反馈意见之日起30个工作日内将整改方案报送巡察工作领导小组办公室，并且自整改方案报送之日起6个月内报送整改情况报告。

六是巡察工作发现的高校干部问题线索处置，依据干部管理权限和归口管理，按照三种途径办理：对省管干部涉嫌违纪问题，由省教育纪工委移交省纪委处理；对省委教育工委管理的干部涉嫌违纪问题，由省教育纪工委处理；对高校领导班子及其成员在执行民主集中制、干部选拔任用、工作作风等方面存在的问题和巡察组提出的有关领导班子建设的建议，由省委教育工委督促有关高校进行处理；对需要省直有关单位和地市党委、政府协调处理的问题或建议，由省委教育工委移交有关单位处理。

2. 高校巡察工作在高校层面的情况。高校开展巡察工作是贯彻落实党的十八届三中全会提出的逐步实现对地方、部门企事业单位巡视全覆盖的精神，是落实党委“主体责任”的重要途径。教育部为推动高校开展校内巡察，多次开展工作调研，加强工作指导。各地教育主管厅局在抓好对高校巡察工作的同时，也推动高校党委探索开展对二级单位党组织的巡察监督工作。随着教育系统全面从严治党向纵深发展，全国中管高校（如中国农业大学、复旦大学、浙江大学、厦门大学、山东大学、中南大学等）率先制定了巡察工作办法，建立巡察制度，对二级单位党组织开展巡察。随后各省地方高校借鉴中管高校的做法，陆续开展校内巡察工作，推动全面从严治党向基层延伸，全国高校巡察工作格局正在形成。从高校层面开展校内巡察工作来看，与政府层面实施高校巡察工作有所不同，主要表现在以下方面：

一是学校巡察工作坚持党委领导、分工负责，依法依规、实事求是，依靠群众、发扬民主，惩防并举、防微杜渐，客观公正、廉洁高效等基本原则，突出政治巡察，确保学校办学方向与中央、省委保持高度一致。

二是学校巡察工作领导小组设在党委，小组下设巡察工作办公室挂在纪委办或单设巡察办。巡察工作坚持党委统一领导、纪委牵头组织协调、相关处室密切配合的领导体制和工作机制。巡察工作领导小组组长由校党委书记担任，分管组织工作的党委副书记和校纪委书记担任副组长，校党政领导班子成员、相关职能部门主要负责人为巡察工作领导小组成员。

三是校内巡察的对象，主要对校内党政职能部门、教学科研单位、校办企业、附属单位等二级单位党组织和领导干部开展巡察监督。巡察工作坚持聚焦学校党风廉政建设和反腐败工作，拓宽师生直接反映问题的渠道，发现问题，传导压力，推动巡察工作向基层延伸。

四是校内巡察不做专题反馈，对发现的问题直接通报，并要求二级单位（部门）抓好巡察整改落实。巡察中发现的干部问题线索移交校纪委办核查处置，选人用人问题移交组织部门处理。对于巡察组移交的每个事项，各有关部门都要依规依纪及时提出处理意见，严肃认真办理，并及时向巡察工作领导小组办公室反馈办理情况。

五是注重推进治本。巡察工作领导小组办公室要针对巡察发现的管党治党建党普遍性、倾向性、根本性问题，从健全制度、加强监管等层面探索研究解决思路和有效路径。对反馈问题举一反三、综合分析，及时堵塞制度漏洞、完善制度藩篱、扎紧制度笼子，不断提升依法治校能力和治学育人水平。

三、开展高校巡察工作的重要意义

党的十八大以来，习近平围绕全面从严治党发表了一系列讲话，强调“党内监督没有禁区、没有例外”，推进全面从严治党向基层延伸。国家教育部和地方教育主管部门以及全国高校站在政治和全局的高度，用历史眼光和发展思维深刻理解和把握“全面从严治党向基层延伸”深刻内涵，实施了高校巡察工作制度，努力实现高校巡察全覆盖，为高等教育改革与发展提供坚强的政治保证。

1. 巡察工作是党章赋予的重要职责，也是党要管党、从严治党的有力支撑和重要手段。高校是培养人才的地方，党的建设只能加强不能削弱，校内巡察正是加强党建和党风廉政建设及反腐败工作的“利剑”，是对党组织的“把脉会诊”，也是对党员干部廉洁自律的“健康体检”，具有剑指问题、对师生和社会均形成震慑的高压效应。党的十八大以来，国家教育部全面完成了直属高校巡视全覆盖，并向基层延伸，努力完成地方高校巡察覆盖，取得了显著的效果。事实证明，只有坚持高校巡察制度，不断巩固成果、深化拓展，充分发挥巡察的“尖兵”“利剑”作用，才能从根本上减少或杜绝高校各类腐败现象。

2. 巡察工作是加强党内监督的战略安排，是贯彻落实中央巡视工作要求的重要举措。外疾之害，轻于秋毫，人知避之；内疾之害，重于泰山，而莫之避。对高校来说，外部监督是必要的，但从根本上讲，保持高校基层党组织的先进性、纯洁性的关键在于内部监督。巡察是高校内部监督的“利器”，是高校巡视工作的拓展和探索。因此，巡察的本质是政治巡察，既是党内的“政治体检”、作风的“综合会诊”、精神的“集中补钙”和思想的“深刻警醒”，也是加强党内监督的重要形式，更是推进高校全面从严治党向基层延伸的有力举措。

3. 巡察工作是高校党委巩固发展良好教育政治生态，打造依法治校、廉洁从教常态长效机制的重要手段。近年来，高校巡察工作对强化基层党组织党建、党风廉政建设发挥了重要作用。通过巡察，既发现和解决了干部队伍中的违纪违法、作风不实、履职不到位等问题，也发现和解决了高校长期以来面临的一些困惑和难题，促进了高校良好学风、教风和文化氛围的形成，为高校教书育人、管理育人、服务育人提供了良好的校园环境和正能量的教育政治生态。

第二节 高校巡察工作职能定位

从事任何一项工作，首先要明确自身定位，定位准才能责任清。高校巡察工作作为高校内部监督管理的一种新方式，必须明确巡察工作的政策法规依据、指导思想、工作原则及工作体制机制等问题，这是做好巡察工作的前提条件。从全国一些省份和部分高校实施巡察工作情况来看，巡察工作大致分为两个层面：一是省级层面，即省委教育工委、省教育纪工委组织对省内高校开展巡察工作；二是高校层面，即各高校党委、纪委组织对校内开展巡察工作。两个层面的巡察工作都有完善的工作体制和运作机制，并形成了两个层面上下联动的巡察工作格局。

一、高校巡察工作职能定位

全国部分高校借鉴高校巡视经验开展校内巡察工作，在突出政治巡察、规范巡察工作、创新巡察方式等方面做了有益探索，同时也面临着一些困难。对高校巡察工作特别是对高校内部巡察工作，上级主管部门没有具体的指导意见，笔者结合高校巡察工作实践，对第二个层面即高校内部巡察工作职能定位做一些探讨。主要有以下几个方面：

1. 巡察属性是有组织的政治巡察。首先，政治巡察是巡察的政治站位，区别于业务检查、业务督查和业务巡察。其次，巡察是组织行为，是高校党委强化党内监督向基层延伸的制度性安排，是加强基层党建的集体决策行为。因此，校内巡察工作离不开高校党委坚强有力的组织领导，组织领导的强弱是决定巡察工作能否取得实效的重要条件。

2. 巡察对象涵盖组织和干部。明确巡察对象不仅对校内党政职能部门、教学科研单位、校办企业、附属单位等二级单位党组织的巡察，还包括对领导干部的巡察。巡察的政治属性决定了巡察既是对校内各级党组织的“把脉会诊”，也是对党员干部廉洁自律的“健康体检”。随着国家监察委的成立、新修订的《国家监察法》的颁布实施，高校巡察不专指对党员干部和党组织的巡察，而是涵盖高校所有公职人员和职能部门。

3. 巡察内容不限于党内业务。习近平总书记专门对巡察提过要求，党内监督要纵向到底，压力必须传导下去，要建立巡察制度，巡察也要全覆盖，着力发现群众身边的不正之风和腐败问题。这为高校巡察指明了方向。巡察的重点是高校基层党组织在党的领导、党的建设、全面从严治党等方面存在的问题，同时，也将学校行政职能部门包括民主党派、校内社会团体、校办企业、服务经营实体等单位列入巡察范围，体现了校内巡察实现全覆盖。

4. 巡察方式及时间不设标准。巡察方式中央给地方更多的自主权，不搞固定模式。各高校结合实际，可采取多种灵活方式开展校内巡察。巡察既可采取集中巡察和分散巡察，也可以采取明察和暗查或定期和不定期巡察等方式，不搞问卷式调查。在巡察时间上不设标准，灵活机动，闻风而动，时间短则几天，长则几周，根据工作需要掌握进度。

5. 巡察体制与机制不是单打一。巡察工作在党委领导下进行，并不是说行政职能部门不需要参加或配合，只被动作为巡察对象，这是认识上的误区。巡察工作不仅是党委和纪委的事，更是涉及教职员工切身利益的事，需要全员参与，共同推进。教育部对高校巡察工作体制要求坚持学校党委统一领导、纪委牵头组织协调、相关职能处室密切配合的领导体制和工作机制。从全国部分高校实行巡察制度情况看，都成立了巡察工作领导小组，巡察工作领导小组组长由校党委书记担任，纪委书记担任副组长，党委办公室、校长办公室、纪委办公室、宣传部、审计处、发展规划处、财务处、资产处等相关职能部门作为小组成员。这充分体现了巡察工作是全局性的，不是局部的，相关部门必须联合互动才能推进校内巡察工作各项任务的落实。

6. 巡察工作有纪律约束。高校巡察工作与地方不同，校内巡察都是同事关系或朋友关系，巡察能否坚持原则，依纪依规办事，决定了巡察工作效果。因此，在校内要严把巡察干部入口关，引导巡察干部严守党的政治纪律和政治规矩，依照巡察工作程序，严格把握权限，做到干净干事、坚持原则、敢于碰硬，做到担当担责。

二、高校巡察工作需注意的问题

校内巡察工作能否取得实效，除了准确职能定位外，巡察工作方案和工作要求至关重要。高校巡察工作领导小组办公室要精心谋划，整合资源，立足“准、实、严”，高标准、严要求，扎实有效地推进校内巡察工作。

1. 方案上要突出“准”字。瞄准问题导向。新形势下高校面临最大风险和挑战，就是高校党委管不住师生的思想，最突出的是师生的意识形态千奇百态、党的观念淡漠，组织涣散、纪律松弛和腐败现象滋生蔓延。高校师生的思想出了问题，关键在治、要害在严，巡察就是解决思想认识问题的有力武器。因此，开展校内巡察工作，要把政治纪律和政治规矩挺在前面，坚持全面从严治党，牢固树立“四个意识”，以党建思想促进教育发展和以生为本促进学生成才为着眼点，以发现问题为导向，抓好校内巡察工作。

2. 巡察过程要“实”。巡察办公室可以根据巡察工作需要向相关部门提出要求，协助开展巡察工作，开展巡察所涉及的部门在必要时应派人参与协助巡察，便于对巡察问题了解掌握，找出问题所在，提出明确的整改要求。在巡察工作中，巡察方法要实，不能虚，否则会害死人。对巡察发现的问题线索，要分类处置、注重统筹，把握运用监督执纪“四种形态”。学校组织部门要把巡察成果作为考核、评价、选拔任用、奖惩干部的重要参考依据。

3. 巡察纪律要“严”。严格把握程序，按照《中国共产党巡视工作条例》和其他党内法规和学校《巡察工作手册》，扎实做好巡察准备、了解、报告、反馈、移交、整改等关键环节工作，做到巡察工作有章可循。严格把握权限，按照高校干部管理权限，依法依规有序进行巡察，涉及不属于巡察工作范围的问题，按规定转交有关部门处理。严格遵守纪律，巡察组成员要严守组织纪律、廉洁纪律和保密纪律，做干净担当的巡察干部，防止“灯下黑”。

第三节　探索高校巡察工作路子

一、高校巡察工作在路上

先看两组数据：

第一组：

1. 2014年11月，广东省教育工委探索建立高校巡察制度，成立巡察工作领导小组，下设巡察组，由省教育厅巡视员、副巡视员或省内公办高校的领导担任组长。巡察组组员从高校领导干部中选拔，目前组成了多达200人的人才库，每次巡察根据专业随机抽调人才组成巡察组，每个小组5至7人。

2. 2016年9月，开封市委第四巡察组进驻开封大学、开封文化艺术职业学院两所高校开展专项巡察。巡察时间从8月底开始至9月底结束，为期一个月。巡察的主要对象是学校党政领导班子及其成员，院系部门领导班子及其成员，其他县处级党员干部，重大科研项目、科研课题及重点学科主要负责人。

3. 2017年2月，甘肃省教育工委全面启动对部分省属高校的巡察工作，采取“一托二”或“一托三”的方式对十所高校开展巡察，发现问题线索274个。

第二组：

1. 2015年12月，福建中医药大学党委把巡察工作作为新形势下落实党风廉政建设责任制工作的有力抓手，强化组织领导，创新方式方法，注重工作实效，集中时间，对反映问题较集中的3个单位进行重点巡察，促进了党风廉政建设。

2. 2016年5月，徐州医科大学启动了对二级学院（系、部、直属单位）专项巡察工作。重点巡察各二级单位贯彻执行中央、省委和校党委重大决策部署情况、党风廉政建设主体责任落实情况、领导班子严格落实民主集中制、执行“三重一大”决策制度、党政联席会议制度、信息公开、重要情况通报等制度的执行情况。

3. 2017年7月，广西民族大学党委常委会研究决定实施校内巡察工作制度，制订了《巡察工作暂行办法》，标志着学校启用巡察制度利器，发挥巡察利剑作用，积极推动全面从严治党向基层延伸。

从以上两组数据分析看，第一组数据三条动态信息均为政府层面组织的高校巡察工作开展情况，第二组数据三条动态信息均为高校层面组织的校内巡察工作开展情况。这些信息说明了高校巡察工作由政府组织向高校党委组织延伸，由被动巡察向主动巡察转变，由常规巡察向专项巡察跃进，逐步形成了政府—高校相互联动的巡察工作机制。

据不完全统计，截至2017年5月31日，全国公办普通高等学校共计2631所（含独立学院265所），其中约有200所公办普通高等学校已实施了校内巡察工作制度，并开展了巡察工作，产生了一定的社会影响。随着中央对巡视工作的不断深化，地方政府对巡察工作的不断深入，高校党委对校内巡察工作不断推进，实施巡察工作的高校会越来越多，最终实现全国高校巡察工作全覆盖。

二、高校巡察工作模式

作为党内监督的创新之举，巡察工作方兴未艾。各高校在开展巡察工作中积累了丰富的经验，逐步形成了“高校巡察模式”，主要表现在5个方面：

1. 健全的巡察工作领导体制和工作机制能确保巡察工作坚持正确政治方向。科学有效的领导体制，是巡察工作正常、规范、高效开展的重要基础，是确保巡察工作政治方向的根本保证。要进一步健全高校巡察工作的领导体制和工作机制，通过加强顶层设计、完善制度措施，不断压实各责任主体的责任。当前，高校应在以下四个方面重点明确：一要明确二级学院（系、部）及下属单位党委的主体责任，把巡察工作作为党委主体责任的具体化。二要明确学校巡察办的监督责任。强化巡察工作领导小组的组织实施职责，完善工作规则，明确议事程序、研究事项和职责分工；明确巡察办、巡察组的工作职责，细化履行职责标准和要求，确保巡察工作要求落到实处。三要明确纪委、组织部、人事处等相关部门支持巡察工作的配合责任。建立健全协调协作机制，对有关单位巡察前全面客观介绍情况，巡察中提供信息、人员和专业支持，巡察后认真抓好成果运用等提出具体要求，形成巡察整体合力。四要明确被巡察党组织的自觉接受监督责任。细化如实汇报工作、客观反映情况、提供真实材料、营造良好氛围、保障巡察开展、抓好巡察整改等工作的要求和标准，真正体现政治巡察的权威性、严肃性和有效性。

2. 科学界定监督范围和重点能确保巡察工作威慑力。高校人员成分比较复杂，既有中共党员，又有民主党派；既有领导干部，又有专家学者；既有一般教师，又有学生代表。所以，监督范围和对象的科学界定，是巡察工作有的放矢、确保成效的前提。确定巡察监督范围和对象要做到“两个坚持”：一要在整体指向上，坚持巡察监督无盲区。既关注党组织领导班子整体，又关注党员干部个体，既监督党员领导干部，又监督基层普通党员，对校办企业、研究机构覆盖不到的党组织，都要纳入巡察监督范围。二要监督重点上，坚持抓住“关键少数”。把与师生利益密切相关的重要部门以及人、财、物集中的部门作为巡察监督的重点对象，把领导班子及其成员特别是主要负责人作为重中之重，以震慑关键少数触动大多数“紧”起来。

3. 结合实际合理确定监督内容能确保巡察工作质量和效果。合理确定监督内容，是校内巡察职能定位的最重要内容。确定巡察工作重要内容，必须紧密结合学校发展特点和校情实际，把握好“三要”：一要理解。深刻理解党的政策方针以及高校巡察工作的意义，通过巡察切实把基层党的领导核心作用凸显出来，把党员领导干部的先进性表现出来，把师生员工的创造力激发出来，为全面从严治党提供有力支撑。二要紧扣“六项纪律”、紧盯“三大问题”、紧抓“三个重点”，就是说，高校巡察首先要深入了解基层党组织及其领导班子成员遵守“六项纪律”情况和问题，在此基础上，从党的领导、党的建设、全面从严治党的高度进行分析，找出深层次问题及原因，最后锁定“三个重点”。

4. 加强成果运用能确保巡察工作发挥治本作用。成果运用关系到巡察工作的生命力。校内巡察能否取得扎实成效，发现问题是基础，成果运用是关键。抓好巡察成果的综合运用，必须在确保件件有着落、事事有回音上集中发力。要抓好整改落实，加强分类处置，强化督查督办。校内巡察办公室要对整改落实情况、移交事项办理情况进行跟踪了解和督办，建立成果运用台账管理制度，对反馈问题举一反三、综合分析，及时堵塞制度漏洞、完善制度藩篱、扎紧制度笼子，不断提升基层治校治教治学的能力与水平。

5. 打造忠诚干净队伍能确保巡察工作具备坚强组织基础。高校巡察与高校巡视不同，高校巡察人员与被巡察人员都是本校职工，抬头不见低头见，校内巡察工作遇到“熟人关系”会不会走样，这对于高校巡察队伍既是挑战也是责任。如果巡察干部失之于宽，容易成为腐败分子“围猎”重点；如果巡察干部严格执纪，也容易被一些人“背地里打叉”。这就要求高校巡察干部站好位、履好职，做一名忠诚干净担当的巡察干部。同时，高校巡察办严把巡察干部入口关，真正将政治坚定、公道正派、坚持原则、能力较强的优秀干部选调、借调到巡察队伍，把巡察岗位作为培养和锻炼青年干部的重要平台。教育引导巡察干部严守党的政治纪律和政治规矩，做到忠诚忠实；严守廉洁纪律、保密纪律，认真落实中央八项规定精神，做到干净干事、清白做人，敢于担当。

第十一章

结　论

巡视是从严治党的重要手段，巡视整改是巡视成果的重要体现。在当前遏制腐败蔓延势头的阶段，发挥巡视在党内监督中的重要作用，就是把减少腐败存量、遏制腐败增量落实到巡视成果运用中，对巡视发现的问题、巡视整改中的问题以及问题线索处置中产生新的问题，要有思考、有分析、有判断，进行综合提炼、总结提高和巩固成果。随着高等教育体制改革的不断深入、教育理念认识的不断深化和高校巡视整改成果的不断运用，今后中国高等院校将在落实党风廉政建设主体责任、监督责任，落实中央八项规定精神以及依规管党治党、推进依法治校等方面有新的政策措施，希望巡视整改提出众多治标、治本对策建议，为推进高等教育新一轮改革创业提供“活”的题材思路。

本书坚持问题导向，运用政策法规和纪检监察相关理论，以规范分析与实证分析等方法，对当前中国高等院校巡视整改中存在的问题以及困惑难题进行了理论、实践、法规的比较研究，主要在纪与法、情与法、底线与红线等问题上提出诊断“病树”的方法。在此基础上，本书以“上下联动”、全国“一盘棋”和实现巡视“全覆盖”等政策信号，提出探索高校巡察工作的基本思路。

本书的主要观点总结如下：

第一，巡视机构与被巡视单位的责任关系、巡视人员与被巡视单位的监督关系以及巡视机构与巡视人员的授权关系，是构成巡视工作的基本关系要素。只有理顺和明确这些关系要素，才能科学有效地定位巡视职能、职责，更好地发挥高校巡视整改工作的积极作用。

第二，坚持问题导向，紧紧围绕“六项纪律”查找存在的问题，并把严守政治纪律和政治规矩放在首位。高校在政治纪律、组织纪律、廉洁纪律、群众纪律、工作纪律等方面问题众多复杂，其中政治纪律是打头、管总的。在实践中，不论违反哪方面的纪律，最终都会侵蚀党的执政基础，说到底都是破坏党的政治纪律。

第三，落实巡视整改，要立足整改环节。按照谁的问题谁负责整改的要求，巡视整改主责在党委，党委书记主动认领第一责任人职责；按照干部管理权限和规定流程，纪委依纪依规办理巡视整改中的干部问题线索。按照党委主抓、纪委监督、相关职能部门配合的巡视整改工作领导体制，在落实巡视整改过程中，既要有“改”的举措，也要有“立”的机制，做到“改”“立”并举。

第四，加强和规范反映领导干部问题线索管理，开展干部问题线索处置，旨在突出纪律审查工作的重点。纪律审查工作弱化，干部问题线索处置工作就无法展开。要重点抓好9个方面的问题线索处置，按照处置的3个环节和处置的四种方式，强化规程和政策，具体问题具体分析。在干部问题线索处置过程中，做到动态清理、分类规范、梳理清晰、分析有据、处置得当、事实清楚。

第五，巡视是政治巡视，巡视整改也是政治思想上的整改，巡视的政治属性决定了巡视整改全过程必须讲政策法规，否则，整改工作会迷失方向。巡视中发现的最多问题即违反中央八项规定精神的十二类问题，在行为、性质和政策上界定思路、政策策略非常重要，对党员干部日常生活中的违纪情况，进行辩证思考；在处理干部违纪问题上，既要实事求是，又要以人为本，既要依纪办事，又要促进发展，做到“稳、准、实”。

第六，“四种形态”是全面从严治党的具体举措，体现了纪严于法、纪在法前、纪法分开的理念。监督执纪“四种形态”是严格依据党规党纪进行划分的，覆盖所有可能发生的违纪情节或苗头，且各个形态之间呈现明显的违纪轻重和处置层次之分。巡视整改的主责在党委，决定了运用“四种形态”的主责也在党委。巡视整改涉及干部问题要常用第一种形态，巧用第二种形态，慎用第三种形态，最好不用第四种形态。运用“四种形态”处理巡视整改有关问题，要防范政治风险，保护干部。

第七，“树木”与“森林”的关系，是个体与整体的关系，是特殊性与普遍性的关系。在具体运用中要做到四步走：一是针对好树，要注重防护；二是针对歪树，注重修正；三是针对病树，注重整治；四是针对烂树，坚决拔除。

第八，风险防控机制建设是巩固巡视整改成果的重要手段，也是完善高校内部治理结构、推进高校科学管理的迫切需要。巡视反馈意见中的许多问题，归因于内部风险防控失效，权力失去制衡。防控关键风险点，要结合“七个关口”来建立健全内控制度和运作机制，把风险防控工作纳入巡视整改全过程，作为整改形成的长效机制。重点抓好基建、采购、校企合作等7个风险点的管理和监督，通过绘制线路图、合理划清权责，依照法规和制度规范权责运行，从源头上和制度上防止腐败。

第九，巡察工作是中央、地方巡视工作的延伸和补充，是实现党内监督全覆盖的重要手段。高校巡察工作分为两个层面的巡察：省级层面，即省委教育工委、省教育纪工委组织对省内高校开展巡察工作；高校层面，即各高校党委、纪委组织对校内开展巡察工作。特别在高校层面的巡察工作，要注重巡察职能定位，善于借鉴巡视经验，健全完善校内巡察工作体制机制，总结高校巡察工作模式，推动全面从严治党向基层延伸。全国高校巡察工作已全面铺开，两个层面上下联动的巡察工作格局正在形成。

高校开展巡视工作的实践证明：巡视工作能极大地加强上级党委对被巡视高校情况的了解，有力地促进被巡视高校的领导班子建设，有利于推进被巡视高校的党内民主建设、党风廉政建设和各项事业的科学发展。当前，高校在坚定不移实施科教兴国战略，努力把人才优势、科技优势转化为经济发展优势过程中，全国高等教育发展逐步改变了外延扩张的发展思路，重新回到内涵发展的道路上。党的十九大报告指出，要建立巡视巡察上下联动的监督网，实现对所有行使公权力的公职人员监察全覆盖。今后，开展高校巡视工作，上级党委或巡视组要结合新的时代和实践要求，坚持运用新时代中国特色社会主义思想，把现代大学精神、大学教育创新、大学治理机制等要素融入高校巡视工作，摈弃巡视机关、地方不合高校的套路和做法，坚持以人为本，强化发展意识，提升高校自我创新与自我发展能力，切实增强党对高等教育工作的领导。

附 录

中国共产党巡视工作条例

（2017 年 7 月修改）

第一章 总则

第一条 为落实全面从严治党要求，严肃党内政治生活，净化党内政治生态，加强党内监督，规范巡视工作，根据《中国共产党章程》，制定本条例。

第二条 党的中央和省、自治区、直辖市委员会实行巡视制度，建立专职巡视机构，在一届任期内对所管理的地方、部门、企事业单位党组织全面巡视。

中央有关部委、中央国家机关部门党组（党委）可以实行巡视制度，设立巡视机构，对所管理的党组织进行巡视监督。

党的市（地、州、盟）和县（市、区、旗）委员会建立巡察制度，设立巡察机构，对所管理的党组织进行巡察监督。

开展巡视巡察工作的党组织承担巡视巡察工作的主体责任。

第三条 巡视工作以马克思列宁主义、毛泽东思想、邓小平理论、“三个代表”重要思想、科学发展观为指导，深入贯彻习近平总书记系列重要讲话精神和治国理政新理念新思想新战略，牢固树立政治意识、大局意识、核心意识、看齐意识，坚定不移维护以习近平同志为核心的党中央权威和集中统一领导，统筹推进“五位一体”总体布局和协调推进“四个全面”战略布局，贯彻新发展理念，坚定对中国特色社会主义的道路自信、理论自信、制度自信、文化自信，尊崇党章，依规治党，落实中央巡视工作方针，深化政治巡视，聚焦坚持党的领导、加强党的建设、全面从严治党，发现问题、形成震慑，推动改革、促进发展，确保党始终成为中国特色社会主义事业的坚强领导核心。

第四条　巡视工作坚持中央统一领导、分级负责；坚持实事求是、依法依规；坚持群众路线、发扬民主。

第二章　机构和人员

第五条　党的中央和省、自治区、直辖市委员会成立巡视工作领导小组，分别向党中央和省、自治区、直辖市党委负责并报告工作。

巡视工作领导小组组长由同级党的纪律检查委员会书记担任，副组长一般由同级党委组织部部长担任。巡视工作领导小组组长为组织实施巡视工作的主要责任人。

中央巡视工作领导小组应当加强对省、自治区、直辖市党委，中央有关部委，中央国家机关部门党组（党委）巡视工作的领导。

第六条　巡视工作领导小组的职责是：

（一）贯彻党的中央委员会和同级党的委员会有关决议、决定；

（二）研究提出巡视工作规划、年度计划和阶段任务安排；

（三）听取巡视工作汇报；

（四）研究巡视成果的运用，分类处置，提出相关意见和建议；

（五）向同级党组织报告巡视工作情况；

（六）对巡视组进行管理和监督；

（七）研究处理巡视工作中的其他重要事项。

第七条　巡视工作领导小组下设办公室，为其日常办事机构。

中央巡视工作领导小组办公室设在中央纪律检查委员会。

省、自治区、直辖市党委巡视工作领导小组办公室为党委工作部门，设在同级党的纪律检查委员会。

第八条　巡视工作领导小组办公室的职责是：

（一）向巡视工作领导小组报告工作情况，传达贯彻巡视工作领导小组的决策和部署；

（二）统筹、协调、指导巡视组开展工作；

（三）承担政策研究、制度建设等工作；

（四）对派出巡视组的党组织、巡视工作领导小组决定的事项进行督办；

（五）配合有关部门对巡视工作人员进行培训、考核、监督和管理；

（六）办理巡视工作领导小组交办的其他事项。

第九条 党的中央和省、自治区、直辖市委员会设立巡视组，承担巡视任务。巡视组向巡视工作领导小组负责并报告工作。

第十条 巡视组设组长、副组长、巡视专员和其他职位。巡视组实行组长负责制，副组长协助组长开展工作。

巡视组组长根据每次巡视任务确定并授权。

第十一条 巡视工作人员应当具备下列条件：

（一）理想信念坚定，对党忠诚，在思想上政治上行动上同党中央保持高度一致；

（二）坚持原则，敢于担当，依法办事，公道正派，清正廉洁；

（三）遵守党的纪律，严守党的秘密；

（四）熟悉党务工作和相关政策法规，具有较强的发现问题、沟通协调、文字综合等能力；

（五）身体健康，能胜任工作要求。

第十二条 选配巡视工作人员应当严格标准条件，对不适合从事巡视工作的人员，应当及时予以调整。

巡视工作人员应当按照规定进行轮岗交流。

巡视工作人员实行任职回避、地域回避、公务回避。

第三章 巡视范围和内容

第十三条 中央巡视组的巡视对象和范围是：

（一）省、自治区、直辖市党委和人大常委会、政府、政协党组领导班子及其成员，省、自治区、直辖市高级人民法院、人民检察院党组主要负责人，副省级城市党委和人大常委会、政府、政协党组主要负责人；

（二）中央部委领导班子及其成员，中央国家机关部委、人民团体党组（党委）领导班子及其成员；

（三）中央管理的国有重要骨干企业、金融企业、事业单位党委（党组）领导班子及其成员；

（四）中央要求巡视的其他单位的党组织领导班子及其成员。

第十四条　省、自治区、直辖市党委巡视组的巡视对象和范围是：

（一）市（地、州、盟）、县（市、区、旗）党委和人大常委会、政府、政协党组领导班子及其成员，市（地、州、盟）中级人民法院、人民检察院和县（市、区、旗）人民法院、人民检察院党组主要负责人；

（二）省、自治区、直辖市党委工作部门领导班子及其成员，政府部门、人民团体党组（党委、党工委）领导班子及其成员；

（三）省、自治区、直辖市管理的国有企业、事业单位党委（党组）领导班子及其成员；

（四）省、自治区、直辖市党委要求巡视的其他单位的党组织领导班子及其成员。

第十五条　巡视组对巡视对象执行《中国共产党章程》和其他党内法规，遵守党的纪律，落实全面从严治党主体责任和监督责任等情况进行监督，着力发现党的领导弱化、党的建设缺失、全面从严治党不力，党的观念淡漠、组织涣散、纪律松弛，管党治党宽松软问题：

（一）违反政治纪律和政治规矩，存在违背党的路线方针政策的言行，有令不行、有禁不止，阳奉阴违、结党营私、团团伙伙、拉帮结派，以及落实意识形态工作责任制不到位等问题；

（二）违反廉洁纪律，以权谋私、贪污贿赂、腐化堕落等问题；

（三）违反组织纪律，违规用人、任人唯亲、跑官要官、买官卖官、拉票贿选，以及独断专行、软弱涣散、严重不团结等问题；

（四）违反群众纪律、工作纪律、生活纪律，落实中央八项规定精神不力，搞形式主义、官僚主义、享乐主义和奢靡之风等问题；

（五）派出巡视组的党组织要求了解的其他问题。

第十六条　派出巡视组的党组织可以根据工作需要，针对所辖地方、部门、企事业单位的重点人、重点事、重点问题或者巡视整改情况，开展机动灵活的专项巡视。

第四章　工作方式和权限

第十七条　巡视组可以采取以下方式开展工作：

（一）听取被巡视党组织的工作汇报和有关部门的专题汇报；

（二）与被巡视党组织领导班子成员和其他干部群众进行个别谈话；

（三）受理反映被巡视党组织领导班子及其成员和下一级党组织领导班子主要负责人问题的来信、来电、来访等；

（四）抽查核实领导干部报告个人有关事项的情况；

（五）向有关知情人询问情况；

（六）调阅、复制有关文件、档案、会议记录等资料；

（七）召开座谈会；

（八）列席被巡视地区（单位）的有关会议；

（九）进行民主测评、问卷调查；

（十）以适当方式到被巡视地区（单位）的下属地方、单位或者部门了解情况；

（十一）开展专项检查；

（十二）提请有关单位予以协助；

（十三）派出巡视组的党组织批准的其他方式。

第十八条　巡视组依靠被巡视党组织开展工作，不干预被巡视地区（单位）的正常工作，不履行执纪审查的职责。

第十九条　巡视组应当严格执行请示报告制度，对巡视工作中的重要情况和重大问题及时向巡视工作领导小组请示报告。

特殊情况下，中央巡视组可以直接向中央巡视工作领导小组组长报告，省、自治区、直辖市党委巡视组可以直接向省、自治区、直辖市党委书记报告。

第二十条　巡视期间，经巡视工作领导小组批准，巡视组可以将被巡视党组织管理的干部涉嫌违纪违法的具体问题线索，移交有关纪律检查机关或者政法机关处理；对群众反映强烈、明显违反规定并且能够及时解决的问题，向被巡视党组织提出处理建议。

第五章　工作程序

第二十一条　巡视组开展巡视前，应当向同级纪检监察机关、政法机关和组织、审计、信访等部门和单位了解被巡视党组织领导班子及其成员的有关情况。

第二十二条　巡视组进驻被巡视地区（单位）后，应当向被巡视党组织通报巡视任务，按照规定的工作方式和权限，开展巡视了解工作。

巡视组对反映被巡视党组织领导班子及其成员的重要问题和线索，可以进行深入了解。

第二十三条　巡视了解工作结束后，巡视组应当形成巡视报告，如实报告了解的重要情况和问题，并提出处理建议。

对党风廉政建设等方面存在的普遍性、倾向性问题和其他重大问题，应当形成专题报告，分析原因，提出建议。

第二十四条　巡视工作领导小组应当及时听取巡视组的巡视情况汇报，研究提出处理意见，报派出巡视组的党组织决定。

第二十五条　派出巡视组的党组织应当及时听取巡视工作领导小组有关情况汇报，研究并决定巡视成果的运用。

第二十六条　经派出巡视组的党组织同意后，巡视组应当及时向被巡视党组织领导班子及其主要负责人分别反馈相关巡视情况，指出问题，有针对性地提出整改意见。

根据巡视工作领导小组要求，巡视组将巡视的有关情况通报同级党委和政府有关领导及其职能部门。

第二十七条　被巡视党组织收到巡视组反馈意见后，应当认真整改落实，并于2个月内将整改情况报告和主要负责人组织落实情况报告，报送巡视工作领导小组办公室。

被巡视党组织主要负责人为落实整改工作的第一责任人。

第二十八条　对巡视发现的问题和线索，派出巡视组的党组织作出分类处置的决定后，依据干部管理权限和职责分工，按照以下途径进行移交：

（一）对领导干部涉嫌违纪的线索和作风方面的突出问题，移交有关纪律检查机关；

（二）对执行民主集中制、干部选拔任用等方面存在的问题，移交有关组织部门；

（三）其他问题移交相关单位。

第二十九条 有关纪律检查机关、组织部门收到巡视移交的问题或者线索后，应当及时研究提出谈话函询、初核、立案或者组织处理等意见，并于3个月内将办理情况反馈巡视工作领导小组办公室。

第三十条 派出巡视组的党组织及其组织部门应当把巡视结果作为干部考核评价、选拔任用的重要依据。

第三十一条 巡视工作领导小组办公室应当会同巡视组采取适当方式，了解和督促被巡视地区（单位）整改落实工作并向巡视工作领导小组报告。

巡视工作领导小组可以直接听取被巡视党组织有关整改情况的汇报。

第三十二条 巡视进驻、反馈、整改等情况，应当以适当方式公开，接受党员、干部和人民群众监督。

第六章 纪律与责任

第三十三条 派出巡视组的党组织和巡视工作领导小组应当加强对巡视工作的领导。对领导巡视工作不力，发生严重问题的，依据有关规定追究相关责任人员的责任。

第三十四条 纪检监察机关、审计机关、政法机关和组织、信访等部门及其他有关单位，应当支持配合巡视工作。对违反规定不支持配合巡视工作，造成严重后果的，依据有关规定追究相关责任人员的责任。

第三十五条 巡视工作人员应当严格遵守巡视工作纪律。巡视工作人员有下列情形之一的，视情节轻重，给予批评教育、组织处理或者纪律处分；涉嫌犯罪的，移送司法机关依法处理：

（一）对应当发现的重要问题没有发现的；

（二）不如实报告巡视情况，隐瞒、歪曲、捏造事实的；

（三）泄露巡视工作秘密的；

（四）工作中超越权限，造成不良后果的；

（五）利用巡视工作的便利谋取私利或者为他人谋取不正当利益的；

（六）有违反巡视工作纪律的其他行为的。

第三十六条 被巡视党组织领导班子及其成员应当自觉接受巡视监督，积极配合巡视组开展工作。

党员有义务向巡视组如实反映情况。

第三十七条　被巡视地区（单位）及其工作人员有下列情形之一的，视情节轻重，对该地区（单位）领导班子主要负责人或者其他有关责任人员，给予批评教育、组织处理或者纪律处分；涉嫌犯罪的，移送司法机关依法处理：

（一）隐瞒不报或者故意向巡视组提供虚假情况的；

（二）拒绝或者不按照要求向巡视组提供相关文件材料的；

（三）指使、强令有关单位或者人员干扰、阻挠巡视工作，或者诬告、陷害他人的；

（四）无正当理由拒不纠正存在的问题或者不按照要求整改的；

（五）对反映问题的干部群众进行打击、报复、陷害的；

（六）其他干扰巡视工作的情形。

第三十八条　被巡视地区（单位）的干部群众发现巡视工作人员有本条例第三十五条所列行为的，可以向巡视工作领导小组或者巡视工作领导小组办公室反映，也可以依照规定直接向有关部门、组织反映。

第七章　附则

第三十九条各省、自治区、直辖市党委可以根据本条例，结合各自实际，制定实施办法。

第四十条　中国人民解放军和中国人民武装警察部队的党组织实行巡视制度的规定，由中央军委参照本条例制定。

第四十一条　本条例由中央纪委会同中央组织部解释。

第四十二条　本条例自2015年8月3日起施行。2009年7月2日中共中央印发的《中国共产党巡视工作条例（试行）》同时废止。

中国共产党纪律处分条例

（2018 年 10 月 1 日起施行）

第一编　总则

第一章　指导思想、原则和适用范围

第一条　为了维护党章和其他党内法规，严肃党的纪律，纯洁党的组织，保障党员民主权利，教育党员遵纪守法，维护党的团结统一，保证党的路线、方针、政策、决议和国家法律法规的贯彻执行，根据《中国共产党章程》，制定本条例。

第二条　党的纪律建设必须坚持以马克思列宁主义、毛泽东思想、邓小平理论、“三个代表”重要思想、科学发展观、习近平新时代中国特色社会主义思想为指导，坚持和加强党的全面领导，坚决维护习近平总书记党中央的核心、全党的核心地位，坚决维护党中央权威和集中统一领导，落实新时代党的建设总要求和全面从严治党战略部署，全面加强党的纪律建设。

第三条　党章是最根本的党内法规，是管党治党的总规矩。党的纪律是党的各级组织和全体党员必须遵守的行为规则。党组织和党员必须牢固树立政治意识、大局意识、核心意识、看齐意识，自觉遵守党章，严格执行和维护党的纪律，自觉接受党的纪律约束，模范遵守国家法律法规。

第四条　党的纪律处分工作应当坚持以下原则：

（一）坚持党要管党、全面从严治党。加强对党的各级组织和全体党员的教育、管理和监督，把纪律挺在前面，注重抓早抓小、防微杜渐。

（二）党纪面前一律平等。对违犯党纪的党组织和党员必须严肃、公正执行纪律，党内不允许有任何不受纪律约束的党组织和党员。

（三）实事求是。对党组织和党员违犯党纪的行为，应当以事实为依据，以党章、其他党内法规和国家法律法规为准绳，准确认定违纪性质，区别不同情况，恰当予以处理。

（四）民主集中制。实施党纪处分，应当按照规定程序经党组织集体讨论决定，不允许任何个人或者少数人擅自决定和批准。上级党组织对违犯党纪的党组织和党员作出的处理决定，下级党组织必须执行。

（五）惩前毖后、治病救人。处理违犯党纪的党组织和党员，应当实行惩戒与教育相结合，做到宽严相济。

第五条　运用监督执纪“四种形态”，经常开展批评和自我批评、约谈函询，让“红红脸、出出汗”成为常态；党纪轻处分、组织调整成为违纪处理的大多数；党纪重处分、重大职务调整的成为少数；严重违纪涉嫌违法立案审查的成为极少数。

第六条　本条例适用于违犯党纪应当受到党纪责任追究的党组织和党员。

第二章　违纪与纪律处分

第七条　党组织和党员违反党章和其他党内法规，违反国家法律法规，违反党和国家政策，违反社会主义道德，危害党、国家和人民利益的行为，依照规定应当给予纪律处理或者处分的，都必须受到追究。

重点查处党的十八大以来不收敛、不收手，问题线索反映集中、群众反映强烈，政治问题和经济问题交织的腐败案件，违反中央八项规定精神的问题。

第八条　对党员的纪律处分种类：

（一）警告；

（二）严重警告；

（三）撤销党内职务；

（四）留党察看；

（五）开除党籍。

第九条　对于违犯党的纪律的党组织，上级党组织应当责令其作出检查或者进行通报批评。对于严重违犯党的纪律、本身又不能纠正的党组织，上一级党的委员会在查明核实后，根据情节严重的程度，可以予以：

（一）改组；

（二）解散。

第十条　党员受到警告处分一年内、受到严重警告处分一年半内，不得在党内提升职务和向党外组织推荐担任高于其原任职务的党外职务。

第十一条　撤销党内职务处分，是指撤销受处分党员由党内选举或者组织任命的党内职务。对于在党内担任两个以上职务的，党组织在作处分决定时，应当明确是撤销其一切职务还是一个或者几个职务。如果决定撤销其一个职务，必须撤销其担任的最高职务。如果决定撤销其两个以上职务，则必须从其担任的最高职务开始依次撤销。对于在党外组织担任职务的，应当建议党外组织依照规定作出相应处理。

对于应当受到撤销党内职务处分，但是本人没有担任党内职务的，应当给予其严重警告处分。同时，在党外组织担任职务的，应当建议党外组织撤销其党外职务。

党员受到撤销党内职务处分，或者依照前款规定受到严重警告处分的，二年内不得在党内担任和向党外组织推荐担任与其原任职务相当或者高于其原任职务的职务。

第十二条　留党察看处分，分为留党察看一年、留党察看二年。对于受到留党察看处分一年的党员，期满后仍不符合恢复党员权利条件的，应当延长一年留党察看期限。留党察看期限最长不得超过二年。

党员受留党察看处分期间，没有表决权、选举权和被选举权。留党察看期间，确有悔改表现的，期满后恢复其党员权利；坚持不改或者又发现其他应当受到党纪处分的违纪行为的，应当开除党籍。

党员受到留党察看处分，其党内职务自然撤销。对于担任党外职务的，应当建议党外组织撤销其党外职务。受到留党察看处分的党员，恢复党员权利后二年内，不得在党内担任和向党外组织推荐担任与其原任职务相当或者高于其原任职务的职务。

第十三条　党员受到开除党籍处分，五年内不得重新入党，也不得推荐担任与其原任职务相当或者高于其原任职务的党外职务。另有规定不准重新入党的，依照规定。

第十四条　党的各级代表大会的代表受到留党察看以上（含留党察看）处分的，党组织应当终止其代表资格。

第十五条　对于受到改组处理的党组织领导机构成员，除应当受到撤销党内职务以上（含撤销党内职务）处分的外，均自然免职。

第十六条　对于受到解散处理的党组织中的党员，应当逐个审查。其中，符合党员条件的，应当重新登记，并参加新的组织过党的生活；不符合党员条件的，应当对其进行教育、限期改正，经教育仍无转变的，予以劝退或者除名；有违纪行为的，依照规定予以追究。

第三章　纪律处分运用规则

第十七条　有下列情形之一的，可以从轻或者减轻处分：

（一）主动交代本人应当受到党纪处分的问题的；

（二）在组织核实、立案审查过程中，能够配合核实审查工作，如实说明本人违纪违法事实的；

（三）检举同案人或者其他人应当受到党纪处分或者法律追究的问题，经查证属实的；

（四）主动挽回损失、消除不良影响或者有效阻止危害结果发生的；

（五）主动上交违纪所得的；

（六）有其他立功表现的。

第十八条　根据案件的特殊情况，由中央纪委决定或者经省（部）级纪委（不含副省级市纪委）决定并呈报中央纪委批准，对违纪党员也可以在本条例规定的处分幅度以外减轻处分。

第十九条　对于党员违犯党纪应当给予警告或者严重警告处分，但是具有本条例第十七条规定的情形之一或者本条例分则中另有规定的，可以给予批评教育、责令检查、诫勉或者组织处理，免予党纪处分。对违纪党员免予处分，应当作出书面结论。

第二十条　有下列情形之一的，应当从重或者加重处分：

（一）强迫、唆使他人违纪的；

（二）拒不上交或者退赔违纪所得的；

（三）违纪受处分后又因故意违纪应当受到党纪处分的；

（四）违纪受到党纪处分后，又被发现其受处分前的违纪行为应当受到党纪处分的；

（五）本条例另有规定的。

第二十一条　从轻处分，是指在本条例规定的违纪行为应当受到的处分幅度以内，给予较轻的处分。

从重处分，是指在本条例规定的违纪行为应当受到的处分幅度以内，给予较重的处分。

第二十二条　减轻处分，是指在本条例规定的违纪行为应当受到的处分幅度以外，减轻一档给予处分。

加重处分，是指在本条例规定的违纪行为应当受到的处分幅度以外，加重一档给予处分。

本条例规定的只有开除党籍处分一个档次的违纪行为，不适用第一款减轻处分的规定。

第二十三条　一人有本条例规定的两种以上（含两种）应当受到党纪处分的违纪行为，应当合并处理，按其数种违纪行为中应当受到的最高处分加重一档给予处分；其中一种违纪行为应当受到开除党籍处分的，应当给予开除党籍处分。

第二十四条　一个违纪行为同时触犯本条例两个以上（含两个）条款的，依照处分较重的条款定性处理。

一个条款规定的违纪构成要件全部包含在另一个条款规定的违纪构成要件中，特别规定与一般规定不一致的，适用特别规定。

第二十五条　二人以上（含二人）共同故意违纪的，对为首者，从重处分，本条例另有规定的除外；对其他成员，按照其在共同违纪中所起的作用和应负的责任，分别给予处分。

对于经济方面共同违纪的，按照个人所得数额及其所起作用，分别给予处分。对违纪集团的首要分子，按照集团违纪的总数额处分；对其他共同违纪的为首者，情节严重的，按照共同违纪的总数额处分。

教唆他人违纪的，应当按照其在共同违纪中所起的作用追究党纪责任。

第二十六条　党组织领导机构集体作出违犯党纪的决定或者实施其他违犯党纪的行为，对具有共同故意的成员，按共同违纪处理；对过失违纪的成员，按照各自在集体违纪中所起的作用和应负的责任分别给予处分。

第四章　对违法犯罪党员的纪律处分

第二十七条　党组织在纪律审查中发现党员有贪污贿赂、滥用职权、玩忽职守、权力寻租、利益输送、徇私舞弊、浪费国家资财等违反法律涉嫌犯罪行为的，应当给予撤销党内职务、留党察看或者开除党籍处分。

第二十八条　党组织在纪律审查中发现党员有刑法规定的行为，虽不构成犯罪但须追究党纪责任的，或者有其他违法行为，损害党、国家和人民利益的，应当视具体情节给予警告直至开除党籍处分。

第二十九条　党组织在纪律审查中发现党员严重违纪涉嫌违法犯罪的，原则上先作出党纪处分决定，并按照规定给予政务处分后，再移送有关国家机关依法处理。

第三十条　党员被依法留置、逮捕的，党组织应当按照管理权限中止其表决权、选举权和被选举权等党员权利。根据监察机关、司法机关处理结果，可以恢复其党员权利的，应当及时予以恢复。

第三十一条　党员犯罪情节轻微，人民检察院依法作出不起诉决定的，或者人民法院依法作出有罪判决并免予刑事处罚的，应当给予撤销党内职务、留党察看或者开除党籍处分。

党员犯罪，被单处罚金的，依照前款规定处理。

第三十二条　党员犯罪，有下列情形之一的，应当给予开除党籍处分：

（一）因故意犯罪被依法判处刑法规定的主刑（含宣告缓刑）的；

（二）被单处或者附加剥夺政治权利的；

（三）因过失犯罪，被依法判处三年以上（不含三年）有期徒刑的。

因过失犯罪被判处三年以下（含三年）有期徒刑或者被判处管制、拘役的，一般应当开除党籍。对于个别可以不开除党籍的，应当对照处分党员批准权限的规定，报请再上一级党组织批准。

第三十三条　党员依法受到刑事责任追究的，党组织应当根据司法机关的生效判决、裁定、决定及其认定的事实、性质和情节，依照本条例规定给予党纪处分，是公职人员的由监察机关给予相应政务处分。

党员依法受到政务处分、行政处罚，应当追究党纪责任的，党组织可以根据生效的政务处分、行政处罚决定认定的事实、性质和情节，经核实后依照规定给予党纪处分或者组织处理。

党员违反国家法律法规，违反企事业单位或者其他社会组织的规章制度受到其他纪律处分，应当追究党纪责任的，党组织在对有关方面认定的事实、性质和情节进行核实后，依照规定给予党纪处分或者组织处理。

党组织作出党纪处分或者组织处理决定后，司法机关、行政机关等依法改变原生效判决、裁定、决定等，对原党纪处分或者组织处理决定产生影响的，党组织应当根据改变后的生效判决、裁定、决定等重新作出相应处理。

第五章　其他规定

第三十四条　预备党员违犯党纪，情节较轻，可以保留预备党员资格的，党组织应当对其批评教育或者延长预备期；情节较重的，应当取消其预备党员资格。

第三十五条　对违纪后下落不明的党员，应当区别情况作出处理：

（一）对有严重违纪行为，应当给予开除党籍处分的，党组织应当作出决定，开除其党籍；

（二）除前项规定的情况外，下落不明时间超过六个月的，党组织应当按照党章规定对其予以除名。

第三十六条　违纪党员在党组织作出处分决定前死亡，或者在死亡之后发现其曾有严重违纪行为，对于应当给予开除党籍处分的，开除其党籍；对于应当给予留党察看以下（含留党察看）处分的，作出违犯党纪的书面结论和相应处理。

第三十七条　违纪行为有关责任人员的区分：

（一）直接责任者，是指在其职责范围内，不履行或者不正确履行自己的职责，对造成的损失或者后果起决定性作用的党员或者党员领导干部。

（二）主要领导责任者，是指在其职责范围内，对直接主管的工作不履行或者不正确履行职责，对造成的损失或者后果负直接领导责任的党员领导干部。

（三）重要领导责任者，是指在其职责范围内，对应管的工作或者参与决定的工作不履行或者不正确履行职责，对造成的损失或者后果负次要领导责任的党员领导干部。

本条例所称领导责任者，包括主要领导责任者和重要领导责任者。

第三十八条　本条例所称主动交代，是指涉嫌违纪的党员在组织初核前向有关组织交代自己的问题，或者在初核和立案审查其问题期间交代组织未掌握的问题。

第三十九条　计算经济损失主要计算直接经济损失。直接经济损失，是指与违纪行为有直接因果关系而造成财产损失的实际价值。

第四十条　对于违纪行为所获得的经济利益，应当收缴或者责令退赔。

对于违纪行为所获得的职务、职称、学历、学位、奖励、资格等其他利益，应当由承办案件的纪检机关或者由其上级纪检机关建议有关组织、部门、单位按照规定予以纠正。

对于依照本条例第三十五条、第三十六条规定处理的党员，经调查确属其实施违纪行为获得的利益，依照本条规定处理。

第四十一条　党纪处分决定作出后，应当在一个月内向受处分党员所在党的基层组织中的全体党员及其本人宣布，是领导班子成员的还应当向所在党组织领导班子宣布，并按照干部管理权限和组织关系将处分决定材料归入受处分者档案；对于受到撤销党内职务以上（含撤销党内职务）处分的，还应当在一个月内办理职务、工资、工作及其他有关待遇等相应变更手续；涉及撤销或者调整其党外职务的，应当建议党外组织及时撤销或者调整其党外职务。特殊情况下，经作出或者批准作出处分决定的组织批准，可以适当延长办理期限。办理期限最长不得超过六个月。

第四十二条　执行党纪处分决定的机关或者受处分党员所在单位，应当在六个月内将处分决定的执行情况向作出或者批准处分决定的机关报告。

党员对所受党纪处分不服的，可以依照党章及有关规定提出申诉。

第四十三条　本条例总则适用于有党纪处分规定的其他党内法规，但是中共中央发布或者批准发布的其他党内法规有特别规定的除外。

第二编　分则

第六章　对违反政治纪律行为的处分

第四十四条　在重大原则问题上不同党中央保持一致且有实际言论、行为或者造成不良后果的，给予警告或者严重警告处分；情节较重的，给予撤销党内职务或者留党察看处分；情节严重的，给予开除党籍处分。

第四十五条　通过网络、广播、电视、报刊、传单、书籍等，或者利用讲座、论坛、报告会、座谈会等方式，公开发表坚持资产阶级自由化立场、反对四项基本原则，反对党的改革开放决策的文章、演说、宣言、声明等的，给予开除党籍处分。

发布、播出、刊登、出版前款所列文章、演说、宣言、声明等或者为上述行为提供方便条件的，对直接责任者和领导责任者，给予严重警告或者撤销党内职务处分；情节严重的，给予留党察看或者开除党籍处分。

第四十六条　通过网络、广播、电视、报刊、传单、书籍等，或者利用讲座、论坛、报告会、座谈会等方式，有下列行为之一，情节较轻的，给予警告或者严重警告处分；情节较重的，给予撤销党内职务或者留党察看处分；情节严重的，给予开除党籍处分：

（一）公开发表违背四项基本原则，违背、歪曲党的改革开放决策，或者其他有严重政治问题的文章、演说、宣言、声明等的；

（二）妄议党中央大政方针，破坏党的集中统一的；

（三）丑化党和国家形象，或者诋毁、诬蔑党和国家领导人、英雄模范，或者歪曲党的历史、中华人民共和国历史、人民军队历史的。

发布、播出、刊登、出版前款所列内容或者为上述行为提供方便条件的，对直接责任者和领导责任者，给予严重警告或者撤销党内职务处分；情节严重的，给予留党察看或者开除党籍处分。

第四十七条　制作、贩卖、传播第四十五条、第四十六条所列内容之一的书刊、音像制品、电子读物、网络音视频资料等，情节较轻的，给予警告或者严重警告处分；情节较重的，给予撤销党内职务或者留党察看处分；情节严重的，给予开除党籍处分。

私自携带、寄递第四十五条、第四十六条所列内容之一的书刊、音像制品、电子读物等入出境，情节较重的，给予警告或者严重警告处分；情节严重的，给予撤销党内职务、留党察看或者开除党籍处分。

第四十八条　在党内组织秘密集团或者组织其他分裂党的活动的，给予开除党籍处分。

参加秘密集团或者参加其他分裂党的活动的，给予留党察看或者开除党籍处分。

第四十九条　在党内搞团团伙伙、结党营私、拉帮结派、培植个人势力等非组织活动，或者通过搞利益交换、为自己营造声势等活动捞取政治资本的，给予严重警告或者撤销党内职务处分；导致本地区、本部门、本单位政治生态恶化的，给予留党察看或者开除党籍处分。

第五十条　党员领导干部在本人主政的地方或者分管的部门自行其是，搞山头主义，拒不执行党中央确定的大政方针，甚至背着党中央另搞一套的，给予撤销党内职务、留党察看或者开除党籍处分。

落实党中央决策部署不坚决，打折扣、搞变通，在政治上造成不良影响或者严重后果的，给予警告或者严重警告处分；情节严重的，给予撤销党内职务、留党察看或者开除党籍处分。

第五十一条　对党不忠诚不老实，表里不一，阳奉阴违，欺上瞒下，搞两面派，做两面人，情节较轻的，给予警告或者严重警告处分；情节较重的，给予撤销党内职务或者留党察看处分；情节严重的，给予开除党籍处分。

第五十二条　制造、散布、传播政治谣言，破坏党的团结统一的，给予警告或者严重警告处分；情节较重的，给予撤销党内职务或者留党察看处分；情节严重的，给予开除党籍处分。

政治品行恶劣，匿名诬告，有意陷害或者制造其他谣言，造成损害或者不良影响的，依照前款规定处理。

第五十三条　擅自对应当由党中央决定的重大政策问题作出决定、对外发表主张的，对直接责任者和领导责任者，给予严重警告或者撤销党内职务处分；情节严重的，给予留党察看或者开除党籍处分。

第五十四条　不按照有关规定向组织请示、报告重大事项，情节较重的，给予警告或者严重警告处分；情节严重的，给予撤销党内职务或者留党察看处分。

第五十五条　干扰巡视巡察工作或者不落实巡视巡察整改要求，情节较轻的，给予警告或者严重警告处分；情节较重的，给予撤销党内职务或者留党察看处分；情节严重的，给予开除党籍处分。

第五十六条　对抗组织审查，有下列行为之一的，给予警告或者严重警告处分；情节较重的，给予撤销党内职务或者留党察看处分；情节严重的，给予开除党籍处分：

（一）串供或者伪造、销毁、转移、隐匿证据的；

（二）阻止他人揭发检举、提供证据材料的；

（三）包庇同案人员的；

（四）向组织提供虚假情况，掩盖事实的；

（五）有其他对抗组织审查行为的。

第五十七条　组织、参加反对党的基本理论、基本路线、基本方略或者重大方针政策的集会、游行、示威等活动的，或者以组织讲座、论坛、报告会、座谈会等方式，反对党的基本理论、基本路线、基本方略或者重大方针政策，造成严重不良影响的，对策划者、组织者和骨干分子，给予开除党籍处分。

对其他参加人员或者以提供信息、资料、财物、场地等方式支持上述活动者，情节较轻的，给予警告或者严重警告处分；情节较重的，给予撤销党内职务或者留党察看处分；情节严重的，给予开除党籍处分。

对不明真相被裹挟参加，经批评教育后确有悔改表现的，可以免予处分或者不予处分。

未经组织批准参加其他集会、游行、示威等活动，情节较轻的，给予警告或者严重警告处分；情节较重的，给予撤销党内职务或者留党察看处分；情节严重的，给予开除党籍处分。

第五十八条　组织、参加旨在反对党的领导、反对社会主义制度或者敌视政府等组织的，对策划者、组织者和骨干分子，给予开除党籍处分。

对其他参加人员，情节较轻的，给予警告或者严重警告处分；情节较重的，给予撤销党内职务或者留党察看处分；情节严重的，给予开除党籍处分。

第五十九条　组织、参加会道门或者邪教组织的，对策划者、组织者和骨干分子，给予开除党籍处分。

对其他参加人员，情节较轻的，给予警告或者严重警告处分；情节较重的，给予撤销党内职务或者留党察看处分；情节严重的，给予开除党籍处分。

对不明真相的参加人员，经批评教育后确有悔改表现的，可以免予处分或者不予处分。

第六十条　从事、参与挑拨破坏民族关系制造事端或者参加民族分裂活动的，对策划者、组织者和骨干分子，给予开除党籍处分。

对其他参加人员，情节较轻的，给予警告或者严重警告处分；情节较重的，给予撤销党内职务或者留党察看处分；情节严重的，给予开除党籍处分。

对不明真相被裹挟参加，经批评教育后确有悔改表现的，可以免予处分或者不予处分。

有其他违反党和国家民族政策的行为，情节较轻的，给予警告或者严重警告处分；情节较重的，给予撤销党内职务或者留党察看处分；情节严重的，给予开除党籍处分。

第六十一条　组织、利用宗教活动反对党的路线、方针、政策和决议，破坏民族团结的，对策划者、组织者和骨干分子，给予开除党籍处分。

对其他参加人员，给予撤销党内职务或者留党察看处分；情节严重的，给予开除党籍处分。

对不明真相被裹挟参加，经批评教育后确有悔改表现的，可以免予处分或者不予处分。

有其他违反党和国家宗教政策的行为，情节较轻的，给予警告或者严重警告处分；情节较重的，给予撤销党内职务或者留党察看处分；情节严重的，给予开除党籍处分。

第六十二条　对信仰宗教的党员，应当加强思想教育，经党组织帮助教育仍没有转变的，应当劝其退党；劝而不退的，予以除名；参与利用宗教搞煽动活动的，给予开除党籍处分。

第六十三条　组织迷信活动的，给予撤销党内职务或者留党察看处分；情节严重的，给予开除党籍处分。

参加迷信活动，造成不良影响的，给予警告或者严重警告处分；情节较重的，给予撤销党内职务或者留党察看处分；情节严重的，给予开除党籍处分。

对不明真相的参加人员，经批评教育后确有悔改表现的，可以免予处分或者不予处分。

第六十四条　组织、利用宗族势力对抗党和政府，妨碍党和国家的方针政策以及决策部署的实施，或者破坏党的基层组织建设的，对策划者、组织者和骨干分子，给予开除党籍处分。

对其他参加人员，给予撤销党内职务或者留党察看处分；情节严重的，给予开除党籍处分。

对不明真相被裹挟参加，经批评教育后确有悔改表现的，可以免予处分或者不予处分。

第六十五条　在国（境）外、外国驻华使（领）馆申请政治避难，或者违纪后逃往国（境）外、外国驻华使（领）馆的，给予开除党籍处分。

在国（境）外公开发表反对党和政府的文章、演说、宣言、声明等的，依照前款规定处理。

故意为上述行为提供方便条件的，给予留党察看或者开除党籍处分。

第六十六条　在涉外活动中，其言行在政治上造成恶劣影响，损害党和国家尊严、利益的，给予撤销党内职务或者留党察看处分；情节严重的，给予开除党籍处分。

第六十七条　不履行全面从严治党主体责任、监督责任或者履行全面从严治党主体责任、监督责任不力，给党组织造成严重损害或者严重不良影响的，对直接责任者和领导责任者，给予警告或者严重警告处分；情节严重的，给予撤销党内职务或者留党察看处分。

第六十八条　党员领导干部对违反政治纪律和政治规矩等错误思想和行为不报告、不抵制、不斗争，放任不管，搞无原则一团和气，造成不良影响的，给予警告或者严重警告处分；情节严重的，给予撤销党内职务或者留党察看处分。

第六十九条　违反党的优良传统和工作惯例等党的规矩，在政治上造成不良影响的，给予警告或者严重警告处分；情节较重的，给予撤销党内职务或者留党察看处分；情节严重的，给予开除党籍处分。

第七章　对违反组织纪律行为的处分

第七十条　违反民主集中制原则，有下列行为之一的，给予警告或者严重警告处分；情节严重的，给予撤销党内职务或者留党察看处分：

（一）拒不执行或者擅自改变党组织作出的重大决定的；

（二）违反议事规则，个人或者少数人决定重大问题的；

（三）故意规避集体决策，决定重大事项、重要干部任免、重要项目安排和大额资金使用的；

（四）借集体决策名义集体违规的。

第七十一条　下级党组织拒不执行或者擅自改变上级党组织决定的，对直接责任者和领导责任者，给予警告或者严重警告处分；情节严重的，给予撤销党内职务或者留党察看处分。

第七十二条　拒不执行党组织的分配、调动、交流等决定的，给予警告、严重警告或者撤销党内职务处分。

在特殊时期或者紧急状况下，拒不执行党组织决定的，给予留党察看或者开除党籍处分。

第七十三条　有下列行为之一，情节较重的，给予警告或者严重警告处分：

（一）违反个人有关事项报告规定，隐瞒不报的；

（二）在组织进行谈话、函询时，不如实向组织说明问题的；

（三）不按要求报告或者不如实报告个人去向的；

（四）不如实填报个人档案资料的。

篡改、伪造个人档案资料的，给予严重警告处分；情节严重的，给予撤销党内职务或者留党察看处分。

隐瞒入党前严重错误的，一般应当予以除名；对入党后表现尚好的，给予严重警告、撤销党内职务或者留党察看处分。

第七十四条　党员领导干部违反有关规定组织、参加自发成立的老乡会、校友会、战友会等，情节严重的，给予警告、严重警告或者撤销党内职务处分。

第七十五条　有下列行为之一的，给予警告或者严重警告处分；情节较重的，给予撤销党内职务或者留党察看处分；情节严重的，给予开除党籍处分：

（一）在民主推荐、民主测评、组织考察和党内选举中搞拉票、助选等非组织活动的；

（二）在法律规定的投票、选举活动中违背组织原则搞非组织活动，组织、怂恿、诱使他人投票、表决的；

（三）在选举中进行其他违反党章、其他党内法规和有关章程活动的。

搞有组织的拉票贿选，或者用公款拉票贿选的，从重或者加重处分。

第七十六条　在干部选拔任用工作中，有任人唯亲、排斥异己、封官许愿、说情干预、跑官要官、突击提拔或者调整干部等违反干部选拔任用规定行为，对直接责任者和领导责任者，情节较轻的，给予警告或者严重警告处分；情节较重的，给予撤销党内职务或者留党察看处分；情节严重的，给予开除党籍处分。

用人失察失误造成严重后果的，对直接责任者和领导责任者，依照前款规定处理。

第七十七条　在干部、职工的录用、考核、职务晋升、职称评定和征兵、安置复转军人等工作中，隐瞒、歪曲事实真相，或者利用职权或者职务上的影响违反有关规定为本人或者其他人谋取利益的，给予警告或者严重警告处分；情节较重的，给予撤销党内职务或者留党察看处分；情节严重的，给予开除党籍处分。

弄虚作假，骗取职务、职级、职称、待遇、资格、学历、学位、荣誉或者其他利益的，依照前款规定处理。

第七十八条　侵犯党员的表决权、选举权和被选举权，情节较重的，给予警告或者严重警告处分；情节严重的，给予撤销党内职务处分。

以强迫、威胁、欺骗、拉拢等手段，妨害党员自主行使表决权、选举权和被选举权的，给予撤销党内职务、留党察看或者开除党籍处分。

第七十九条　有下列行为之一的，给予警告或者严重警告处分；情节较重的，给予撤销党内职务或者留党察看处分；情节严重的，给予开除党籍处分：

（一）对批评、检举、控告进行阻挠、压制，或者将批评、检举、控告材料私自扣压、销毁，或者故意将其泄露给他人的；

（二）对党员的申辩、辩护、作证等进行压制，造成不良后果的；

（三）压制党员申诉，造成不良后果的，或者不按照有关规定处理党员申诉的；

（四）有其他侵犯党员权利行为，造成不良后果的。

对批评人、检举人、控告人、证人及其他人员打击报复的，从重或者加重处分。

党组织有上述行为的，对直接责任者和领导责任者，依照第一款规定处理。

第八十条　违反党章和其他党内法规的规定，采取弄虚作假或者其他手段把不符合党员条件的人发展为党员，或者为非党员出具党员身份证明的，对直接责任者和领导责任者，给予警告或者严重警告处分；情节严重的，给予撤销党内职务处分。

违反有关规定程序发展党员的，对直接责任者和领导责任者，依照前款规定处理。

第八十一条　违反有关规定取得外国国籍或者获取国（境）外永久居留资格、长期居留许可的，给予撤销党内职务、留党察看或者开除党籍处分。

第八十二条　违反有关规定办理因私出国（境）证件、前往港澳通行证，或者未经批准出入国（边）境，情节较轻的，给予警告或者严重警告处分；情节较重的，给予撤销党内职务处分；情节严重的，给予留党察看处分。

第八十三条　驻外机构或者临时出国（境）团（组）中的党员擅自脱离组织，或者从事外事、机要、军事等工作的党员违反有关规定同国（境）外机构、人员联系和交往的，给予警告、严重警告或者撤销党内职务处分。

第八十四条　驻外机构或者临时出国（境）团（组）中的党员，脱离组织出走时间不满六个月又自动回归的，给予撤销党内职务或者留党察看处分；脱离组织出走时间超过六个月的，按照自行脱党处理，党内予以除名。

故意为他人脱离组织出走提供方便条件的，给予警告、严重警告或者撤销党内职务处分。

第八章　对违反廉洁纪律行为的处分

第八十五条　党员干部必须正确行使人民赋予的权力，清正廉洁，反对任何滥用职权、谋求私利的行为。

利用职权或者职务上的影响为他人谋取利益，本人的配偶、子女及其配偶等亲属和其他特定关系人收受对方财物，情节较重的，给予警告或者严重警告处分；情节严重的，给予撤销党内职务、留党察看或者开除党籍处分。

第八十六条　相互利用职权或者职务上的影响为对方及其配偶、子女及其配偶等亲属、身边工作人员和其他特定关系人谋取利益搞权权交易的，给予警告或者严重警告处分；情节较重的，给予撤销党内职务或者留党察看处分；情节严重的，给予开除党籍处分。

第八十七条　纵容、默许配偶、子女及其配偶等亲属、身边工作人员和其他特定关系人利用党员干部本人职权或者职务上的影响谋取私利，情节较轻的，给予警告或者严重警告处分；情节较重的，给予撤销党内职务或者留党察看处分；情节严重的，给予开除党籍处分。

党员干部的配偶、子女及其配偶等亲属和其他特定关系人不实际工作而获取薪酬或者虽实际工作但领取明显超出同职级标准薪酬，党员干部知情未予纠正的，依照前款规定处理。

第八十八条　收受可能影响公正执行公务的礼品、礼金、消费卡和有价证券、股权、其他金融产品等财物，情节较轻的，给予警告或者严重警告处分；情节较重的，给予撤销党内职务或者留党察看处分；情节严重的，给予开除党籍处分。

收受其他明显超出正常礼尚往来的财物的，依照前款规定处理。

第八十九条　向从事公务的人员及其配偶、子女及其配偶等亲属和其他特定关系人赠送明显超出正常礼尚往来的礼品、礼金、消费卡和有价证券、股权、其他金融产品等财物，情节较重的，给予警告或者严重警告处分；情节严重的，给予撤销党内职务或者留党察看处分。

第九十条　借用管理和服务对象的钱款、住房、车辆等，影响公正执行公务，情节较重的，给予警告或者严重警告处分；情节严重的，给予撤销党内职务、留党察看或者开除党籍处分。

通过民间借贷等金融活动获取大额回报，影响公正执行公务的，依照前款规定处理。

第九十一条　利用职权或者职务上的影响操办婚丧喜庆事宜，在社会上造成不良影响的，给予警告或者严重警告处分；情节严重的，给予撤销党内职务处分；借机敛财或者有其他侵犯国家、集体和人民利益行为的，从重或者加重处分，直至开除党籍。

第九十二条　接受、提供可能影响公正执行公务的宴请或者旅游、健身、娱乐等活动安排，情节较重的，给予警告或者严重警告处分；情节严重的，给予撤销党内职务或者留党察看处分。

第九十三条　违反有关规定取得、持有、实际使用运动健身卡、会所和俱乐部会员卡、高尔夫球卡等各种消费卡，或者违反有关规定出入私人会所，情节较重的，给予警告或者严重警告处分；情节严重的，给予撤销党内职务或者留党察看处分。

第九十四条　违反有关规定从事营利活动，有下列行为之一，情节较轻的，给予警告或者严重警告处分；情节较重的，给予撤销党内职务或者留党察看处分；情节严重的，给予开除党籍处分：

（一）经商办企业的；

（二）拥有非上市公司（企业）的股份或者证券的；

（三）买卖股票或者进行其他证券投资的；

（四）从事有偿中介活动的；

（五）在国（境）外注册公司或者投资入股的；

（六）有其他违反有关规定从事营利活动的。

利用参与企业重组改制、定向增发、兼并投资、土地使用权出让等决策、审批过程中掌握的信息买卖股票，利用职权或者职务上的影响通过购买信托产品、基金等方式非正常获利的，依照前款规定处理。

违反有关规定在经济组织、社会组织等单位中兼职，或者经批准兼职但获取薪酬、奖金、津贴等额外利益的，依照第一款规定处理。

第九十五条　利用职权或者职务上的影响，为配偶、子女及其配偶等亲属和其他特定关系人在审批监管、资源开发、金融信贷、大宗采购、土地使用权出让、房地产开发、工程招投标以及公共财政支出等方面谋取利益，情节较轻的，给予警告或者严重警告处分；情节较重的，给予撤销党内职务或者留党察看处分；情节严重的，给予开除党籍处分。

利用职权或者职务上的影响，为配偶、子女及其配偶等亲属和其他特定关系人吸收存款、推销金融产品等提供帮助谋取利益的，依照前款规定处理。

第九十六条　党员领导干部离职或者退（离）休后违反有关规定接受原任职务管辖的地区和业务范围内的企业和中介机构的聘任，或者个人从事与原任职务管辖业务相关的营利活动，情节较轻的，给予警告或者严重警告处分；情节较重的，给予撤销党内职务处分；情节严重的，给予留党察看处分。

党员领导干部离职或者退（离）休后违反有关规定担任上市公司、基金管理公司独立董事、独立监事等职务，情节较轻的，给予警告或者严重警告处分；情节较重的，给予撤销党内职务处分；情节严重的，给予留党察看处分。

第九十七条 党员领导干部的配偶、子女及其配偶，违反有关规定在该党员领导干部管辖的地区和业务范围内从事可能影响其公正执行公务的经营活动，或者在该党员领导干部管辖的地区和业务范围内的外商独资企业、中外合资企业中担任由外方委派、聘任的高级职务或者违规任职、兼职取酬的，该党员领导干部应当按照规定予以纠正；拒不纠正的，其本人应当辞去现任职务或者由组织予以调整职务；不辞去现任职务或者不服从组织调整职务的，给予撤销党内职务处分。

第九十八条 党和国家机关违反有关规定经商办企业的，对直接责任者和领导责任者，给予警告或者严重警告处分；情节严重的，给予撤销党内职务处分。

第九十九条 党员领导干部违反工作、生活保障制度，在交通、医疗、警卫等方面为本人、配偶、子女及其配偶等亲属和其他特定关系人谋求特殊待遇，情节较重的，给予警告或者严重警告处分；情节严重的，给予撤销党内职务或者留党察看处分。

第一百条 在分配、购买住房中侵犯国家、集体利益，情节较轻的，给予警告或者严重警告处分；情节较重的，给予撤销党内职务或者留党察看处分；情节严重的，给予开除党籍处分。

第一百零一条 利用职权或者职务上的影响，侵占非本人经管的公私财物，或者以象征性地支付钱款等方式侵占公私财物，或者无偿、象征性地支付报酬接受服务、使用劳务，情节较轻的，给予警告或者严重警告处分；情节较重的，给予撤销党内职务或者留党察看处分；情节严重的，给予开除党籍处分。

利用职权或者职务上的影响，将本人、配偶、子女及其配偶等亲属应当由个人支付的费用，由下属单位、其他单位或者他人支付、报销的，依照前款规定处理。

第一百零二条 利用职权或者职务上的影响，违反有关规定占用公物归个人使用，时间超过六个月，情节较重的，给予警告或者严重警告处分；情节严重的，给予撤销党内职务处分。

占用公物进行营利活动的，给予警告或者严重警告处分；情节较重的，给予撤销党内职务或者留党察看处分；情节严重的，给予开除党籍处分。

将公物借给他人进行营利活动的，依照前款规定处理。

第一百零三条　违反有关规定组织、参加用公款支付的宴请、高消费娱乐、健身活动，或者用公款购买赠送或者发放礼品、消费卡（券）等，对直接责任者和领导责任者，情节较轻的，给予警告或者严重警告处分；情节较重的，给予撤销党内职务或者留党察看处分；情节严重的，给予开除党籍处分。

第一百零四条　违反有关规定自定薪酬或者滥发津贴、补贴、奖金等，对直接责任者和领导责任者，情节较轻的，给予警告或者严重警告处分；情节较重的，给予撤销党内职务或者留党察看处分；情节严重的，给予开除党籍处分。

第一百零五条　有下列行为之一，对直接责任者和领导责任者，情节较轻的，给予警告或者严重警告处分；情节较重的，给予撤销党内职务或者留党察看处分；情节严重的，给予开除党籍处分：

（一）公款旅游或者以学习培训、考察调研、职工疗养等为名变相公款旅游的；

（二）改变公务行程，借机旅游的；

（三）参加所管理企业、下属单位组织的考察活动，借机旅游的。

以考察、学习、培训、研讨、招商、参展等名义变相用公款出国（境）旅游的，依照前款规定处理。

第一百零六条　违反公务接待管理规定，超标准、超范围接待或者借机大吃大喝，对直接责任者和领导责任者，情节较重的，给予警告或者严重警告处分；情节严重的，给予撤销党内职务处分。

第一百零七条　违反有关规定配备、购买、更换、装饰、使用公务交通工具或者有其他违反公务交通工具管理规定的行为，对直接责任者和领导责任者，情节较重的，给予警告或者严重警告处分；情节严重的，给予撤销党内职务或者留党察看处分。

第一百零八条　违反会议活动管理规定，有下列行为之一，对直接责任者和领导责任者，情节较重的，给予警告或者严重警告处分；情节严重的，给予撤销党内职务处分：

（一）到禁止召开会议的风景名胜区开会的；

（二）决定或者批准举办各类节会、庆典活动的。

擅自举办评比达标表彰活动或者借评比达标表彰活动收取费用的，依照前款规定处理。

第一百零九条 违反办公用房管理等规定，有下列行为之一，对直接责任者和领导责任者，情节较重的，给予警告或者严重警告处分；情节严重的，给予撤销党内职务处分：

（一）决定或者批准兴建、装修办公楼、培训中心等楼堂馆所的；

（二）超标准配备、使用办公用房的；

（三）用公款包租、占用客房或者其他场所供个人使用的。

第一百一十条 搞权色交易或者给予财物搞钱色交易的，给予警告或者严重警告处分；情节较重的，给予撤销党内职务或者留党察看处分；情节严重的，给予开除党籍处分。

第一百一十一条 有其他违反廉洁纪律规定行为的，应当视具体情节给予警告直至开除党籍处分。

第九章 对违反群众纪律行为的处分

第一百一十二条 有下列行为之一，对直接责任者和领导责任者，情节较轻的，给予警告或者严重警告处分；情节较重的，给予撤销党内职务或者留党察看处分；情节严重的，给予开除党籍处分：

（一）超标准、超范围向群众筹资筹劳、摊派费用，加重群众负担的；

（二）违反有关规定扣留、收缴群众款物或者处罚群众的；

（三）克扣群众财物，或者违反有关规定拖欠群众钱款的；

（四）在管理、服务活动中违反有关规定收取费用的；

（五）在办理涉及群众事务时刁难群众、吃拿卡要的；

（六）有其他侵害群众利益行为的。

在扶贫领域有上述行为的，从重或者加重处分。

第一百一十三条 干涉生产经营自主权，致使群众财产遭受较大损失的，对直接责任者和领导责任者，给予警告或者严重警告处分；情节严重的，给予撤销党内职务或者留党察看处分。

第一百一十四条 在社会保障、政策扶持、扶贫脱贫、救灾救济款物分配等事项中优亲厚友、明显有失公平的，给予警告或者严重警告处分；情节较重的，给予撤销党内职务或者留党察看处分；情节严重的，给予开除党籍处分。

第一百一十五条　利用宗族或者黑恶势力等欺压群众，或者纵容涉黑涉恶活动、为黑恶势力充当“保护伞”的，给予撤销党内职务或者留党察看处分；情节严重的，给予开除党籍处分。

第一百一十六条　有下列行为之一，对直接责任者和领导责任者，情节较重的，给予警告或者严重警告处分；情节严重的，给予撤销党内职务或者留党察看处分：

（一）对涉及群众生产、生活等切身利益的问题依照政策或者有关规定能解决而不及时解决，庸懒无为、效率低下，造成不良影响的；

（二）对符合政策的群众诉求消极应付、推诿扯皮，损害党群、干群关系的；

（三）对待群众态度恶劣、简单粗暴，造成不良影响的；

（四）弄虚作假，欺上瞒下，损害群众利益的；

（五）有其他不作为、乱作为等损害群众利益行为的。

第一百一十七条　盲目举债、铺摊子、上项目，搞劳民伤财的“形象工程”、“政绩工程”，致使国家、集体或者群众财产和利益遭受较大损失的，对直接责任者和领导责任者，给予警告或者严重警告处分；情节严重的，给予撤销党内职务、留党察看或者开除党籍处分。

第一百一十八条　遇到国家财产和群众生命财产受到严重威胁时，能救而不救，情节较重的，给予警告、严重警告或者撤销党内职务处分；情节严重的，给予留党察看或者开除党籍处分。

第一百一十九条　不按照规定公开党务、政务、厂务、村（居）务等，侵犯群众知情权，对直接责任者和领导责任者，情节较重的，给予警告或者严重警告处分；情节严重的，给予撤销党内职务或者留党察看处分。

第一百二十条　有其他违反群众纪律规定行为的，应当视具体情节给予警告直至开除党籍处分。

第十章　对违反工作纪律行为的处分

第一百二十一条　工作中不负责任或者疏于管理，贯彻执行、检查督促落实上级决策部署不力，给党、国家和人民利益以及公共财产造成较大损失的，对直接责任者和领导责任者，给予警告或者严重警告处分；造成重大损失的，给予撤销党内职务、留党察看或者开除党籍处分。

贯彻创新、协调、绿色、开放、共享的发展理念不力，对职责范围内的问题失察失责，造成较大损失或者重大损失的，从重或者加重处分。

第一百二十二条　有下列行为之一，造成严重不良影响，对直接责任者和领导责任者，情节较轻的，给予警告或者严重警告处分；情节较重的，给予撤销党内职务或者留党察看处分；情节严重的，给予开除党籍处分：

（一）贯彻党中央决策部署只表态不落实的；

（二）热衷于搞舆论造势、浮在表面的；

（三）单纯以会议贯彻会议、以文件落实文件，在实际工作中不见诸行动的；

（四）工作中有其他形式主义、官僚主义行为的。

第一百二十三条　党组织有下列行为之一，对直接责任者和领导责任者，情节较重的，给予警告或者严重警告处分；情节严重的，给予撤销党内职务或者留党察看处分：

（一）党员被依法判处刑罚后，不按照规定给予党纪处分，或者对违反国家法律法规的行为，应当给予党纪处分而不处分的；

（二）党纪处分决定或者申诉复查决定作出后，不按照规定落实决定中关于被处分人党籍、职务、职级、待遇等事项的；

（三）党员受到党纪处分后，不按照干部管理权限和组织关系对受处分党员开展日常教育、管理和监督工作的。

第一百二十四条　因工作不负责任致使所管理的人员叛逃的，对直接责任者和领导责任者，给予警告或者严重警告处分；情节严重的，给予撤销党内职务处分。

因工作不负责任致使所管理的人员出走，对直接责任者和领导责任者，情节较重的，给予警告或者严重警告处分；情节严重的，给予撤销党内职务处分。

第一百二十五条　在上级检查、视察工作或者向上级汇报、报告工作时对应当报告的事项不报告或者不如实报告，造成严重损害或者严重不良影响的，对直接责任者和领导责任者，给予警告或者严重警告处分；情节严重的，给予撤销党内职务或者留党察看处分。

在上级检查、视察工作或者向上级汇报、报告工作时纵容、唆使、暗示、强迫下级说假话、报假情的，从重或者加重处分。

第一百二十六条　党员领导干部违反有关规定干预和插手市场经济活动，有下列行为之一，造成不良影响的，给予警告或者严重警告处分；情节较重的，给予撤销党内职务或者留党察看处分；情节严重的，给予开除党籍处分：

（一）干预和插手建设工程项目承发包、土地使用权出让、政府采购、房地产开发与经营、矿产资源开发利用、中介机构服务等活动的；

（二）干预和插手国有企业重组改制、兼并、破产、产权交易、清产核资、资产评估、资产转让、重大项目投资以及其他重大经营活动等事项的；

（三）干预和插手批办各类行政许可和资金借贷等事项的；

（四）干预和插手经济纠纷的；

（五）干预和插手集体资金、资产和资源的使用、分配、承包、租赁等事项的。

第一百二十七条　党员领导干部违反有关规定干预和插手司法活动、执纪执法活动，向有关地方或者部门打听案情、打招呼、说情，或者以其他方式对司法活动、执纪执法活动施加影响，情节较轻的，给予严重警告处分；情节较重的，给予撤销党内职务或者留党察看处分；情节严重的，给予开除党籍处分。

党员领导干部违反有关规定干预和插手公共财政资金分配、项目立项评审、政府奖励表彰等活动，造成重大损失或者不良影响的，依照前款规定处理。

第一百二十八条　泄露、扩散或者打探、窃取党组织关于干部选拔任用、纪律审查、巡视巡察等尚未公开事项或者其他应当保密的内容的，给予警告或者严重警告处分；情节较重的，给予撤销党内职务或者留党察看处分；情节严重的，给予开除党籍处分。

私自留存涉及党组织关于干部选拔任用、纪律审查、巡视巡察等方面资料，情节较重的，给予警告或者严重警告处分；情节严重的，给予撤销党内职务处分。

第一百二十九条　在考试、录取工作中，有泄露试题、考场舞弊、涂改考卷、违规录取等违反有关规定行为的，给予警告或者严重警告处分；情节较重的，给予撤销党内职务或者留党察看处分；情节严重的，给予开除党籍处分。

第一百三十条　以不正当方式谋求本人或者其他人用公款出国（境），情节较轻的，给予警告处分；情节较重的，给予严重警告处分；情节严重的，给予撤销党内职务处分。

第一百三十一条　临时出国（境）团（组）或者人员中的党员，擅自延长在国（境）外期限，或者擅自变更路线的，对直接责任者和领导责任者，给予警告或者严重警告处分；情节严重的，给予撤销党内职务处分。

第一百三十二条　驻外机构或者临时出国（境）团（组）中的党员，触犯驻在国家、地区的法律、法令或者不尊重驻在国家、地区的宗教习俗，情节较重的，给予警告或者严重警告处分；情节严重的，给予撤销党内职务、留党察看或者开除党籍处分。

第一百三十三条　在党的纪律检查、组织、宣传、统一战线工作以及机关工作等其他工作中，不履行或者不正确履行职责，造成损失或者不良影响的，应当视具体情节给予警告直至开除党籍处分。

第十一章　对违反生活纪律行为的处分

第一百三十四条　生活奢靡、贪图享乐、追求低级趣味，造成不良影响的，给予警告或者严重警告处分；情节严重的，给予撤销党内职务处分。

第一百三十五条　与他人发生不正当性关系，造成不良影响的，给予警告或者严重警告处分；情节较重的，给予撤销党内职务或者留党察看处分；情节严重的，给予开除党籍处分。

利用职权、教养关系、从属关系或者其他相类似关系与他人发生性关系的，从重处分。

第一百三十六条　党员领导干部不重视家风建设，对配偶、子女及其配偶失管失教，造成不良影响或者严重后果的，给予警告或者严重警告处分；情节严重的，给予撤销党内职务处分。

第一百三十七条　违背社会公序良俗，在公共场所有不当行为，造成不良影响的，给予警告或者严重警告处分；情节较重的，给予撤销党内职务或者留党察看处分；情节严重的，给予开除党籍处分。

第一百三十八条　有其他严重违反社会公德、家庭美德行为的，应当视具体情节给予警告直至开除党籍处分。

第三编 附则

第一百三十九条　各省、自治区、直辖市党委可以根据本条例，结合各自工作的实际情况，制定单项实施规定。

第一百四十条　中央军事委员会可以根据本条例，结合中国人民解放军和中国人民武装警察部队的实际情况，制定补充规定或者单项规定。

第一百四十一条　本条例由中央纪律检查委员会负责解释。

第一百四十二条　本条例自2018年10月1日起施行。

本条例施行前，已结案的案件如需进行复查复议，适用当时的规定或者政策。尚未结案的案件，如果行为发生时的规定或者政策不认为是违纪，而本条例认为是违纪的，依照当时的规定或者政策处理；如果行为发生时的规定或者政策认为是违纪的，依照当时的规定或者政策处理，但是如果本条例不认为是违纪或者处理较轻的，依照本条例规定处理。

中国共产党纪律检查机关监督执纪工作规则

（2019年1月1日起施行）

第一章　总则

第一条　为了加强党对纪律检查和国家监察工作的统一领导，加强党的纪律建设，推进全面从严治党，规范纪检监察机关监督执纪工作，根据《中国共产党章程》和有关法律，结合纪检监察体制改革和监督执纪工作实践，制定本规则。

第二条　坚持以马克思列宁主义、毛泽东思想、邓小平理论、“三个代表”重要思想、科学发展观、习近平新时代中国特色社会主义思想为指导，全面贯彻纪律检查委员会和监察委员会合署办公要求，依规依纪依法严格监督执纪，坚持打铁必须自身硬，把权力关进制度笼子，建设忠诚干净担当的纪检监察干部队伍。

第三条 监督执纪工作应当遵循以下原则：

（一）坚持和加强党的全面领导，牢固树立政治意识、大局意识、核心意识、看齐意识，坚定中国特色社会主义道路自信、理论自信、制度自信、文化自信，坚决维护习近平总书记党中央的核心、全党的核心地位，坚决维护党中央权威和集中统一领导，严守政治纪律和政治规矩，体现监督执纪工作的政治性，构建党统一指挥、全面覆盖、权威高效的监督体系；

（二）坚持纪律检查工作双重领导体制，监督执纪工作以上级纪委领导为主，线索处置、立案审查等在向同级党委报告的同时应当向上级纪委报告；

（三）坚持实事求是，以事实为依据，以党章党规党纪和国家法律法规为准绳，强化监督、严格执纪，把握政策、宽严相济，对主动投案、主动交代问题的宽大处理，对拒不交代、欺瞒组织的从严处理；

（四）坚持信任不能代替监督，执纪者必先守纪，以更高的标准、更严的要求约束自己，严格工作程序，有效管控风险，强化对监督执纪各环节的监督制约，确保监督执纪工作经得起历史和人民的检验。

第四条 坚持惩前毖后、治病救人，把纪律挺在前面，精准有效运用监督执纪"四种形态"，把思想政治工作贯穿监督执纪全过程，严管和厚爱结合，激励和约束并重，注重教育转化，促使党员自觉防止和纠正违纪行为，惩治极少数，教育大多数，实现政治效果、纪法效果和社会效果相统一。

第二章 领导体制

第五条 中央纪律检查委员会在党中央领导下进行工作。地方各级纪律检查委员会和基层纪律检查委员会在同级党的委员会和上级纪律检查委员会双重领导下进行工作。

党委应当定期听取、审议同级纪律检查委员会和监察委员会的工作报告，加强对纪委监委工作的领导、管理和监督。

第六条 党的纪律检查机关和国家监察机关是党和国家自我监督的专责机关，中央纪委和地方各级纪委贯彻党中央关于国家监察工作的决策部署，审议决定监委依法履职中的重要事项，把执纪和执法贯通起来，实现党内监督和国家监察的有机统一。

第七条 监督执纪工作实行分级负责制：

（一）中央纪委国家监委负责监督检查和审查调查中央委员、候补中央委员，中央纪委委员，中央管理的领导干部，党中央工作部门、党中央批准设立的党组（党委），各省、自治区、直辖市党委、纪委等党组织的涉嫌违纪或者职务违法、职务犯罪问题。

（二）地方各级纪委监委负责监督检查和审查调查同级党委委员、候补委员，同级纪委委员，同级党委管理的党员、干部以及监察对象，同级党委工作部门、党委批准设立的党组（党委），下一级党委、纪委等党组织的涉嫌违纪或者职务违法、职务犯罪问题。

（三）基层纪委负责监督检查和审查同级党委管理的党员，同级党委下属的各级党组织的涉嫌违纪问题；未设立纪律检查委员会的党的基层委员会，由该委员会负责监督执纪工作。

地方各级纪委监委依照规定加强对同级党委履行职责、行使权力情况的监督。

第八条　对党的组织关系在地方、干部管理权限在主管部门的党员、干部以及监察对象涉嫌违纪违法问题，应当按照谁主管谁负责的原则进行监督执纪，由设在主管部门、有管辖权的纪检监察机关进行审查调查，主管部门认为有必要的，可以与地方纪检监察机关联合审查调查。地方纪检监察机关接到问题线索反映的，经与主管部门协调，可以对其进行审查调查，也可以与主管部门组成联合审查调查组，审查调查情况及时向对方通报。

第九条　上级纪检监察机关有权指定下级纪检监察机关对其他下级纪检监察机关管辖的党组织和党员、干部以及监察对象涉嫌违纪或者职务违法、职务犯罪问题进行审查调查，必要时也可以直接进行审查调查。上级纪检监察机关可以将其直接管辖的事项指定下级纪检监察机关进行审查调查。

纪检监察机关之间对管辖事项有争议的，由其共同的上级纪检监察机关确定；认为所管辖的事项重大、复杂，需要由上级纪检监察机关管辖的，可以报请上级纪检监察机关管辖。

第十条　纪检监察机关应当严格执行请示报告制度。中央纪委定期向党中央报告工作，研究涉及全局的重大事项、遇有重要问题以及作出立案审查调查决定、给予党纪政务处分等事项应当及时向党中央请示报告，既要报告结果也要报告过程。执行党中央重要决定的情况应当专题报告。

地方各级纪检监察机关对作出立案审查调查决定、给予党纪政务处分等重要事项，应当向同级党委请示汇报并向上级纪委监委报告，形成明确意见后再正式行文请示。遇有重要事项应当及时报告。

纪检监察机关应当坚持民主集中制，对于线索处置、谈话函询、初步核实、立案审查调查、案件审理、处置执行中的重要问题，经集体研究后，报纪检监察机关相关负责人、主要负责人审批。

第十一条　纪检监察机关应当建立监督检查、审查调查、案件监督管理、案件审理相互协调、相互制约的工作机制。市地级以上纪委监委实行监督检查和审查调查部门分设，监督检查部门主要负责联系地区和部门、单位的日常监督检查和对涉嫌一般违纪问题线索处置，审查调查部门主要负责对涉嫌严重违纪或者职务违法、职务犯罪问题线索进行初步核实和立案审查调查；案件监督管理部门负责对监督检查、审查调查工作全过程进行监督管理，案件审理部门负责对需要给予党纪政务处分的案件审核把关。

纪检监察机关在工作中需要协助的，有关组织和机关、单位、个人应当依规依纪依法予以协助。

第十二条　纪检监察机关案件监督管理部门负责对监督执纪工作全过程进行监督管理，做好线索管理、组织协调、监督检查、督促办理、统计分析等工作。党风政风监督部门应当加强对党风政风建设的综合协调，做好督促检查、通报曝光和综合分析等工作。

第三章　监督检查

第十三条　党委（党组）在党内监督中履行主体责任，纪检监察机关履行监督责任，应当将纪律监督、监察监督、巡视监督、派驻监督结合起来，重点检查遵守、执行党章党规党纪和宪法法律法规，坚定理想信念，增强“四个意识”，坚定“四个自信”，维护习近平总书记核心地位，维护党中央权威和集中统一领导，贯彻执行党和国家的路线方针政策以及重大决策部署，坚持主动作为、真抓实干，落实全面从严治党责任、民主集中制原则、选人用人规定以及中央八项规定精神，巡视巡察整改，依法履职、秉公用权、廉洁从政从业以及恪守社会道德规范等情况，对发现的问题分类处置、督促整改。

第十四条 纪委监委（纪检监察组、纪检监察工委）报请或者会同党委（党组）定期召开专题会议，听取加强党内监督情况专题报告，综合分析所联系的地区、部门、单位政治生态状况，提出加强和改进的意见及工作措施，抓好组织实施和督促检查。

第十五条 纪检监察机关应当结合被监督对象的职责，加强对行使权力情况的日常监督，通过多种方式了解被监督对象的思想、工作、作风、生活情况，发现苗头性、倾向性问题或者轻微违纪问题，应当及时约谈提醒、批评教育、责令检查、诫勉谈话，提高监督的针对性和实效性。

第十六条 纪检监察机关应当畅通来信、来访、来电和网络等举报渠道，建设覆盖纪检监察系统的检举举报平台，及时受理检举控告，发挥党员和群众的监督作用。

第十七条 纪检监察机关应当建立健全党员领导干部廉政档案，主要内容包括：

（一）任免情况、人事档案情况、因不如实报告个人有关事项受到处理的情况等；

（二）巡视巡察、信访、案件监督管理以及其他方面移交的问题线索和处置情况；

（三）开展谈话函询、初步核实、审查调查以及其他工作形成的有关材料；

（四）党风廉政意见回复材料；

（五）其他反映廉政情况的材料。

廉政档案应当动态更新。

第十八条 纪检监察机关应当做好干部选拔任用党风廉政意见回复工作，对反映问题线索认真核查，综合用好巡视巡察等其他监督成果，严把政治关、品行关、作风关、廉洁关。

第十九条 纪检监察机关对监督中发现的突出问题，应当向有关党组织或者单位提出纪律检查建议或者监察建议，通过督促召开专题民主生活会、组织开展专项检查等方式，督查督办，推动整改。

第四章 线索处置

第二十条 纪检监察机关应当加强对问题线索的集中管理、分类处置、定期清理。信访举报部门归口受理同级党委管理的党组织和党员、干部以及监察对象涉嫌违纪或者职务违法、职务犯罪问题的信访举报，统一接收有关纪检监察机关、派驻或者派出机构以及其他单位移交的相关信访举报，移送本机关有关部门，深入分析信访形势，及时反映损害群众最关心、最直接、最现实的利益问题。

巡视巡察工作机构和审计机关、行政执法机关、司法机关等单位发现涉嫌违纪或者职务违法、职务犯罪问题线索，应当及时移交纪检监察机关案件监督管理部门统一办理。

监督检查部门、审查调查部门、干部监督部门发现的相关问题线索，属于本部门受理范围的，应当送案件监督管理部门备案；不属于本部门受理范围的，经审批后移送案件监督管理部门，由其按程序转交相关监督执纪部门办理。

第二十一条　纪检监察机关应当结合问题线索所涉及地区、部门、单位总体情况，综合分析，按照谈话函询、初步核实、暂存待查、予以了结 4 类方式进行处置。

线索处置不得拖延和积压，处置意见应当在收到问题线索之日起 1 个月内提出，并制定处置方案，履行审批手续。

第二十二条　纪检监察机关对反映同级党委委员、候补委员，纪委常委、监委委员，以及所辖地区、部门、单位主要负责人的问题线索和线索处置情况，应当及时向上级纪检监察机关报告。

第二十三条　案件监督管理部门对问题线索实行集中管理、动态更新、定期汇总核对，提出分办意见，报纪检监察机关主要负责人批准，按程序移送承办部门。承办部门应当指定专人负责管理问题线索，逐件编号登记、建立管理台账。线索管理处置各环节应当由经手人员签名，全程登记备查。

第二十四条　纪检监察机关应当根据工作需要，定期召开专题会议，听取问题线索综合情况汇报，进行分析研判，对重要检举事项和反映问题集中的领域深入研究，提出处置要求，做到件件有着落。

第二十五条　承办部门应当做好线索处置归档工作，归档材料齐全完整，载明领导批示和处置过程。案件监督管理部门定期汇总、核对问题线索及处置情况，向纪检监察机关主要负责人报告，并向相关部门通报。

第五章 谈话函询

第二十六条 各级党委（党组）和纪检监察机关应当推动加强和规范党内政治生活，经常拿起批评和自我批评的武器，及时开展谈话提醒、约谈函询，促使党员、干部以及监察对象增强党的观念和纪律意识。

第二十七条 纪检监察机关采取谈话函询方式处置问题线索，应当起草谈话函询报批请示，拟订谈话方案和相关工作预案，按程序报批。需要谈话函询下一级党委（党组）主要负责人的，应当报纪检监察机关主要负责人批准，必要时向同级党委主要负责人报告。

第二十八条 谈话应当由纪检监察机关相关负责人或者承办部门负责人进行，可以由被谈话人所在党委（党组）、纪委监委（纪检监察组、纪检监察工委）有关负责人陪同；经批准也可以委托被谈话人所在党委（党组）主要负责人进行。

谈话应当在具备安全保障条件的场所进行。由纪检监察机关谈话的，应当制作谈话笔录，谈话后可以视情况由被谈话人写出书面说明。

第二十九条 纪检监察机关进行函询应当以办公厅（室）名义发函给被反映人，并抄送其所在党委（党组）和派驻纪检监察组主要负责人。被函询人应当在收到函件后15个工作日内写出说明材料，由其所在党委（党组）主要负责人签署意见后发函回复。

被函询人为党委（党组）主要负责人的，或者被函询人所作说明涉及党委（党组）主要负责人的，应当直接发函回复纪检监察机关。

第三十条 承办部门应当在谈话结束或者收到函询回复后1个月内写出情况报告和处置意见，按程序报批。根据不同情形作出相应处理：

（一）反映不实，或者没有证据证明存在问题的，予以采信了结，并向被函询人发函反馈。

（二）问题轻微，不需要追究纪律责任的，采取谈话提醒、批评教育、责令检查、诫勉谈话等方式处理。

（三）反映问题比较具体，但被反映人予以否认且否认理由不充分具体的，或者说明存在明显问题的，一般应当再次谈话或者函询；发现被反映人涉嫌违纪或者职务违法、职务犯罪问题需要追究纪律和法律责任的，应当提出初步核实的建议。

（四）对诬告陷害者，依规依纪依法予以查处。

必要时可以对被反映人谈话函询的说明情况进行抽查核实。

谈话函询材料应当存入廉政档案。

第三十一条　被谈话函询的党员干部应当在民主生活会、组织生活会上就本年度或者上年度谈话函询问题进行说明，讲清组织予以采信了结的情况；存在违纪问题的，应当进行自我批评，作出检讨。

第六章　初步核实

第三十二条　党委（党组）、纪委监委（纪检监察组）应当对具有可查性的涉嫌违纪或者职务违法、职务犯罪问题线索，扎实开展初步核实工作，收集客观性证据，确保真实性和准确性。

第三十三条　纪检监察机关采取初步核实方式处置问题线索，应当制定工作方案，成立核查组，履行审批程序。被核查人为下一级党委（党组）主要负责人的，纪检监察机关应当报同级党委主要负责人批准。

第三十四条　核查组经批准可以采取必要措施收集证据，与相关人员谈话了解情况，要求相关组织作出说明，调取个人有关事项报告，查阅复制文件、账目、档案等资料，查核资产情况和有关信息，进行鉴定勘验。对被核查人及相关人员主动上交的财物，核查组应当予以暂扣。

需要采取技术调查或者限制出境等措施的，纪检监察机关应当严格履行审批手续，交有关机关执行。

第三十五条　初步核实工作结束后，核查组应当撰写初步核实情况报告，列明被核查人基本情况、反映的主要问题、办理依据以及初步核实结果、存在疑点、处理建议，由核查组全体人员签名备查。

承办部门应当综合分析初步核实情况，按照拟立案审查调查、予以了结、谈话提醒、暂存待查，或者移送有关党组织处理等方式提出处置建议。

初步核实情况报告应当报纪检监察机关主要负责人审批，必要时向同级党委主要负责人报告。

第七章　审查调查

第三十六条　党委（党组）应当按照管理权限，加强对党员、干部以及监察对象涉嫌严重违纪或者职务违法、职务犯罪问题审查调查处置工作，定期听取重大案件情况报告，加强反腐败协调机构的机制建设，坚定不移、精准有序惩治腐败。

第三十七条　纪检监察机关经过初步核实，对党员、干部以及监察对象涉嫌违纪或者职务违法、职务犯罪，需要追究纪律或者法律责任的，应当立案审查调查。

凡报请批准立案的，应当已经掌握部分违纪或者职务违法、职务犯罪事实和证据，具备进行审查调查的条件。

第三十八条　对符合立案条件的，承办部门应当起草立案审查调查呈批报告，经纪检监察机关主要负责人审批，报同级党委主要负责人批准，予以立案审查调查。

立案审查调查决定应当向被审查调查人宣布，并向被审查调查人所在党委（党组）主要负责人通报。

第三十九条　对涉嫌严重违纪或者职务违法、职务犯罪人员立案审查调查，纪检监察机关主要负责人应当主持召开由纪检监察机关相关负责人参加的专题会议，研究批准审查调查方案。

纪检监察机关相关负责人批准成立审查调查组，确定审查调查谈话方案、外查方案，审批重要信息查询、涉案财物查扣等事项。

监督检查、审查调查部门主要负责人组织研究提出审查调查谈话方案、外查方案和处置意见建议，审批一般信息查询，对调查取证审核把关。

审查调查组组长应当严格执行审查调查方案，不得擅自更改；以书面形式报告审查调查进展情况，遇有重要事项及时请示。

第四十条　审查调查组可以依照党章党规和监察法，经审批进行谈话、讯问、询问、留置、查询、冻结、搜查、调取、查封、扣押（暂扣、封存）、勘验检查、鉴定，提请有关机关采取技术调查、通缉、限制出境等措施。

承办部门应当建立台账，记录使用措施情况，向案件监督管理部门定期备案。

案件监督管理部门应当核对检查，定期汇总重要措施使用情况并报告纪委监委领导和上一级纪检监察机关，发现违规违纪违法使用措施的，区分不同情况进行处理，防止擅自扩大范围、延长时限。

第四十一条　需要对被审查调查人采取留置措施的，应当依据监察法进行，在24小时内通知其所在单位和家属，并及时向社会公开发布。因可能毁灭、伪造证据，干扰证人作证或者串供等有碍调查情形而不宜通知或者公开的，应当按程序报批并记录在案。有碍调查的情形消失后，应当立即通知被留置人员所在单位和家属。

第四十二条　审查调查工作应当依照规定由两人以上进行，按照规定出示证件，出具书面通知。

第四十三条　立案审查调查方案批准后，应当由纪检监察机关相关负责人或者部门负责人与被审查调查人谈话，宣布立案决定，讲明党的政策和纪律，要求被审查调查人端正态度、配合审查调查。

审查调查应当充分听取被审查调查人陈述，保障其饮食、休息，提供医疗服务，确保安全。严格禁止使用违反党章党规党纪和国家法律的手段，严禁逼供、诱供、侮辱、打骂、虐待、体罚或者变相体罚。

第四十四条　审查调查期间，对被审查调查人以同志相称，安排学习党章党规党纪以及相关法律法规，开展理想信念宗旨教育，通过深入细致的思想政治工作，促使其深刻反省、认识错误、交代问题，写出忏悔反思材料。

第四十五条　外查工作必须严格按照外查方案执行，不得随意扩大审查调查范围、变更审查调查对象和事项，重要事项应当及时请示报告。

外查工作期间，未经批准，监督执纪人员不得单独接触任何涉案人员及其特定关系人，不得擅自采取审查调查措施，不得从事与外查事项无关的活动。

第四十六条　纪检监察机关应当严格依规依纪依法收集、鉴别证据，做到全面、客观，形成相互印证、完整稳定的证据链。

调查取证应当收集原物原件，逐件清点编号，现场登记，由在场人员签字盖章，原物不便搬运、保存或者取得原件确有困难的，可以将原物封存并拍照录像或者调取原件副本、复印件；谈话应当现场制作谈话笔录并由被谈话人阅看后签字。已调取证据必须及时交审查调查组统一保管。

严禁以威胁、引诱、欺骗以及其他违规违纪违法方式收集证据；严禁隐匿、损毁、篡改、伪造证据。

第四十七条　查封、扣押（暂扣、封存）、冻结、移交涉案财物，应当严格履行审批手续。

执行查封、扣押（暂扣、封存）措施，监督执纪人员应当会同原财物持有人或者保管人、见证人，当面逐一拍照、登记、编号，现场填写登记表，由在场人员签名。对价值不明物品应当及时鉴定，专门封存保管。

纪检监察机关应当设立专用账户、专门场所，指定专门人员保管涉案财物，严格履行交接、调取手续，定期对账核实。严禁私自占有、处置涉案财物及其孳息。

第四十八条　对涉嫌严重违纪或者职务违法、职务犯罪问题的审查调查谈话、搜查、查封、扣押（暂扣、封存）涉案财物等重要取证工作应当全过程进行录音录像，并妥善保管，及时归档，案件监督管理部门定期核查。

第四十九条　对涉嫌严重违纪或者职务违法、职务犯罪问题的审查调查，监督执纪人员未经批准并办理相关手续，不得将被审查调查人或者其他重要的谈话、询问对象带离规定的谈话场所，不得在未配置监控设备的场所进行审查调查谈话或者其他重要的谈话、询问，不得在谈话期间关闭录音录像设备。

第五十条　监督检查、审查调查部门主要负责人、分管领导应当定期检查审查调查期间的录音录像、谈话笔录、涉案财物登记资料，发现问题及时纠正并报告。

纪检监察机关相关负责人应当通过调取录音录像等方式，加强对审查调查全过程的监督。

第五十一条　查明涉嫌违纪或者职务违法、职务犯罪问题后，审查调查组应当撰写事实材料，与被审查调查人见面，听取意见。被审查调查人应当在事实材料上签署意见，对签署不同意见或者拒不签署意见的，审查调查组应当作出说明或者注明情况。

审查调查工作结束，审查调查组应当集体讨论，形成审查调查报告，列明被审查调查人基本情况、问题线索来源及审查调查依据、审查调查过程，主要违纪或者职务违法、职务犯罪事实，被审查调查人的态度和认识，处理建议及党纪法律依据，并由审查调查组组长以及有关人员签名。

对审查调查过程中发现的重要问题和意见建议，应当形成专题报告。

第五十二条　审查调查报告以及忏悔反思材料，违纪或者职务违法、职务犯罪事实材料，涉案财物报告等，应当按程序报纪检监察机关主要负责人批准，连同全部证据和程序材料，依照规定移送审理。

审查调查全过程形成的材料应当案结卷成、事毕归档。

第八章　审理

第五十三条　纪检监察机关应当对涉嫌违纪或者违法、犯罪案件严格依规依纪依法审核把关，提出纪律处理或者处分的意见，做到事实清楚、证据确凿、定性准确、处理恰当、手续完备、程序合规。

纪律处理或者处分必须坚持民主集中制原则，集体讨论决定，不允许任何个人或者少数人决定和批准。

第五十四条　坚持审查调查与审理相分离的原则，审查调查人员不得参与审理。纪检监察机关案件审理部门对涉嫌违纪或者职务违法、职务犯罪问题，依照规定应当给予纪律处理或者处分的案件和复议复查案件进行审核处理。

第五十五条　审理工作按照以下程序进行：

（一）案件审理部门收到审查调查报告后，经审核符合移送条件的予以受理，不符合移送条件的可以暂缓受理或者不予受理。

（二）对于重大、复杂、疑难案件，监督检查、审查调查部门已查清主要违纪或者职务违法、职务犯罪事实并提出倾向性意见的；对涉嫌违纪或者职务违法、职务犯罪行为性质认定分歧较大的，经批准案件审理部门可以提前介入。

（三）案件审理部门受理案件后，应当成立由两人以上组成的审理组，全面审理案卷材料，提出审理意见。

（四）坚持集体审议原则，在民主讨论基础上形成处理意见；对争议较大的应当及时报告，形成一致意见后再作出决定。案件审理部门根据案件审理情况，应当与被审查调查人谈话，核对违纪或者职务违法、职务犯罪事实，听取辩解意见，了解有关情况。

（五）对主要事实不清、证据不足的，经纪检监察机关主要负责人批准，退回监督检查、审查调查部门重新审查调查；需要补充完善证据的，经纪检监察机关相关负责人批准，退回监督检查、审查调查部门补充审查调查。

（六）审理工作结束后应当形成审理报告，内容包括被审查调查人基本情况、审查调查简况、违纪违法或者职务犯罪事实、涉案财物处置、监督检查或者审查调查部门意见、审理意见等。审理报告应当体现党内审查特色，依据《中国共产党纪律处分条例》认定违纪事实性质，分析被审查调查人违反党章、背离党的性质宗旨的错误本质，反映其态度、认识以及思想转变过程。涉嫌职务犯罪需要追究刑事责任的，还应当形成《起诉意见书》，作为审理报告附件。

对给予同级党委委员、候补委员，同级纪委委员、监委委员处分的，在同级党委审议前，应当与上级纪委监委沟通并形成处理意见。

审理工作应当在受理之日起 1 个月内完成，重大复杂案件经批准可以适当延长。

第五十六条　审理报告报经纪检监察机关主要负责人批准后，提请纪委常委会会议审议。需报同级党委审批的，应当在报批前以纪检监察机关办公厅（室）名义征求同级党委组织部门和被审查调查人所在党委（党组）意见。

处分决定作出后，纪检监察机关应当通知受处分党员所在党委（党组），抄送同级党委组织部门，并依照规定在 1 个月内向其所在党的基层组织中的全体党员以及本人宣布。处分决定执行情况应当及时报告。

第五十七条　被审查调查人涉嫌职务犯罪的，应当由案件监督管理部门协调办理移送司法机关事宜。对于采取留置措施的案件，在人民检察院对犯罪嫌疑人先行拘留后，留置措施自动解除。

案件移送司法机关后，审查调查部门应当跟踪了解处理情况，发现问题及时报告，不得违规过问、干预处理工作。

审理工作完成后，对涉及的其他问题线索，经批准应当及时移送有关纪检监察机关处置。

第五十八条　对被审查调查人违规违纪违法所得财物，应当依规依纪依法予以收缴、责令退赔或者登记上交。

对涉嫌职务犯罪所得财物，应当随案移送司法机关。

对经认定不属于违规违纪违法所得的，应当在案件审结后依规依纪依法予以返还，并办理签收手续。

第五十九条　对不服处分决定的申诉，由批准或者决定处分的党委（党组）或者纪检监察机关受理；需要复议复查的，由纪检监察机关相关负责人批准后受理。

申诉办理部门成立复查组，调阅原案案卷，必要时可以进行取证，经集体研究后，提出办理意见，报纪检监察机关相关负责人批准或者纪委常委会会议研究决定，作出复议复查决定。决定应当告知申诉人，抄送相关单位，并在一定范围内宣布。

坚持复议复查与审查审理分离，原案审查、审理人员不得参与复议复查。

复议复查工作应当在3个月内办结。

第九章　监督管理

第六十条　纪检监察机关应当严格依照党内法规和国家法律，在行使权力上慎之又慎，在自我约束上严之又严，强化自我监督，健全内控机制，自觉接受党内监督、社会监督、群众监督，确保权力受到严格约束，坚决防止“灯下黑”。

纪检监察机关应当加强对监督执纪工作的领导，切实履行自身建设主体责任，严格教育、管理、监督，使纪检监察干部成为严守纪律、改进作风、拒腐防变的表率。

第六十一条　纪检监察机关应当严格干部准入制度，严把政治安全关，纪检监察干部必须忠诚坚定、担当尽责、遵纪守法、清正廉洁，具备履行职责的基本条件。

第六十二条　纪检监察机关应当加强党的政治建设、思想建设、组织建设，突出政治功能，强化政治引领。审查调查组有正式党员3人以上的，应当设立临时党支部，加强对审查调查组成员的教育、管理、监督，开展政策理论学习，做好思想政治工作，及时发现问题、进行批评纠正，发挥战斗堡垒作用。

第六十三条　纪检监察机关应当加强干部队伍作风建设，树立依规依法、纪律严明、作风深入、工作扎实、谦虚谨慎、秉公执纪的良好形象，力戒形式主义、官僚主义，力戒特权思想，力戒口大气粗、颐指气使，不断提高思想政治水平和把握政策能力，建设让党放心、人民信赖的纪检监察干部队伍。

第六十四条　对纪检监察干部打听案情、过问案件、说情干预的，受请托人应当向审查调查组组长和监督检查、审查调查部门主要负责人报告并登记备案。

发现审查调查组成员未经批准接触被审查调查人、涉案人员及其特定关系人，或者存在交往情形的，应当及时向审查调查组组长和监督检查、审查调查部门主要负责人直至纪检监察机关主要负责人报告并登记备案。

第六十五条　严格执行回避制度。审查调查审理人员是被审查调查人或者检举人近亲属、本案证人、利害关系人，或者存在其他可能影响公正审查调查审理情形的，不得参与相关审查调查审理工作，应当主动申请回避，被审查调查人、检举人以及其他有关人员也有权要求其回避。选用借调人员、看护人员、审查场所，应当严格执行回避制度。

第六十六条　审查调查组需要借调人员的，一般应当从审查调查人才库选用，由纪检监察机关组织部门办理手续，实行一案一借，不得连续多次借调。加强对借调人员的管理监督，借调结束后由审查调查组写出鉴定。借调单位和党员干部不得干预借调人员岗位调整、职务晋升等事项。

第六十七条　监督执纪人员应当严格执行保密制度，控制审查调查工作事项知悉范围和时间，不准私自留存、隐匿、查阅、摘抄、复制、携带问题线索和涉案资料，严禁泄露审查调查工作情况。

审查调查组成员工作期间，应当使用专用手机、电脑、电子设备和存储介质，实行编号管理，审查调查工作结束后收回检查。

汇报案情、传递审查调查材料应当使用加密设施，携带案卷材料应当专人专车、卷不离身。

第六十八条　纪检监察机关相关涉密人员离岗离职后，应当遵守脱密期管理规定，严格履行保密义务，不得泄露相关秘密。

监督执纪人员辞职、退休3年内，不得从事与纪检监察和司法工作相关联、可能发生利益冲突的职业。

第六十九条　纪检监察机关开展谈话应当做到全程可控。谈话前做好风险评估、医疗保障、安全防范工作以及应对突发事件的预案；谈话中及时研判谈话内容以及案情变化，发现严重职务违法、职务犯罪，依照监察法需要采取留置措施的，应当及时采取留置措施；谈话结束前做好被谈话人思想工作，谈话后按程序与相关单位或者人员交接，并做好跟踪回访等工作。

第七十条　建立健全安全责任制，监督检查、审查调查部门主要负责人和审查调查组组长是审查调查安全第一责任人，审查调查组应当指定专人担任安全员。被审查调查人发生安全事故的，应当在24小时内逐级上报至中央纪委，及时做好舆论引导。

发生严重安全事故的，或者存在严重违规违纪违法行为的，省级纪检监察机关主要负责人应当向中央纪委作出检讨，并予以通报、严肃问责追责。

案件监督管理部门应当组织开展经常性检查和不定期抽查，发现问题及时报告并督促整改。

第七十一条　对纪检监察干部越权接触相关地区、部门、单位党委（党组）负责人，私存线索、跑风漏气、违反安全保密规定，接受请托、干预审查调查、以案谋私、办人情案，侮辱、打骂、虐待、体罚或者变相体罚被审查调查人，以违规违纪违法方式收集证据，截留挪用、侵占私分涉案财物，接受宴请和财物等行为，依规依纪严肃处理；涉嫌职务违法、职务犯罪的，依法追究法律责任。

第七十二条　纪检监察机关在维护监督执纪工作纪律方面失职失责的，予以严肃问责。

第七十三条　对案件处置出现重大失误，纪检监察干部涉嫌严重违纪或者职务违法、职务犯罪的，开展“一案双查”，既追究直接责任，还应当严肃追究有关领导人员责任。

建立办案质量责任制，对滥用职权、失职失责造成严重后果的，实行终身问责。

第十章　附则

第七十四条　各省（自治区、直辖市）党委、中央和国家机关工委可以根据本规则，结合工作实际，制定实施细则。

中央军事委员会可以根据本规则，制定相关规定。

第七十五条　纪委监委派驻纪检监察组、纪检监察工委除执行本规则外，还应当执行党中央以及中央纪委相关规定。

国有企事业单位纪检监察机构结合实际执行本规则。

第七十六条　本规则由中央纪律检查委员会负责解释。

第七十七条　本规则自2019年1月1日起施行。2017年1月15日中央纪委印发的《中国共产党纪律检查机关监督执纪工作规则（试行）》同时废止。此前发布的其他有关纪检监察机关监督执纪工作的规定，凡与本规则不一致的，按照本规则执行。

主要参考文献

1. 中国共产党第十九次全国代表大会. 中国共产党章程［M］. 北京：人民出版社，2017.

2. 中华人民共和国国务院. 中华人民共和国政府采购法［M］. 北京：中国法制出版社，2015.

3. 中华人民共和国国务院. 中华人民共和国招标投标法［M］. 北京：中国法制出版社，2017.

4. 全国人民代表大会常务委员会. 中华人民共和国刑法［M］. 北京：中国法制出版社，2017.

5. 中华人民共和国国务院. 中华人民共和国消费者权益保护法［M］. 北京：中国法制出版社，2013.

6. 全国人民代表大会常务委员会. 中华人民共和国预算法［M］. 北京：中国民主法制出版社，2014.

7. 中华人民共和国国务院. 中华人民共和国行政处罚法［M］. 北京：中国法制出版社，2009.

8. 全国人民代表大会常务委员会. 中华人民共和国出境入境管理法［M］. 北京：法律出版社，2012.

9. 全国人民代表大会常务委员会. 中华人民共和国公务员法［M］. 北京：中国法制出版社，2018.

10. 中华人民共和国国务院. 中华人民共和国合同法［M］. 北京：中国法制出版社，2007.

11. 全国人民代表大会常务委员会．中华人民共和国保守国家秘密法［M］．北京：法律出版社，2010.

12. 中国共产党中央委员会．中国共产党党员领导干部廉洁从政若干准则［M］．北京：中国方正出版社，2010.

13. 中国共产党中央委员会．中国共产党问责条例［M］．北京：中国方正出版社，2016.

14. 中华人民共和国国务院．财政违法行为处罚处分条例［M］．北京：法律出版社，2011.

15. 中国共产党中央委员会．中国共产党巡视工作条例［M］．北京：中国方正出版社，2017.

16. 中国共产党中央委员会．中国共产党纪律处分条例［M］．北京：中国方正出版社，2018.

17. 中国共产党中央委员会．中国共产党党内监督条例［M］．北京：中国方正出版社，2016.

18. 中国共产党中央委员会．中国共产党廉洁自律准则［M］．北京：中国方正出版社，2015.

19. 中华人民共和国国务院．中华人民共和国中外合作办学条例［M］．北京：法律出版社，2003.

20. 中共中央纪律检查委员会．中国共产党纪律检查机关案件检查工作条例［M］．北京：中国方正出版社，1994.

21. 国家监察部．关于违反信访工作纪律处分暂行规定（2008年6月30日）.

22. 中共中央办公厅，中华人民共和国国务院办公厅．关于实行党政领导干部问责的暂行规定［M］．北京：中国方正出版社，2009.

23. 中国共产党中央委员会，中华人民共和国国务院．关于实行党风廉政建设责任制的规定［M］．北京：中国方正出版社，2010.

24. 中国共产党中央委员会．关于加强和改进党的作风建设的决定［M］．北京：人民出版社，2001.

25. 中华人民共和国人力资源和社会保障部，中华人民共和国监察部．事业单位工作人员处分暂行规定［M］. 北京：中国方正出版社，2012.

26. 中共中央纪律检查委员会．关于严格禁止利用职务上的便利谋取不正当利益的若干规定［M］. 北京：中国方正出版社，2007.

27. 中国共产党中央委员会．中华人民共和国国务院．关于党政机关厉行节约制止奢侈浪费行为的若干规定［M］. 北京：中国方正出版社，1997.

28. 中华人民共和国财政部．政府采购代理机构资格认定办法［M］. 北京：中国法制出版社，2005.

29. 中华人民共和国财政部．政府采购合同监督暂行办法［M］. 北京：法律出版社，1999.

30. 中华人民共和国财政部．政府采购运行规程暂行办法［M］. 北京：法律出版社，2000.

31. 中华人民共和国财政部．政府采购供应商投诉处理办法［M］. 北京：法律出版社，2004.

32. 中华人民共和国财政部．政府采购货物和服务招标投标管理办法［M］. 北京：法律出版社，2017.

33. 中华人民共和国财政部．事业单位国有资产管理暂行办法［M］. 北京：中国方正出版社，2006.

34. 中华人民共和国财政部．行政事业单位内部控制规范（试行）［M］. 北京：中国方正出版社，2012.

35. 中华人民共和国财政部，中华人民共和国教育部．高等学校财务制度［M］. 北京：经济科学出版社，2012.

36. 中华人民共和国财政部．关于进一步规范和加强行政事业单位国有资产管理的指导意见［M］. 北京：中国方正出版社，2015.

37. 中华人民共和国财政部．行政事业单位资产清查核实管理办法［M］. 北京：法律出版社，2016.

38. 中华人民共和国国务院．关于改革和完善国有资产管理体制的若干意见［M］. 北京：中国方正出版社，2015.

39. 中华人民共和国教育部．关于高校产业规范化建设中组建高校资产经营有限公司的若干意见［M］. 北京：法律出版社，2006.

40. 中华人民共和国国务院．关于大力发展职业教育的决定［M］．北京：法律出版社，2005.

41. 中国共产党中央委员会，中华人民共和国国务院．关于实施科技规划纲要增强自主创新能力的决定［M］．北京：中国方正出版社，2006.

42. 中华人民共和国教育部．关于积极发展规范管理高校科技产业的指导意见［M］．北京：中国方正出版社，2005.

43. 中华人民共和国教育部．关于进一步规范和加强直属高等学校所属企业国有资产管理的若干意见［M］．北京：高等教育出版社，2015.

44. 中华人民共和国教育部，中华人民共和国财政部．高等学校学生勤工助学管理办法［M］．北京：高等教育出版社，2007.

45. 中华人民共和国教育部，中华人民共和国财政部．关于认真做好高等学校家庭经济困难学生认定工作的指导意见［M］．北京：高等教育出版社，2007.

46. 中华人民共和国国务院．关于建立健全普通本科高校高等职业学校和中等职业学校家庭经济困难学生资助政策体系的意见［M］．北京：高等教育出版社，2007.

47. 中华人民共和国财政部，中华人民共和国教育部．普通本科高校、高等职业学校国家奖学金管理暂行办法［M］．北京：高等教育出版社，2007.

48. 中华人民共和国财政部，中华人民共和国教育部．普通本科高校、高等职业学校国家励志奖学金管理暂行办法［M］．北京：高等教育出版社，2007.

49. 中华人民共和国财政部，中华人民共和国教育部，中国人民银行，等．关于调整完善国家助学贷款相关政策措施的通知［M］．北京：经济科学出版社，2014.

50. 中华人民共和国教育部．关于完善国家助学贷款政策的若干意见［M］．北京：经济科学出版社，2015.

51. 中共中央纪律检查委员会．关于进一步加强党员干部出国（境）管理的通知［M］．北京：中国方正出版社，2004.

52. 中共中央纪律检查委员会．用公款出国（境）旅游及相关违纪行为适用．中国共产党纪律处分条例．若干问题的解释［M］．北京：中国方正出版社，2010.

53. 中共中央纪律检查委员会，中共中央组织部，中华人民共和国外交部，中华人民共和国公安部．关于加强因公出国（境）团组境外纪律的通知［M］．北京：中国方正出版社，2007.

54. 中共中央纪律检查委员会，中共中央组织部，中国人民解放军总政治部．关于领导干部不得参加自发成立的“老乡会”“校友会”“战友会”组织的通知［M］．北京：中国方正出版社，2002.

55. 中共中央组织部．中华人民共和国监察部．中华人民共和国人力资源和社会保障部．关于贯彻执行“事业单位工作人员处分暂行规定”若干问题的意见［M］．北京：中国方正出版社，2017.

56. 中华人民共和国国务院．国家中长期教育改革和发展规划纲要（2010－2020）［M］．北京：人民出版社，2010.

57. 龙海红，王玉勇．行政事业单位内部控制规范［M］．北京：中国商业出版社，2013.

58. 中华人民共和国财政部会计司．行政事业单位内部控制规范讲座［M］．北京：中国财政经济出版社，2013.

59. 卫星，朱龙杰，吴小明．政府采购法规选编［M］．北京：中国财政经济出版社，2006.

60. 乔春华．高校内部控制研究［M］．苏州：苏州大学出版社，2014.

61. 赵丽生．高职高专院校治理内部控制［M］．北京：经济科学出版社，2016.

62. 莫冬青．公办高校基本建设项目内部控制问题探讨［M］．南昌：江西财经大学出版社，2013.